U0129274

# 風雨 1949 全紀錄

潘 長 發 著

傳 記 叢 刊

文史哲出版社印行

國家圖書館出版品預行編目資料

風雨 1949 全紀錄 ／ 潘長發著.-- 初版.-- 臺
北市：文史哲，民 103.12
　　頁；　　公分（傳記叢刊；16）
　　ISBN 978-986-314-236-2（平裝）


1. 潘長發　2.臺灣傳記


783.3886　　　　　　　　　　103027808

本書榮獲國藝會贊助出版

傳　記　叢　刊　　　16

# 風雨 1949 全紀錄

著　　者：潘　　長　　發
出　版　者：文　史　哲　出　版　社
http:// w w w . l a p e n . c o m . t w
e-mail：lapen@ms74.hinet.net
登記證字號：行政院新聞局版臺業字五三三七號
發　行　人：彭　　正　　雄
發　行　所：文　史　哲　出　版　社
印　刷　者：文　史　哲　出　版　社
臺北市羅斯福路一段七十二巷四號
郵政劃撥帳號：一六一八○一七五
電話 886-2-23511028 ・傳真 886-2-23965656

實價新臺幣五四○元

中華民國一○三年（2014）十二月初版

# 序

　　中國的國民黨與共產黨內戰之成敗，早於民國三十八年，也就是西元一九四九年底基本上分曉。至於成功與敗北的原因，則眾說紛紜，敗者國民黨與勝者共產黨，也自有官訂的版本。但是官訂版所言，不一定是真相，尤其在政治味十足的時段。今天，臺灣完全開放，大陸也在積極改革與學習，可以說真話，並且重新深刻反思的時候，基本上到了。

　　潘長發先生在當年就說了真話。這部日記就是說真話的範例。針對中國變天的一九四九年，他曾以參與兼目擊者，以及身受其害兼貼身體會者，四種身分與遭遇，逐天記錄了所見、所聞以及所想。潘先生當年只二十出頭，而且就在軍中服役。身為軍人，槍在手上，又在亂世，他沒吃霸王飯；身為基層軍官，他也沒官味。不過，以這種年紀與職業，一般人無法看透時局，更何況身處陣中，完全在「井底」。但他不是那隻青蛙，而有各種接觸與自己的想法，以及作法。正如作者所言，他是：「在戎馬倥傯，動盪不安的生活中，在戰壕旁，或草地上」，就所見所思，點滴寫下，全年無缺。他自稱這是「大時代中小人物的手記，一個尉級軍官的私房話。」只不過最珍貴的，就是這「私」，這「私房」。房內藏有歷史真相，一系列無奈而有時代意義的難民式告白。

　　為什麼有「難民」式告白？在國共廝殺煙硝裡，對打的官兵多渾渾僵僵，一般而言只為活命，思路也深受框限，基本上只能以管窺天。除非別有奇遇，否則在日記裡不可能有甚麼特異之點。更何況手上有槍，隨時可以便宜行事，當不至於，也不會有「難民」的感覺。

　　潘的日記卻告訴我們：其實不然。因為擁有一千萬以上平方公里，四千多年歷史的中華大地，被害面積最大，人們思想最差異，情緒最糟糕的年頭，就是這個「一九四九」。為什麼情緒最糟糕，而且思想又最差異？就因為中國人彼此間，為了西方傳來若干互相衝突的所謂「主義（isms）」，所謂「意理情結或意識形態（ideologies）」，接二連三地自相殘殺。一九四五年，用西人的所謂民族主義（nationalism）及共產主義（communism）作主軸，世界有史以來最大戰爭結束的那一刻，中國人自己也用這些看不見的「東西」開始內鬥了，而且是前者組成國民黨，後者共產黨。兩大政黨軍事血鬥沒幾年，就殺紅了眼。到「一九四九」這年，天翻地覆，甚至連六親都不認了。七十年後的今天回頭看，只有悵然太息，在搖頭不已中苦笑的份。

　　這種感覺，在潘先生當下的紀錄中也呈現。

　　這部日記，正是一個知識青年對中國「一九四九」情狀感悟的第一手見證與紀錄。作者的際遇雖然並不特殊，但因其本人在部隊中獲得資訊的管道暢通，而且對於若干關鍵處有敏銳洞察力，他所見證的情況，就不一般了。打從那年的元月開始，他就自動自發做文宣。在元月十九日（星期三）江西省臨川縣的一個小村，出刊名為「流星群」的壁報上，

可以看到一個才二十剛出頭青年的時代反射與主見。茲錄其製作壁報時情景的原文。首先是如何在亂世鬧中取靜：

> 移到房間裡來，使我的心境寧清不少，頭腦子都好像澄靜些，從此的生活、作息都有了規律，自修方面更可依自己預定去學習。蓋因一個人的動和靜都須有一定的調和，若整天老是混混沌沌生活下去，那也糟蹋了時間，太沒價值和意味！吾儕須抓住時間，盡量利用之。

其次是在國共開始和談之時，如何陋中製報以進行心戰：

> 「流星群，和談專刊」在各人協調努力下，終算大功告成了，雖然是土紅畫刊頭，配著那不太好的毛邊紙寫成了簡陋不堪的鄉下姑娘式的東西，但也是自己衷心自慰的，因為在此困難環境下，我們居然能夠不畏艱難現蒸現賣花了很短的時間，居然今天可以上牆了，固然有人責難或批評這刊物太簡樸不像樣，那麼我認為他們的觀念不對，與我們的志趣抱負要相差很遠。

接著是如何在村中張貼，圓滿：

> 中午就完工，送給總隊長閱過，並由總隊長高永俊、總隊附馬耀祥及第三中隊長王積珣題字，經甄選地址還是村頭小店旁的丁字路口高牆較適中，就貼在那裡。

> 晚上，我們幾個基本社員又商討一下，各方偵知所得到反應尚佳，欣賞閱讀的人很多，惟待餉發下後買到顏料和紙，非得好好的出一版不可！

在分散時，各人都懷了一顆興奮而欣慰的心回到寢室。

但因時局已壞，其文宣有無功效，頗值懷疑。但從國軍的立場而言，社會上所能見到許多報刊的論調，很快就見風轉舵，有較大的轉變。這，潘也發現了。就在寒天即將回春的二月十一日，已移防的他，就在吉安縣注意到這一點。記曰：

> 在此地看報紙，再不像在齊梁那樣認為稀罕了，此處很好，有三家報館，即民力報，民治日報，前方日報，以我的眼光，站在我這個角度看來，民治和前方報都有點那個，他們的標題很有點刺眼，欠真實性新聞報導，而有點發政府牢騷的文字在裡面，他們同上海一些刊物專鑽內幕新聞，一樣的「自命不凡」現在畢竟是言論自由了。

又寫到當時媒體在內戰的一兩年之內，論調即已兩度翻轉的現象：

> 記得政協破裂以後，各報都把「共軍」改為「共匪」，現在他們很見機，順風轉舵的把「匪軍」又自動改為「共軍」和共方了，過於敏銳是顧慮共匪過江後，也把報館列在戰犯群中，這是他們未雨先綢繆的聰明舉動。

轉型變色之際，還有各家報社立場與程度上的參差：

> 尤其是民治日報，已經水紅色，第一次我在樟樹看見的，就有點不順眼，那上面都是李濟琛，梁漱溟的宏論，此地還有一家大同報，還比較立論公正些。

也涉及基督宗教面臨反宗教的政黨壓迫，被基督徒（吳摩西）主持的刊物發現，在雜誌上刊出的遭遇：

> 下午在書店裡看雜誌，《人生雜誌》吳摩西社長的一篇長論，我讀完之後很感動，題為：「基督教已臨生死關頭」，語句警辟，他說基督教已被極端社會主義者（指第三國際 —— 蘇聯）摧毀，如再不革新即將覆滅。

分屬國軍與共軍的骨肉相殘，也四處可見。從「張連長」的故事，他如此見證被共軍重創的國軍張連長：

> 張連長帶著弟兄們，跳出戰壕，用戰刀、刺刀，與敵人進行肉搏戰，他身先士卒，奮勇殺敵，弟兄們也都全力拼搏，一時殺聲震天、血肉橫飛，正在混戰時，敵陣中突然跳出一個約十五六歲的少年，他用刀刺進張連長的肚子。

張連長與敵人扭打，突然認出這敵人：

> 張連長正舉刀欲刺向少年咽喉時，突然大喊：「你不是大柱子嗎？…？」

並壓制敵人：

> 少年也立即被刺傷，兩人扭成一團，最後，少年被壓制。

他緊接著就要刺死的那個企圖殺他的共軍。不想這共軍也對張連長喊出了中國人的倫理。原文很簡潔：

> 那少年張大了眼睛：也大叫：「那不是二舅嗎？」

兩個人舅甥定睛相望。不由得「嗚…嗚…」地放聲大哭起來了。

　　這是多麼感動的一幕。其實同為重視倫常的中國人，政治上不共戴天的共軍與國軍，相互間多是親戚。更實在說，都是中國的同胞嘛。

　　在這本日記中的其他地方，可以看到這種反諷式，但極真，也極其實在的記述。

　　以下的記載又是超政治的社會真實：國軍與共軍聯合抓小偷，則又更具代表性。作者是個尉官，但是已經身陷在淪陷區，沒錢生活之下，竟然不得不與他的夥伴成為賣雞蛋的小販。

　　　　（我們）想賣雞蛋，賺些蠅頭小利，解決燃眉的
　　　生計，但由於東站雞蛋價太低，只好提著蛋筐到南站
　　　附近去出售，預計售完順購電池。

他遇到小偷，追不到他：

　　　　八時許到南站下車，去興隆街行內欲售，突然事
　　　出不測！將蛋筐剛放下，剛扭頭與宋談話，許在店內
　　　喊「小偷」！……吾一回頭見已少一筐，且許在追人，
　　　吾亦朝許方向跑去小巷內，明見穿黃衣的提一筐雞蛋
　　　在奔跑，可是一轉彎就不見了！

只好報警。警察不敢抓，竟建議他們去找共軍幫忙：

　　　　附近棚戶皆云去遠，吾推之該棚戶皆與此類偷扒
　　　者勾通，說不定這一帶，就是他們巢穴，但未得證只
　　　好去請警察，警先生又推說以無械不敢去，又覓佩帶
　　　「軍管會」臂章的，告知又云要找糾察隊，到廣州電
　　　廠，找解放軍，候了一小時又云無空；但不能如此干
　　　休呀！

又有政治奇遇：為了他們七個人生計與社會正義，國軍與共軍合力，成功地一齊抓到小偷：

> （我們）這七個人的生活之源可就完了，這怎麼辦呢？再跑到輪渡碼頭，找到一位解放軍，渠很熱心，馬上同吾去出事地點，很巧，那小偷真膽大，化裝在那兒賭博，卒捕之，送派出所拷打一頓賠錢（165元港紙）了事，……。

從社會的觀點看，其實這合力抓小偷是稀鬆平常的一件事。本來根本不是問題。但是，當這是敏感的民國三十八的西元一九四九年時，情況就不同了。因此，當年問題不在社會，只在軍事，更在其背後的政治。

十月以後，中華民國政府在大陸的局面又更艱難了。人民解放軍已經兵臨閩粵，整個江山就都要易幟了。二十二日起，他踏入漂泊無定的生涯。

十一月一日輾轉到了深圳香港也就是中英交界的文錦渡：一邊飄著五星紅旗，一邊插著米字英旗，雙方行人與車輛進出，都嚴密檢查。但比較上，中國海關鬆，英國則嚴非常清楚。可是，不管是寬鬆的中方，或耀武揚威的英方，那些警與探，雖然臉色、態度與訓練都不同，竟也都是同胞。

到年底，抵達臺灣的他，在日記上做了整年回顧與檢討。有如許的紀載：

> 一年前的今天，正在那粉飾太平的江西南昌齊梁村，歡度著新年，誰又會料到今年今天，會在這美麗的小島上送舊歲呢？回想去歲今日，南京的一堆政治垃圾正在鬧著「和平」醜劇，本來戰爭是可怕的，誰

不願「和」呢？但共匪始終無誠意，故意訂苛刻條件，致使戰火再起，徐蚌戰後，政府軍精銳大傷，再以內部將領不和，牆頭草投機誤事誤國，致使這三十八年一年，局勢成了「一面倒」，如此快速逆轉，絕非去歲今日所料到，真是：「王小……」

初抵臺灣，感慨萬千。

一年不如一年，今年的轉變，竟比去年還快！怎不叫人痛心疾首呢？所謂：「國運、家運、命運」三運齊衰，近一年少有通信。去年今日所憧憬的一切……，所希冀的一切……都給赤火給燒掉了，去年今日怎會料到今日之落拓如此呢？

心理既有糾葛纏繞：

一個人的「意識、理智」與教育程度是相連的，吾往往在受窘或高興的時候，「上意識」與「下意識」就很激烈的交戰起來，但結果還是我的「理智」與「自信心」否決了「下意識」，雖然今日當兵，但在江西吃敗仗後，我也不會料到，會到這寶島來過年，該是多幸運！在廣州流散的千餘袍澤，今日不知如何？我為他們掛念！又為自己慶幸！

也不自覺地以「The end of 1949」的標題，為這一年的結束，做個總結。他說：

民國三十八年，在風雨飄搖中，走到盡頭，三十八年，從頭到尾，國家在動盪中，社會在不安定中，教育幾乎停頓，政治空前混亂，軍隊沒有作戰目標。

而且：「高級將領不和，人盡皆知，中下級軍官忠誠可

靠，優秀可用，而且多數求戰，但高級將領極力避戰，閃閃躲躲，害部隊在山區打轉，在人蹤罕見的窮山惡水間疲於奔命，丟掉很多重裝備，部隊有叛變的、逃亡的、走散的，戰力損耗大，將領們！難道都不知道嗎？」

到了七十年後的今天民國一百零三年年底，作者回首整理昔年日記，又有再進一層的感悟。他說：當年「國軍墨守典範令之約束，軍事思想一切墨守成規，自我設限，一成不變」。而「共軍除了使用人海戰術之外，他們不受各種典範令之拘限，善於出奇創新，採行非傳統、非典型之作戰方式，處處掌握先機，處處主動」。而國軍「雖然裝備精良，中下級軍官驍勇善戰，素質高，且忠貞可靠」，但「處處被動、挨打，缺少優秀的將領，與指揮卓越的人才，所謂『一將無能，萬兵遭殃』耳！」

用這些話，對照臺灣今天，又有藍綠政黨，還在用西人的口號在互鬥。雖然並未武嚇，但以文攻之法，掣肘對方，其激烈程度以及破壞力不亞於武鬥之時，還在批評對方學習西人民主學得不夠深、不夠真。

潘長發先生當年的日記，值得我們細讀，然後，再回頭看看今天的自己。

中央研究院近代史研究所研究員
臺灣大學政治學系教授
朱 浤 源 謹誌
民國103年12月1日

# 風雨 1949 全紀錄

## 目　　次

# 南京到南昌（前言）

## 一

　　民國卅七年夏，我在安徽省歙縣，擔任自衛隊分隊長，祇因大局逆轉，徽州地區治安不好，縣長楊步樑言行乖張，使得民怨載道，我看情勢不妥，乃辭職前往首都南京，由國防部預幹局安排，去陸軍第一訓練處軍官班受訓，畢業後，於十一月初，分發到江西廿三軍服務；卅八年初，由軍部幹訓班分發下連，擔任排長、連附，負責接兵、練兵；卅八年大部時間，都在江西、廣東一帶，練兵、行軍、作戰，足跡遍及江西全省，及廣東英德、石龍、廣州一帶。

　　卅八年國運多舛，政治混亂，經濟由於貨幣改革（金元券）失敗，導致經濟崩解，社會不安，軍事又連番失利，徐蚌戰後，國軍精銳大傷，高級將領不合作，共軍統戰伎倆犀利，間諜橫行無阻；張克俠、何基灃、程潛、陳明仁、盧漢、張治中等高官，一連串叛變倒戈，重創國軍士氣，使得局勢急轉直下；五月間上海失陷，長江天險失守，江南形成一面倒，一瀉不可收拾！

　　國共之戰，由於國軍墨守典範令之約束，軍事思想一切墨守成規，自我設限，一成不變；而共軍除了使用人海戰術之外，他們不受各種典範令之拘限，善於出奇創新，採行非傳統、非典型之作戰方式，處處掌握先機，處處主動，而國

軍雖然裝備精良，中下級軍官驍勇善戰，素質高，且忠貞可靠，但國軍處處被動、挨打，缺少優秀的將領，與指揮卓越的人才，所謂「一將無能，萬兵遭殃」耳！

凡是國軍優秀將領，必為共軍所忌，他們一定設法傾全力去毀掉他；如張靈甫、邱清泉、黃百韜等；共軍想盡方法要去圍攻，消滅他們，而且不惜一切代價，最後必定要達成目的。

國軍有優秀的校尉級幹部，純樸可愛的士兵，但缺少將才與帥才，奈何？

# 二

有人說：「天下沒有不會打仗的士兵，只有不會指揮的將領」。這本日記是在戎馬倥傯，動盪不安的生活中，在戰壕旁，或草地上，一點一滴寫下，全年無缺。是大時代中小人物的手記，一個尉級軍官的私房話，一個青年人的自言自語；當我重讀它時，心中五味雜陳，感嘆再三！

這本日記，也是戰地的陣中扎記，忠實地紀錄訓練，作戰經過，當時社會的動盪實況，山地行軍的艱苦，遲滯作戰的過程，以及掩護全軍撤退的艱險細節，當重讀時，校對時，猶若重回戰場，槍林彈雨……震撼的臨場感重現，有時睡夢中，夢到昔日戰友，在戰地重逢。

一年來，由於多次校對、多次重讀，常常會精神恍惚，時空錯置，六十年前的場景與現實生活，常常會混淆不清，有時獨自發呆或是發楞，回想六十年前的故事，而陷入斯時情境中，久久回不過神來。

　　有十一篇補記，除了本人對當時的局勢，有所看法之外，最難得的是張子明排附的口述歷史，談到民國廿年前後，在江西的五次圍剿戰役，（補記六）以及貴州遵義圍城戰役（補記七）敘述生動，使人有臨場感受。

　　秦班長大談徐蚌戰役中（補記五）有關戰壕足的悲劇，以及甥舅相殘悲愴感人故事（補記三）共產黨的和與戰策略運用剖析等。（補記八）這些近代史料，皆彌足珍貴。

　　在本書日記本文之後，有三篇附錄選自「邱故上將清泉紀念集」，高吉人將軍所撰寫的「我所經歷的徐蚌會戰」字字血淚，讀來教人悲憤激昂。

　　此三篇專文之登載，已獲得出版者邱家之授權同意，特在此向邱國鼎先生（邱上將之公子）致謝意。

### 中華民國三十八年　元旦　星期六　氣候陰　江西南昌　梁村

　　昨夜一覺就睡去了一年，日子是何等的快速呀，三十七年，這一串長長月日，已在動亂聲中悄悄然的溜去了，今天，這三十八年的新日子又降，"誰忘記了今天？誰就會被明天所忘記。"這句話是西哲哥德說的，故吾儕在此一年的開端，應如何把握住今天；不要讓太陽光在床頭上爬過去，也不要給回憶和徬徨的毒蛇，老是來咀嚼自己，「過去」，只當作無用紙屑，可以不必再眷戀可惜；── 有的時候，當然還得要去檢討著過去 ── 應把它拋棄，來把握今天，迎接明天，寄上無限的希望，因為「明天」它就是滿結果實的大樹，奮鬥者的樂園。

　　不覺中，年齡又長了一歲，但我們亦不要嗟嘆年齡的增

加，更不必再有「馬齒徒增，依然故我」的舊感嘆。因為歲月年齡的增加，僅僅是個數目字的變更而已，我相信，身體上的細胞組織和腦子是不會有多大變化的，只有肯努力肯幹的人，他才會有理想中的償還；只有努力幹肯前進的人，他才會永遠站在青春年少的線緣上；換句話說，那些坐享其成，自甘落伍，愛享樂而懶惰的人，不但不能保留他的青春，且會加快催促他的衰老！

　　今天是三十八年的元旦，是新的月日的降臨，吾儕應如何地去迎接它？

**提注：我班七人，吃班伙已有一段時間，但因羨慕別班的分伙，故循眾議，今天開始分伙，各自獨立炊飯，因物價天天漲，一日三餐很難維持，自討苦吃耳。**

　　中華民國三十八年　元月二日　星期日　氣候陰　南昌　梁村

　　還是除夕那天下午，因太興奮多飲了酒，致昨天一天都沒精打采，萎靡的了不得，故以後應注意不可飲過量之酒，尤其很久不飲而一旦暴飲，會給肺腑一個大刺激。

　　我們的伙食自來到贛溫圳就吃班伙迄今，別的隊和別的班，老早也就分了伙，吃小伙，即三五人甚至一二人分炊，本班仍舊維持到今天的班伙，可云現象頗佳，惟以近來有些人感到口味的不協調，同時也羨慕著別人吃小伙的舒適，故大多數人提議分炊，結果通過了，當然我也不能不贊成，從今天起就分了家，於是我們七個人就分作五下，我與炳文一起，王自立和葉木志一起，梁廷芳，何懷旭，李世賢，他三

人都各自獨立，真也有趣，吃班伙間一天輪一次燒飯，有時可以躲下子懶，現在可不行了，每餐飯都得動手了，並且還要去砍柴，買菜，這幾天物價奇高，每天二元副食也就買不著菜，油鹽都不夠，自己還要另加錢，這樣真是自覺困難，自尋煩惱了；我看看此種情形，又頗覺可笑！

　　但只要自己有錢，每天另加錢，買些合乎自己口味的菜，拿來自己烹調，自炊自吃，也蠻有趣味的。

**提注：軍人拿五倍薪餉，但仍跟不上物價的上漲，和金元劵的天天貶值，郵資也漲。**

　　中華民國三十八年　元月三日　星期一　氣候陰　南昌　梁村
　　在各物價飛漲聲中，郵資也不甘寂寞不願落後，于是也就急起直追，增加了五倍，已自三十八年元旦起實施。今天吾發了八封信，硬是金元四元，好不利害；別的東西貴，可以節省，而郵資是無論如何也省不掉的。今發之八封信為：淅黃太餘，歆畢明心，徐俊榮，王少友，汪禮三，余玉麟，陳棟臣，楊靜軒。

　　今天往溫圳購菜，順瞧報紙，見戰事各線平均僵持，平津郊外國軍威力搜索掃蕩，三十華里內已無匪蹤，現平津上空飛機，照常航行與起落，塘大線國軍艦隊，亦以最大火力轟擊犯匪，戰事甚為得手，蚌埠與太原均無大接觸，現各大都市亦已收斂了「年關漲風」，各物回軟，本來照前幾天的漲勢，那真不得了，尤如倒山排海其銳難擋，現職工生活指數大都市平均為十八九倍之間，而我們軍人仍是拿五倍薪，

對此物價真是望物興嘆：在上月初看報時，見到十一月份加
五倍薪，那種喜悅的心情，現在對照起來，豈不啼笑皆非？
加薪？好像打針嗎啡，僅興奮一時而已，稍一會就無效了。
我真也料想不到，為什麼金元券現在垮得如此之慘！假若還
是用法幣的話，現在的漲勢，若算起帳來，會計先生和經理
人員真是要叫頭痛了。

中華民國三十八年　元月四日　星期二　氣候晴　南昌　梁村

　　昨天大風怒吼了一天，氣候奇冷起來，重灰的雲
變成了灰白，像是要落雪的樣子，豈知它正是想晴
呢？不是嗎？今天早晨那太陽公公漲紅了面皮，在那
彩色的雲梯裡，慢慢地探出了腦袋，我是何等的欣喜
呀！陰雨了多天，今天乍晴，真有點稀罕哩！故我今
天特別的起得早，跑到後面曠野，見低窪濕處俱已結
冰，惟仍未見濃霜，這冰也是來贛初見的。

**提注：訪齊村小學，見到天真的孩子們，感觸良多！**

中華民國三十八年　元月五日　星期三　氣候陰　梁村

　　正當的閒談和扯淡，真是足以增進人的知識，吾儕不可
忽視它，尤其正當的辯論，也更是練習人的口才，故我們不
能忽略了平凡，只有平凡之中才有偉大之處。

　　晚飯後同 Q 遊齊村，齊村是二大隊住的，與梁村毗連，
但是我很少去過，齊村的房屋，普遍看起來，比梁高大而整
齊，梁村有二個國民小學，這裡有一個中心小學，是屬進賢

縣大塘鄉的。

　　當我走進學校，正值下課，天真爛漫的孩子們都在嬉遊，踢毽子，跳舞，他們是何等的幸福呀！他們不知道顧慮，更不知憂愁，世界毀滅他都不管，再回想我自己，多可憐呀！我的黃金時代是過去了啊！

**提注：Q就是老友陶炳文，前年從徽州到現在，都在一起，未曾分離，因爲分伙，我同陶君一起炊飯。**

　　中華民國三十八年　元月六日　星期四　氣候陰　南昌　梁村

　　四日僅晴了一天，昨天起便又陰了起來，天空老是密佈著灰白色的彤雲，北風拚命的怒吼，想像中北方現在已是在飄著鵝毛似的雪片。

　　勞動既是一種美德，同時也可以鍛鍊體格，增加氣力，養成一種良好的習慣，中午同Q各拿一把柴刀，冒著大風向後邊山上覓樹砍伐，由於大樹燒不燃，我便尋找那些枯枝小樹；砍柴，我是很內行的，這是我最熟悉的一件事。記得八年前，在流波撞避難時，吾即隨鄰人往山中砍過柴，那時須要跑五里以上的路，才能找到柴，當我執著彎刀，回想八年光陰不過一霎，黃金的幼年時代竟如飛而去，時間是多麼的有限啊！世界上任何一件事物都在變幻，變化，只有時間，它是一貫的向前奔跑，吾儕只有將它把握，善為利用，不能徒讓它從知覺中溜過去，人固然是萬物之靈，但有誰如此的聰明，能把時間拉住不讓它前進麼？

　　我每每的如此想，不止想過一次，但我又是每每的忽略

過去，我自己也不明白，這是什麼道理。

### 提注：傘兵第三快速縱隊，素質優秀，戰力強，黃泛區會戰表現優異，只可惜指揮者不懂其特性，以致犧牲太慘烈！

中華民國三十八年　元月七日　星期五　氣候晴　南昌　梁村

我每每曾有過如此的想法，我想開一間小書店，我以為開書店既比他種營業清高，而主要的可以盡量而隨意的多讀許多書報，記得三十六年我曾有此動機，那時志同道合的管海清同我商議過，準備到六安去設法開辦，一面賣書，還代售雜誌刊物之類，並代租小說與連環圖畫。現在，這個動機又活躍在我的心頭上，雖然是一個天真的理想，但我總覺得我有這種權利來設想它，實踐它。

下午閱，「傘兵司令部第三快速縱隊豫東會戰專刊」使我悲憤之餘同時也有莫大之感慨，去年七月間自陳匪竄豫東黃泛區一場惡戰，我方雖戰略成功，然戰術往往欠佳，即以傘兵快速縱隊此次之重大犧牲，固換取了更重大的代價。但吾猶感如此犧牲仍是可惜的，最高指揮官，未能利用快速縱隊之特性，違背使用動機與原則，致快速縱隊不配戰車，而擔當普通步兵任務，攻第一線，且因連絡不週，友軍不能配合，致該縱隊攻擊前進過速，形成突出，而遭十五倍兵力之匪包圍，損失優良之裝備猶不計，而傷亡這一批活潑勇敢的官兵多可惜！因傘兵的訓練培養一切不易，損失如此重大元氣，何時才能補充上？

**提注：溫家圳市容不錯，各物齊全，新建樓房不少，也有福音堂，醫院。**

中華民國三十八年　元月八日　星期六　氣候晴　南昌　梁村

　　溫家圳，這個小鎮市，我雖也住了兩天，住齊梁時也去了好多次；但這鎮的全貌我還不大清楚，好多街道也未走過，今天午前偕廷芳去購布上襪底，順便在大街小巷跑了一個圈，見溫圳市面的確不錯，什麼都齊全，也還有個小型福音堂，並有個後方醫院，街上各處有很多的香煙攤，都是傷兵同志經營，這也是利用空閒時間來做買賣而謀蠅利。

　　走到河邊，見碧清的河水，隨風蕩漾，停泊船隻很密，檣桅林立，河邊，鐵軌旁滿堆米袋，新建的倉庫也堆滿米袋，其中以軍糧為大宗，由此我聯想到江西人民對國家貢獻之巨，他們太偉大了。

　　溫圳的市房三分之一係新建的，而現在街頭附近仍在建造樓房，這水陸交通的溫圳，一切都正在茁壯長成中，他的前途是很樂觀的。

　　幾天未趕集，詎知物價自新年後略疲兩天，現在又陡然猛漲起來了，米已晉四百五十元一石，鹽六元一斤，白土布都賣六元一尺，信封要一元一個，其他百貨更不敢問津，我們真命苦；訓練處的餉到現在還沒領到，不來贛也好，拿到了，初來此物價賤而無鈔用，等一時鈔來了，雖然數目不少，但身價可就跌慘了；只能買幾斤豬肉吃，購置什麼都不談不上了。

**提注：在梁村住閒一個月的檢討：進德？修業？皆無績效！**

中華民國三十八年　元月九日　星期日　氣候晴　梁村

來到齊梁村，忽忽的已整整一個月了，這一個月就是這樣平淡地閒住下去，回首時間之快，真也令人感到驚奇！計算這一個月僅僅只晴了九天，其餘都是在連綿的陰雨中過去。再檢討吾自己的私生活及自修的成績，又不禁自慚萬分！僅在上月中下兩旬，剪貼了徽州未完的報紙副刊，其他亦未讀完某一本書和應抄寫的東西，這三十天的逝去時間多快而多可惜呀！時間是前進不停的，過去的不計了，我們只有把握著未來，讓未來的時間決不能一分一秒地空溜得太無意義！吾儕要緊緊的把握住啊！

今天的冰結得很厚，霜也濃如落過小雪，早晨是怪有點寒意的，但當紅日高升，它那彩色的光芒卻帶來了無限溫暖，親愛的太陽小姐：妳太仁慈而博愛了，地球上任何一種生物都離開不了妳，不管哪一種動植物，都需要妳予以撫摩，它們才會茁壯成長，欣欣向榮，尤其是人類受妳的恩惠最大了，而他們也是一時一刻不致或忘的，雖然科學家在報紙上發表，說妳身上有了很大的黑斑，但我愛妳的一顆痴心是不會動搖絲毫的。

**提注：戰事徐蚌蕭永線爭奪激烈，和談消息多，邵力子稱和平老人，張治中也成和平將軍，他們對國家有何種實質上的貢獻呢？令人存疑耳！**

中華民國三十八年　元月十日　星期一　氣候陰　梁村

閱報見公教人員薪餉，有加十七倍與廿倍之可能，這雖是一個喜訊，但希望能早日兌現，不要只聽樓梯響不見人下來。本來照目前情形，金元券疾走下坡路的時候，物價賽跑，薪餉若再不加，生活很是難過。

戰事方面，各線都很沉寂，只有徐蚌蕭永線爭奪激烈報紙沒有詳細登，只淡淡的提了一下，現在若干人士將重叩和平之門；總統官邸連日會議，邵力子被呼為和平老人，張治中久負和平將軍頭銜，今日亦被視為新聞人物，現政府以竭誠態度靜候共方反應，現港方李濟琛與蔡廷鍇等，取道朝鮮、哈爾濱參與共方重要密議。

政府一面渴望和平，而一面亦正作萬全準備，孫立人在台灣編練之新軍，將調京蕪蚌埠一帶擔任防務，現陳誠又出任新職，任台灣省主席，並兼東南五省綏靖主任。

接到孫桂輪同學由岔路口一訓處來信，云他們的近況很好，已由帳蓬搬回原房住，將有分發湘第一百軍之可能，王致華亦由進賢來函，云他們都已分派了職務，分在二一三師六三九團六連連指導員，唯他們還是受訓，每天學術科都很緊張。

晚閱「江湖怪異傳」迄十一時始就寢。

**提注：二十三軍成立之初，李志鵬軍長也在當地徵召千名幹部，但李又向陸總申調許多幹部，形成重疊，分不下去。**

元月十一日　星期二　氣候陰　梁村

　　真嘔糟！我們這批人太不幸運了，此次我們若還在岔路口不來也好了，並不是為了他們領到了二月份薪响，和一千元疏散費而眼紅，而是因為他們的一切生活，是安定而有規律的，我們呢；來到此地貶眼已一個多月，為的是什麼？待命；而二十三軍的李軍長也真太糊塗了，當初既已在贛徵召了千名幹部，且私人的僚屬頗多，為何又到陸總部要求，把我們這批人騙到這兒來，住了一個多月的閒呢？雖然已調走了百餘名，那畢竟是少數，把我們這大多數人擺在這幹嗎？若幹部多了不需要，儘可送回預幹局，何苦害我們在此過著王三姐守寒窯的生活？

　　一個年青人閒著無事做，終是感到苦悶的。

　　在岔路口時為了身份未確定而苦惱，到了此地又是如此的「混勁」究竟混到哪一天為止？

　　下午四點鐘，王大隊長集合講話，他首先說，我們不要到山中去砍民家的樹，次謂軍部參謀長已赴首都，為我們的問題請示辦理，並云在本月二十號內可領到本月份的新待遇 —— 十五倍。

　　不砍柴怎麼辦？三元的副食費買蔬菜都勉強，還能買柴燒嗎？次題，參謀長之赴京大概是為了二十三軍幹部已滿，確實為我們問題去辦交涉去了。

**提注：天津戰事轉烈，宿永之線天長滁縣也正在激戰之中，共方提出和談五條件等於是招降，政府恐不能接受。**

元月十二日　星期三　氣候晴　梁村

　　人們為了活命當然要吃飯，而為了要生存也就必須勞動、工作，除此而外還有讀書也是同樣並重的，但並不要以為在學校那樣每天上課就是算讀書，其他在工作之餘，自己學習、進修讀書更比在學校裡進步得快，尤其目前我們還沒有任務加到身上，更要讀書，如不讀書就必退化，不進前就要退步，這是一定的道理。

　　中午往溫圳發王致華的信並買菜蔬，詎知幾天未上街，物價又高了，油已廿六元一斤，菜一元多一斤，鹽漲到八元，米已破六百元大關，真是了不得！

　　閱十號的報，天津周邊戰事轉烈，宿永線戰事亦慘烈、杜聿明兵團突圍，蘇北黃橋泰興亦告緊，皖東滁縣、天長正激戰，由此推之，那麼我的故鄉一定已陷匪手，為何月餘都未回信呢？

　　大公報主筆王芸生及其他自由人士「赴華北參加所謂新政協」，至於總統元旦文告云共方頗難接受，現共方答覆為（一）重選正副總統（二）修憲法（三）劃分防地（四）清算戰犯（五）組織三三聯合政府，依我看此五點政府恐全難接受。

　　英法美蘇調停中國問題，我個人不太贊成，國內問題為何要外國人處理？太丟臉了！

　　杭米破千元大關，黃金壹萬四仟一兩，交關！交關！

## 2　在幹訓總隊創辦壁報

**提注：本班同學議決來辦壁報，定名「流星群」周朝瑾是主編，我是副編輯，即日開展工作。**

　　　　　　　　　　　　元月十三日　星期四　氣候晴　梁村

　　前天由本班班長與周朝瑾同學提議，以我等閒居鄉村，寂寞無聊，精神食糧尤乏，擬出一小型壁報，以共研學術為宗旨，藉此調劑凍僵之生活，且可改觀村人之歧視，使渠等對吾等有一認識，並可發表我們的感情，當時我極力贊成，我雖不學而無文，但我愛好文藝的一顆心，是很熱烈的，我以為這是啟發智慧的好機會，求上進的好途徑。

　　昨晚班長召集全班會議，徵求大家同意，結果都很贊成，並商議刊物用何名義，全班名義不太妥，即公議定命名為「流星群」，其他如黃風、巨輪、青鳥‥等皆不適合現境，嗣決人員，周朝瑾總編輯兼主筆，推吾為副編輯，陶、李、葉三人繕寫校對，並請每人踴躍投稿，期能開闢這塊荒地。

　　為了慎重，今天呈上了報告請大隊長批准。

　　有人閱報云預幹局已動員召集第一批青年軍，各省派人負責，隊中同學有云發餉到南昌去報到，我以為跑去看看也很對的。

　　二隊同學有接京中來信，云國防部成立青年救國團，戡建隊第一團，前人民服務隊亦編入，其他各地青年中學均有編入之可能性云云。

**注記：軍部指派一位少將總隊長，來專責管理幹訓總隊的軍官。**

　　　　　　　　　　　　元月十四日　星期五　氣候晴　梁村

　　閱「魯迅名言鈔」使我有不少感喟，他的作品確實太好，雖然是十幾年以前說的話，而現在看來仍很新鮮，仍是針對

著現實。

　　今天軍部派來了一位少將總隊長，來此專負管查我們，于下午四時集合講話，云軍長有病不能親來特派他來慰問我們，雖目前生活一切很苦，但望仍念時艱共渡難關，軍長特勉三項（一）利用空閒自研學術（二）體念時艱（三）愛國愛民愛惜自己，自明天起，為了我們生活有規律，每天早晚點名並要實施並須三自三互，即〝自重自覺自愛〞，〝互相互愛互勉〞，並云軍長知道我們生活很苦，但望勉力共赴，在此舊曆年關或可借支一部份款零用，至於工作問題，只僅時間問題，都要陸續派出去的。

　　由於二大隊的眷屬很多，兩個大隊住此一個村子裡有諸多不便，住的既擠，且因人多為了燒飯問題而防害民家燒飯，故擬散佈一個大隊到別的村子去，並云有眷屬的搬家不便，看那一個隊的人數及眷屬多少而決定，那麼我們一大隊都是孤家寡人，搬家的成份當較多。

**注記：報紙對於各戰線之報導，經查詢後諸多不實，而且誇張。**

　　　　　　　　　　元月十五日　星期六　氣候晴　梁村
　　今天接陳瑞珏同學由京中來信，答覆我的詢問，云及國防部成立之青年救國團命名已經公佈，未來諸實施尚在計劃中，可能有未來之集訓，現預幹局正籌備補訓班收訓動員失業者，補充軍旅初幹，為期二個月，時屆開始報名中，我等或有調訓之可能。渠並云有機來函告知，瑞珏為人沉默寡言忠勤自勵，然其信中行間則充滿熱情，筆法尤老練語重心長，

吾當效人之長處，以作自勉！

　　昨天報載，北平太原如故，惟天津市慘烈肉搏，由徐州北上之孫元良、邱清泉、李彌三大兵團在杜聿明率領下，因於敵後補給困難，樹皮草根與馬匹皆為官兵吃光，杜兵團在宿永線遭陳毅匪六個縱隊集中猛攻，在突圍中杜聿明將軍被俘，邱清泉將軍殉國，這次政府自繼黃百韜、黃維兩大將領之後又損失二員大將，殊堪惋惜！至於元旦報紙透露劉匪伯承被炸死的消息，現已證實，確係在行軍途中被炸，現匪總指揮已由陳毅代之，死掉一個殺人魔王劉瞎子，真也會使萬民歡騰的。

　　孫立人率生力軍廿七個師北上，這批裝備良好的隊伍，國人當期予重望！

**提注：各省的孩子遊戲，都不盡相同，仔細觀察，十分有趣味。**

　　　　　　　　　　元月十六日　星期日　氣候晴　梁村
　　孩子們的遊戲，由於地理、環境、風土各各迥然不同，如鄉村的孩子與都市的孩子嬉法不同，各鄉村亦一地與一地不同，尤其是鄉下牧牛、拾糞的野孩子們，他們的嬉法真是新奇，花樣繁多，猶記起我們的故鄉裡那一般牧牛孩子，他們的花樣真多咧！現在想起猶有餘興餘味。

　　皖北的孩子們，最普遍的嬉法，是把各人穿的鞋子脫下，圍成一個圈子以手擲鞋跌仆為戲，此地的玩法，我也在無意中瞧起苗頭來了，他們除了滾錢、打錢之外，最普遍的是用砍草用的彎刀，投擲為戲，與打錢的玩法相仿，只因他們所說的話，太不好懂，故未能完全瞭解，只能在動作上窺見一二。

　　從今天起開始早晚點名，但集合時人數仍到不齊，因目前現狀每人皆不滿意，都打不起精神來。今天下午村後池塘發現女性屍一具，經撈起檢視，原來是村中某婦，查其故係與某人吵嘴，鬧了一場負氣而投水，前後不過三四個小時。

　　婦人的見解不夠，好多想不開，致常生輕生之念。這是社會一種病態，但中國人死在類似如此情形的，實在也不少啊！

**提注：一、決定辦壁報！和談專刊，雖經濟條件不足，仍然克
　　　　　難為之。**

**　　　二、周朝瑾、劉志勇、龔節志、李志賢、梁廷芳諸同學
　　　　　一致努力，催生壁報出刊。**

　　　　　　　　　　　　元月十七日　星期一　氣候晴　梁村

　　呈到大隊部的報告關於出刊小型壁報，已獲批准，每人所準備的稿子也差不多了，只是溫家圳苦於買不到白報紙和顏料，雖然目前經濟不充足，但由於每人熱心，而買不到基本原料，又兼各種工具俱無，想出一張像樣的壁報真是談何容易，故大家都苦悶！

　　我想，愈是困難來臨，我們愈是要克服，雖無好紙，而我們總是以研究學術為宗旨的，不妨以毛邊紙代之暫刊出一期，以後發餉再到南昌去購原料。由於我們這批人都住在此鄉村內，精神食糧缺乏，看報簡直是稀罕，且近一個月來，和談問題忽起忽伏，引逗著人的情緒不寧，每人都關心這個大事，現在我收集了一些關於和談資料（當然取於報、誌）並有幾人對和談意見的文章，我提議出一「和談專刊」俾使

讀者都有淺近的認識，而觀之報、誌云對和談希望渺茫，至於同學的文章，也認為只有戡亂到底才有真正的和平！尤其我的言詞特別激烈，合乎我「霹靂」的筆名。

　　青年人說幹就幹，在周、劉、龔的商討下，李世賢擔當繕寫，梁廷芳真是恩人，他由滬轉來，帶了許多報紙雜誌，給予我們許多材料，與智識食糧。

**提注：一、搬家問題，中隊長未分配妥當。**
　　　　**二、老二就是梁廷芳。**


　　　　　　　　　　　　元月十八日　星期二　氣候曇　梁村
　　昨午後總隊長點名，謂今後早晚必須要到點，有必要事體可以請短假，否則除名，並規定事項：（一）嚴守紀律，不擾民，借民物要婉言商之。（二）不准砍伐樹木。信件問題為顧慮遺失，將囑郵局全送總隊部再轉發各隊。（三）營地問題，一大隊一中隊遷車站羅村，其餘下房屋由二三七中隊分駐之。

　　好久沒有憤怒過，今天太惱火了，記得過去我的氣量很小，動不動就大動肝火，之後受了事實的教訓，碰了許多硬釘子，也就改了不少，因為忿怒和恐懼、憂愁，都會使血管過度緊張，血液速度加快，心悸亢進，很傷身體的，故我曾在筆記、書上和枕頭旁滿書樂觀，愉快文字，決不能發怒！而今天的事使我太過不去了。

　　第一隊遺下的房子，本來是二三七各隊三分之一的，而今天遷移之時看房子，二三隊中隊長都沒去，所有房子稍好

些帶房間的全都給七隊搬了來，其實他們人數並不多只一個區隊，但他們每個人都非得住房間不可，硬是要住房，我同老二，彭儒寬覓妥的兩個房間，他們硬是霸道性的要強住，我不與他們多吵鬧，因為都是一家人，何必傷了感情，但我一再客氣，而他們一再得寸進尺。

可真惹起了我的惱火，難道這個環境還是不講理的嗎？但我還是按捺住我的衝動的感情，盡量用理智來克服，我以為同他們爭吵，反惹百姓們的卑視，既無濟於事，何苦？然再轉而一想，現在的世界總有點光明的吧！公理還眼望著被強權吞食了麼？我越想越有點惱火，憤怒真使我的血液沸騰起來，於是到總隊長那兒及中隊長那兒申訴著理由，當仁不讓古訓在昭，我們受欺負也未免過份一點！

結果總是公理勝於強權，由二三中隊長與大隊附再重劃區域，我和老二便覓定了一間較狼狽的房間，光線雖不充足，終比住在走道旁好得多，說起一個月來都是住在走道旁，白天總是人們穿梭，小孩們的吵鬧，和聽不懂的女人們的怪喊，太使我煩厭了，尤其夜間，兩壁廂小孩的哭叫，真太使人頭痛。

下午開始打掃整理房間，並搬行李箱子，費了兩三小時的工夫，才整理就緒。但精神十分疲倦，蓋一日來硬是跑的不息，在疲、憤的交織情緒中不但精神不支，連頭腦都脹痛了不得。

今夜晚安靜了好多，緊張心情為之一鬆。

**提注：流星群出刊，謹堪告慰同伴們。**

元月十九日　星期三　氣候晴　梁村

　　移到房間裡來，使我的心境清寧不少，頭腦子都好像澄靜些，從此的生活、作息都有了規律，自修方面更可依自已預定去學習。蓋因一個人的動和靜都須有一定的調和，若整天老是混混沌沌生活下去，那也糟蹋了時間，太沒價值和意味！吾儕須抓住時間，盡量利用之。

　　「流星群，和談專刊」在各人協調努力下，終算大功告成了，雖然是土紅畫刊頭，配著那不太好的毛邊紙寫成了簡陋不堪的鄉下姑娘式的東西，但也是自已衷心自慰的，因為在此困難環境下，我們居然能夠不畏艱難現蒸現賣花了很短的時間，居然今天可以上牆了，固然有人責難或批評這刊物太簡樸不像樣，那麼我認為他們的觀念不對，與我們的志趣抱負要相差很遠。

　　中午就完工，送給總隊長閱過，並由總隊長高永俊、總隊附馬耀祥及第三中隊長王積珣題字，經偵選地址還是村頭小店旁的丁字路口高牆較適中，就貼在那裡。

　　晚上，我們幾個基本社員又商討一下，各方偵知所得到反應尚佳，欣賞閱讀的人很多，惟待餉發下後買到顏料和紙，非得好好的出一版不可！

　　在分散時，各人都懷了一顆興奮而欣慰的心回到寢室。

## 3　醞釀和談、南京疏散

**提注：醞釀和談，南京疏散，中央政府遷廣州。**

　　　　　　　　元月二十日　星期四　氣候晴　梁村

　　今天早點名，由高總隊長親自來，率領我們與一大隊晨

操，並規定以後每星期一、四兩天是全體集合晨操點名，嗣宣佈本總隊即將分派四百員到師裡去，俟十二月份薪餉結清，及元月份先支半月薪後再離隊往師報到，我三隊僅十八名，原訓練處的只六員，其餘都是徐州剿總撥來的，本班分發葉木志與梁廷芳二人。

雖然離開還有幾天，而人們總是念舊的，隊上人愈來愈少，班內老伙伴也越走越少，只剩下我們這批可憐的孩子們在此渡著艱苦的日子。

今發十天副食，每天加二元，按五元一天發給，而五元也是買不到啥菜；中午跑到溫圳大大失望，什麼菜都沒得賣，真是希奇！沒法，只好買些油鹽和粉條蘿蔔，據我調查，原來買不到菜，也是傷兵同保安隊造成的，他們不照價給，強買物品，造成死市，累及我們紀律好的部隊也買不到東西，豈不冤哉！

在車站買了份報，南京十九日行政院政務會議通過「雙方派員相約停戰」，立法院醞釀復會，現北平的一般紳耆亦發動和平，派人往共方商談，由何思源與葉劍英談判尚稱圓滿。現戰事燃近了都門，政府傳遷廣州，外交部已通知外國使館，請其準備遷移，現南京正疏散公教人員，廿一日起加派專車。

京滬得知決定停戰，各報出號外，物價亦猛跌。

　　　　　　　　元月二十一日　星期五　氣候曇　梁村
自從伙食分炊以後，雖然比較舒服些，但每餐自己動手太覺麻煩，剝奪了自修時間，尤其這兩天入冬以來晝短，一

天燒兩頓飯，就去了一半時間，什麼事就不能做，記得在那邊燒小灶只須四十分鐘時間就可連燒帶吃了，燒大鍋要兩小時左右，為了省柴省時，今天仍燒爐子妥便。

畏首畏尾，左顧右慮，猶豫無果斷者根本不能作事，做事必定要有毅力、果斷，為基本條件才行。

「天下本無事，庸人自擾之」，自和談專刊貼出後，本刊同人有聞少數不良批評，致而氣餒，這樣不行，一件事要有主見，不可為閒話而動搖初衷，一件事中斷而不辦是最可卑的。今天發十二月份餉尾十九元，我全捐作紙費。


**元月二十二日　星期六　氣候曇　梁村**

卻晴不晴似陰非陰的日子，頂討人厭了，這樣的天氣最會影響我的精神，今天就萎靡之甚，全身發軟，走路都似乏力，懶懶欲睡。

今天是陰曆臘月廿四，此地風俗今天祭灶神，俗謂「過小年」，記得家鄉是廿三，每逢此日要燒香置糖果拜祭，我看此地倒不像家鄉把它看得那樣嚴重。晚上，稀疏的爆竹聲，引起我無限之愁腸感慨！觸景傷情，遊子寧不作嘆！

## 4　蔣總統下野，局勢急變

提注：一、蔣總統下野，華北局勢急轉直下

　　　二、蔣總統於一月二十二引退，立即去杭州，卻引發連鎖反應，行政院長孫科，廣東省主席亦辭職，美國人落井下石，宣佈不再援助任何物資給中國。

元月二十三日　星期日　氣候晴　梁村

天下的許多事情往往出乎人們的意料，想不到中國的局勢就轉變得如此之快！三十八年元月廿二真是一個不幸的日子，昨天東南報載：蔣總統退休，其職務已由李副總統代理，前天下午五時蔣總統由京抵杭，因在京臨行祕密，僅李副總統送行，蒞杭歡迎者，僅有陳儀、陳誠兩主席，隨行者只蔣經國一人。

當我昨天得知這個消息，使我十分吃驚，如同迎頭澆下一盆冷水，我想，將來的局勢發展真是不堪，不佳的消息將由今天起，會漸漸的接踵而來。總統引退，現廣東主席宋子文辭職照准，已由薛岳繼任，孫科院長亦辭職，現美國已宣佈今後將不援助任何物資經濟與中國。憤然的情緒燃燒在我的內心，我再分析推測總統之退休，或有用意，和政治手腕作用。記得以前革命時總統亦曾下野，但潛不多時以後就振臂一呼驚人，不知此次尚有其他作用否？

天津早幾天前陷落，北平士紳自己出面與共軍談判，結果很圓滿，現聞北平已停戰，傅作義已離北平，唉！華北完矣！

**提注：軍部點驗，大家要求發餉，群眾鼓譟。**

元月二十四日　星期一　氣候曇　梁村

上午九時全總隊隊員集合，由軍部派來人員點驗，正在點名時，先二大隊有人鼓掌起吼，齊呼要「發餉」繼之一大隊也跟著來一套，此落彼起，陣陣吼聲和掌聲振耳，把每個人的心弦都振得起了感應作用，大多數人都是富於盲從，這

也難怪，元月份將完了，還借不到一文錢用，尤其在這物價日漲之際，且舊習慣的農曆年關在邇，臘鼓頻催，誰不需要錢用呢？伙食吃的差都不算，連理髮、洗澡都沒辦法。

由於吼叫聲和掌聲把點驗官也弄得窘極，總隊長雖發怒，但也制止不了，還是點名後，點驗官的一番話，大家才瞭解，原來他是軍部檢察官，直屬國防部，任務監督軍部經理，軍需等事，並溝通上下隔膜，渠云返軍部負責將吾等情形轉告軍長，設法先期借支。

今早劉智勇已由南昌回，買來了白報紙和顏料，午後即由龔、周、李等設計排版，開始騰寫，決定以三張一版，共兩版，此處一版，車站一版，由李世賢、何懷旭各寫一版，大家興趣很濃，工作很起勁，預期這一期當較上期精彩。

**提注：長灝哥來信說一月二日家鄉一度淪陷，不久後，又被國軍收復。**

元月二十五日　星期二　氣候晴　梁村

我常常看到一些軍官佐及士兵們，用一條花圍巾把頸子圍了起來，看去十分可厭！失去軍人莊嚴，軍人的服裝是要隨時保持整潔，不比老百姓，要怎麼隨便就怎麼，何況這裡的氣候，並不十分冷，何必要如此呢？即是冷，我認為亦不可，即把頸子冷斷了，也不能圍花巾。我想圍花巾的人，他們並不是為了冷，而是虛榮心圖漂亮，不過圍上一塊花巾配著軍服根本就不稱，怎能顯出漂亮呢？相反的更會增加難看，故我十分討厭這一類人，見了我就想痛罵他一番，沒出

息的傢伙，根本就不具備軍人的條件。

　　每次買菜硬是要到溫圳去跑一趟，這樣不遠也不近的路我也真是跑夠了，今天物價又漲了，米已八百，油三十二元，塩巴十元，最普通的菜都是三元，上海各地狂跌，此地物價為何漲？又是為了過年問題吧，自來此地將近兩月，連續寄去三信，至今方接家中回信，真是喜出望外，原來因灝哥任職於自衛團（營副），故在鄉間沒空寫信，本月二日家鄉遭匪竄入，但未數日即被國軍趕走，全城百姓無損失真是萬幸之至。

## 5　李宗仁力主和談，邵力子、張治中等為代表

**提注：一、和談氣氛籠罩，李宗仁發表文告，宣示和平決心。**

　　　　**二、自李宗仁宣示和談決心後，國內情勢巨變，政府高層人事變動巨大。**

　　　　**三、蔣總統下野後，李宗仁力推和平談判，宋子文、孫科、陳立夫、谷正綱辭職，傅作義投降後，與共軍合組民主警衛軍，邵力子、張治中主導和談。**

　　　　　　　　　　元月二十六日　星期三　氣候陰　梁村

　　閱報：蔣總統引退，美國人士表震驚，現宋子文下台、孫科、陳立夫、谷正綱均辭職，李代總統發表文告宣示和平決心，打破一切和平障礙，並推張治中、邵力子與其他五人直接與共方談判，現北平已停戰，城內隊伍調出城外整編，共軍與傅作義，合組「民主警衛軍」成立聯合辦事機構，處理一切，警察仍維持秩序，其他均維持現狀，另共軍並開一

團入城維持秩序。

　　唉！傅部談和，既是變相投降，整個華北去也！現共軍自得蚌埠由津浦驅十多萬之眾南下直逼長江，南京各重要機關均積極遷移，並疏散公教人員。現李代總統致力斡旋和平，請李濟琛，張瀾，宋慶齡等至京商談。李代總統並下令釋放政治犯張學良、楊虎城，均將恢復自由外，並取消一切有關防礙自由之法令，禁止特務人員非法活動，現京滬綫南下杭州國軍頗多，共方三和談代表推周恩來、李立三、梁銘鼎三人在平商談，將來聯合政府或可在北平設立。

　　今天變陰上午曾落小雨，午後停，氣候變冷，下午寫回信與父母、孫立已及張道鑫。

　　晚燈下閱「青年雜誌」，九點半就寢。


**提注：一、發餉，送同袍，離情依依**

　　　　**二、我最要好的朋友老二梁廷芳，葉木志皆分發，今天報到，送他們到車站，心中難過，不知何時、何地再能相聚言歡。**


　　　　　　　　　元月二十七日　星期四　氣候雨　梁村

　　今早全總隊集合升旗，總隊長報告今天可發元月份薪餉，（加雙倍）前次公佈之第二批分發人員領款後即出發，第三批只九員，第四批命令已發表，尚待公佈，並云春節放假三天。

　　飯後近十一點鐘，餉才發下來，梁廷芳已捆行李準備動身，雖然天是落著雨，但命令出發奈何！吾與渠相處三月，

感情尚稱不壞，一旦分別當然有些難受，但是分離在即反而有話說不出，真是欲言而無語。

吾趁上溫圳之便，送渠去車站，我倆計畫著以後有機會決定改業，實行我們的計劃，對於有利益之機會尤不可再予放過，應切實把握之。到了車站恰遇葉木志、鐘效勳等均在等車，各留了通訊處，囑以後不失連絡，並互道珍重而別。

今天溫圳任何菜物都購不到，街上十分清靜，因今天是廿九，此地風俗今天起就開始燒香渡年，吾鄉是卅日才叫除夕過年，今天和卅的上午都還做買賣的。在街上只買一條魚，盤旋三小時買了一石五斗米存在店內，以備過幾天去取運杭州。

黃昏方返，一路上爆竹之聲不斷於耳，回住處見房主合家團聚之歡情，令人傷感！今晚心緒不寧之極！

**提注：一、農曆年關，黃金、大頭皆漲，他們領導百物飛漲，雖是領了薪餉，但物價每天都不一樣，餉到手後，不知如何處理，存放一天就有損失。**

**二、農曆除夕溫圳巡禮**

**三、今天除夕在齊梁獨自過年，民情風俗與安徽相彷彿，祇是觸景傷情，勾起思鄉情懷**

　　（古曆除夕）元月二十八日　星期五　氣候曇　梁村

正睡夢中有人喊醒，原來老周催吾趕緊把壁報校對完畢，把它貼上牆去，吾即急忙穿衣而起，整理紙張花了數十分鐘時間，把校對完了，即先送至中隊部給王中隊長閱後，即送往總隊部，呈與指導員再閱，均蒙允予出刊，回來即拿

漿糊，粘之於原處一版，另一版飯後再去覓地點，在溫圳或車站上貼。

老二走了，只剩吾一人，一人燒飯真是惱火，洗刷、燒、調、硬是不耐煩，好容易忙著吃了一頓飯，即同周出發往車站，大家之意皆以車站為適中，我們就把它貼在車站了。

今天雖是除夕，而溫圳正逢集，人們如梭，不知忙些什麼？啊！過年，什麼叫做過年？那我真不懂，人人都在忙著「吃」哩；想點子去吃得舒服。照這樣看來尤其我們軍人不應把年關「節期」看得如何地重，有錢天天皆過年也，何必今天來放勁的吃呢？

人們大多重貨、重金銀，重金銀而輕紙幣，昨天金子一萬八，今天已貳萬六，袁大頭也由二百二，到了三百大關，由此之故，物價也就跟著它失去常態的狂漲，米又漲到一千一，香菸更驚人，其他不可言，我溜了幾個圈，也買不到稱意的菜蔬，只購些糖果和甘蔗，以備送屋主及小孩子們，由於袋中鈔不多，只好馬虎一點，在小担兒上理了髮，澡都不曾洗，記得老二常說，〝自已虐待自已沒關係〞，今年這個年關，我真是自已虐待自已哩！因為領了一千七百元餉，買了一千五百元米，天哪！只剩二百元過年費了。除了二十元理髮和八十元送禮，三十元洗衣，僅僅只有七十元是自已年關用費，未免苛刻點，但，自已虐待自已總是合乎道理沒大關係的。

此次發了餉後，因為人們都受了物價波動的嚴重教訓，都有了警覺，誰都不願把金元券裝在袋內休息，都想買點東西，故米、袁大頭、都成了最大而美妙之對象，此二物狂漲

起因也由於上述。

　　拖著沈重的步子回到齊梁，恰房東奶奶－三嫂一意請我吃飯，情不可卻，我也就厚著臉皮吃了，但仍不免有些難為情！

　　下午五時，楊業登等三人請王積珣隊長吃酒，拉我陪客，我也就入了席吃了兩杯酒，楊烹調有術，十幾樣菜，燒的實在可口，王隊長亦稱贊不已。

　　中國人數千年的舊習慣，總是把陰曆年，看得無比之重要，連我亦不能例外，這裡的風俗與我鄉一樣先燒紙祭祖先，再吃晚飯。

　　晚上，爆竹聲又彼落此起，勾起我煩悶的心緒，這僻小的地方，簡直無處去解悶消愁和散心，出去跑了一個圈，看了一會賭博，仍壓不住莫明的煩悶情緒。

**提注：一、夜間溫圳大火毀屋多間**
　　　　**二、江西人過年也守著傳統習俗，除夕夜也是「守歲」**
　　　　　**至天明，每逢年節，總是想到童年在故鄉的生活種**
　　　　　**種，往事怎堪追尋？**

　　（古曆元旦日）元月二十九日　星期六　氣候晴　梁村
　　每每如此，從軍以來，算沒在家「過年」一次，故每到古曆年時，總是我百感交集萬緒千愁的日子，每在此時令人憶起從前情景而傷感，惆悵；其實這都是錯誤，我至今才理想和體會到，時間總是向前走的！新年，是一年的開端，啟示人們進取努力的日子！

　　這幾年來，在團體裡過年尚好些，尤其像去年與今年多

麼感到寂寞，我羨慕天倫之樂趣，團體之生趣，但永遠想像中的大家庭生活是不可能佔多，而一輩子到老都過團體生活麼？亦不可能，既如此，單獨過年並不算奇，實際這種情形，中國還多著，那麼何苦現在偏偏感到寂聊、悵惘？即是有了老婆娃兒那麼又怎樣感覺？

這種種不都是很矛盾麼？不是自尋煩惱麼？

總之，人的慾望不能滿足，我是一個靈感矛盾的人。

此地風俗與吾鄉同，大除夕夜人皆坐以待旦，叫做「守歲」昨夜我好像也睡不著，一顆野馬的心坐臥不安，最後還是烤火看書，正看小說「小春」，忽聽門外人聲大嘈皆喊「溫圳失火！」吾出門一見果然一片紅光，吾乃好奇心驅使，點個燈籠，一個急行軍，三步併兩步飛也似的跑去，見許多人在灌救，火已漸滅，毀街中屋數十間，看了一幅慘圖即趕回齊梁，就寢時已四點鐘。

今天頭部發量，午後往溫圳，見火場中道士在念咒，而左右鄰居仍打牌消遣，形成了一幅悲與樂的活劇！

**提注：同學跟傷兵間糾紛起於誤會。**

　　　　　　　　元月三十日　星期日　氣候晴　梁村
天氣轉得太暖，棉衣簡直穿不住了，只一件絨衣還有點熱。

午后燒水沐浴，忽聞屋外哨音，奔出一看，只見眾議紛紜，詢之，云我們同學在溫圳被傷兵毆辱欲集合去醫院質問。

晚間溫圳歸來人云，因某同學著便服，干涉傷兵致被誤

打，後質問之已由院方道歉了事，並放爆竹送回被辱同學，允三天內嚴辦肇事傷兵。

我以為在此時沒有任務，不必去干涉閒事。

**提注：分發** 213D638R

元月三十一日　星期一　天氣晴　梁村

今晨朝會，總隊附主持，宣布第四批分發工作人員數十名名單，謂須即往到差，並云第五批即陸續分發，如本軍無法安插，現六十七軍亦需尉級幹部，可撥過去。

午後一時又集合，繼續宣佈第五批同學，點到第五名即喊吾...，陶炳文亦在，此批三四隊七八十人，一二隊人最少，單位除三一五師外，均為二一三師六三七、六三八、六三九，三個團，吾在六三八團，總隊附說話後令散去收檢行李以備明天出發，並派吾為六三八團帶隊。

從明天起，即有責任加諸兩肩，不似現在如此之優閒矣！晚上街處理存米，價錢未合仍存。

總統與邱烈士生前合影

邱清泉像

一月九日在陳官莊指揮作戰（殉國前一日）

**提注：一、今天分發 213D 到師部報到，隨即分到 638 團**
**　　　二、梁斯佐餞行，箱子棉被存梁斯佐家**

　　　　　　　　　二月一日　星期二　天氣陰　齊梁－進賢

　　今天是二月的開始，亦是吾卸脫責任休息五個半月，又一個新工作新任務的開端，自離歙至今五個多月中，僅在岔路口的月餘時間較有代價，在未入訓練處之先日子，真是不堪一提，除住閒外，大半都是在路上奔跑，還是在齊梁住的一個多月，雖是無事，自修方面倒略有心得，並創辦了兩期壁報，不過還是不夠積極，白天的時間往往仍把他閒過，沒有切實把握住，以後更須重視時間。

　　七點鐘起床，天陰了並有大風，吾即往總隊部看冊子及公文可曾辦妥，詎知有的才起床，有的仍在睡覺，吾即回寢室淨過面後，整理行李，並送還借老百姓的物品，因兩個箱子攜帶不便，即寄存大箱一只及棉被一床與梁斯佐家，以備日後有空來取。

　　昨天文波媽請客，今天斯佐又強留吃麵飲酒，情不可卻只好厚著面皮坐下，吃後往總隊部詢王中校－總領隊，渠云先至車站，公文名冊由渠攜帶。

　　十點鐘離了猶有不捨的齊梁，由劉俊元黃正，二兄送至車站，候至近十二時才登車，十二時廿分開，近一時抵達進賢，整隊到師部報到後，即往團部報到，由副團長點名講話，因未明職務，暫轄團直屬連。

## 提注：用一天時間去溫圳，處理掉存米

　　　　　　　二月二日　星期三　氣候陰　溫家圳－進賢－齊梁
　　進賢是座古城，淅贛路的一個小站，雖名義上是個縣份，但這遠不及溫圳之市面繁榮，房子雖多，都是七零八落的，城垣都沒有，只有一條正街，也不過百公尺的樣子，矮小的破殘的屋子，間亦接有幾幢高大新樓房，我們的營舍倒還不錯，是縣中校舍。

　　這兒也有「青年軍聯誼會」，好大的紀念章如檔箭牌般的矗立門前。

　　烏沉沉的天氣，早晨還落著濛濛小雨，難怪天變了，昨夜簡直太燥熱，襯衣都汗得透濕。

　　本來早兩天就要出發赴吉安接兵，因車輛未交涉妥故延至今，現聞車廂已在南昌涉妥，今明即可駛來，馬上登車出發，我想：吉安此去很遠，將來任務在身，無空離開，此地存的米，想把它賣掉，以留作路上用，趁此空時間何不往溫圳去一趟呢？

　　早晨就向副團長請了一天假到車站候車，詎知上午硬是沒車，下午一趟快車不停，真傷腦筋！去溫圳的同事很多，我們急中生智，把閒著的小型手搖公務車自己搖去，居然很快，三點半鐘到了溫圳，費很多口舌才算把米賤賣出去－每石銀洋四元。市上米價己四千金元券一石，銀元只八十元一塊，六點多才回到車站，花三小時才把米賣掉的。

二月三日　星期四　氣候晴　齊梁－溫圳－南昌－樟樹

昨晚在車站本欲趕車回進賢，因班次未定，不知何時有車，風雨又來了，我一想還不如到齊梁去睡覺吧！養息一下明早再來，如無車就不去進賢了，等他們的專車來時搭上豈不更好？

張口不見齒的黑夜，幸我帶了電筒，當我踏進了那熟悉的齊梁村時，心中的感覺又與往日不同了，說不出的一種情緒侵佔我的心頭，我昨早離開時以為馬上出發了，想不到有空又很快的再回來一遊，這寂靜樸實的村莊，好像與我結下了不解之緣，我心中總是似乎思戀著什麼？走慣的路，住慣的屋子，而隔了一天一夜，今天看來又是一種感觸，人們總是念舊的啊？這印滿了我的足跡的齊梁，我真的有些莫名的留戀！

村子裡人大半入了夢鄉，我先送了第四中隊的信，即仍到我住的那間房間裡，借楊永俊的床舖蓋睡覺，當我躺上了床，想想：也有味，前夜在此，昨夜到進賢，而今夜又回到老地方住。

很甜密的睡了一夜，醒來已七點，急起身著衣，到了何懷旭那裡淨面，本欲即返進賢，李世賢云周朝瑾也來了，吾即往約之，他住在第五班，閭石麟等留吃早飯，不便卻之，飯後已八點半，即借周、閭出村赴車站，

二月三日　星期四　氣候晴　齊梁村－溫家圳－南昌站－樟樹鎮

行至半路距車站亦不過還有五百公尺，見滿載官兵的車子剛由站內開出，許多同學向我招手，急快跑已來不及了，

心中如何焦灼，眼看車子開走硬是沒辦法！

　　到車站請站方打電話詢問是否車開南昌？或由向塘直開
樟樹？據向塘站回電話，云車已開南昌，我們比較安心，因
去南昌車多好趕去，到樟樹車少不易前去故也。上午無車，
我等即到公路邊，候搭由臨川開南昌的車子，候到十時許，
適有一部商車即搭上，十二時許抵南昌火車站下車，尋到了
專車，總算放下了心，多麼僥倖啊！

　　由於還要行軍，被子多不方便攜帶，以三元半現洋賣掉
一床，本欲乘公共汽車赴市內觀光一下，並買點東西，因即
要開車，只好作罷。南昌外圍住了兩月連南昌市都沒去過，
真是憾事！

　　下午三點多鐘開車，轉了湘贛路，經四個小站到樟樹鎮
車站已八點多鐘，下了車一陣混亂，九點多鐘才集合齊，扛
行李到住處，還沒打開舖蓋，又要集合出公差替團部搬行李，
來回好幾里路，出了滿身大汗，累的太乏了，真是惱火！

　　近十二時才吃晚飯，一點鐘就寢。

## 6　分派二一三師到樟樹鎮分發裝備

**提注：23 軍大集合，211 D 先到、315 D、213 D 陸續到樟樹鎮
　　　分發裝備。**

　　　　　　　　　　　　二月四日　星期五　氣候晴　樟樹鎮
　　江西畢竟還是塊安樂土，不論那個角度看來，都是粉飾
太平的樣子，一路所見，人民們仍在歡渡新年，若沒有報紙
的傳遞消息，好像這塊地方又是另一個世界。雖然現在倡著

新生活，倡用陽曆，但人們幾千年的傳統習慣，對農曆年的印象總是深刻些，街上商店大半未開張，半開著門，每家廳前一個香火桌，不似吾鄉在堂前專設香案的。

今天在此住一天，並發槍彈，我等團部軍官班十八人領了九枝槍，費了幾小時的時間還是擦不乾淨，裡面的「凡士林」太多了。

團部下的通報：重物不便帶的齊放船上運，每人須帶一背包，下午二時集合團長訓話，規定各事項，並編組行軍序列，由參謀長指揮兩團行軍，聞本團到吉安為止，六三九到贛州，團長再三命嚴守軍紀，一路不准爬車，傴伏和掉隊伍，規定四天行程，第一天到新淦，二天巴都，三天吉水，四天吉安。

樟樹鎮是江西四大鎮之一，水、汽、火、交通便利，市面繁華，街道房屋整齊，有電燈設備（現已停電）。

今天我們二十三軍的三個師都在這兒會面，211 師早幾天到的在此候裝備，315 師亦來了，不過接兵地點不在一起，今天看見梁廷芳等，第一訓練處預幹隊同學在齊梁分別的，都在此地見面了。

### 提注：大風大雨中，行軍 40 公里到新淦縣

　　　　　　二月五日　星期六　氣候陰雨　樟樹－新淦

六點鐘起床，六點半吃飯完畢，七點鐘在街道集合，到郊外由參謀長訓話，與團長說的相仿，八點正出發，路上大小休息因無號兵，皆由團值星官指揮。

　　途中風很大，經過一個大鎮－永泰，行不多遠還尚有三十里，天公就與我們作起對來，先僅小雨濛濛，而後愈落愈大，又不准打傘，人又乏了，經大雨，更覺背包加重，腿子發酸，四十公里的路，下午四點多才到目的地－新淦縣。

　　入夜才吃飯，雨更落大了，疲乏的身子當鑽進了被窩裡，是感到多麼安逸！

**提注：今天雨太大，就在新淦休息一天。**

　　　　　　　　　　二月六日　星期日　氣候雨　新淦

　　一夜的甜睡好像還沒有恢復疲勞，一覺醒來天已亮了，街上已人聲大噪，且隔壁團部連在叫我們軍官班去打飯，我真的有點懶得起來，但不起來也不是事呀！由於時間來不及、吃早飯後再淨面，時雨仍大落不止，開飯完畢仍未見集合命走，九時許才通報云今天不走了。大多數人皆大歡喜！我當然也贊成休息。新淦雖是縣城，僅有一個丁字街，位靠贛江，尚不及進賢多矣！

　　時間真快，一天易逝，晚早早就寢，以休養精神。

**提注：一、今天還是雨中行軍，新淦到巴都有四十多公里**
**　　　二、本人自製雨具，用稻草編織，很實用**

　　　　　　　　　　二月七日　星期一　氣候雨　新淦－巴都

　　打開地圖一看，我們鑽進了江西省的心臟，全省是個長袋形，我們先由東而西，一條鐵路正繫腰際，現在我們又由

公路自北而南行，本團－六三八，去吉安即達目的地，六三九，還要鑽到最尖端，他們再前進，就要到了廣東。

今天仍是落著雨，一陣大一陣小，出發，還是七點鐘，一早起來就吃飯真是吃不下，我們行軍吃飯兩頭不見太陽，中午那一會兒是多麼難受！

雨天中八十里路的行軍真也夠勁，沒有雨衣和傘的人，盡成了落湯雞，我還好，昨晚就編好了一個防雨具－稻草製。蓋在被子上，手中還有把傘，僅僅下裝濕了，還算是幸福。今天我走的很快，超過了隊伍，還在一家村莊午餐，飢乏中的午餐雖無菜，也覺可口，如大旱逢甘霖，吃下肚馬上就人雄馬壯走起路小腿兒怪有力，真是「人是鐵，飯是鋼」人吃了飯就好似機器加了油。

四天的里程要算今天路最長，可是我也並不感到什麼疲乏，下午三點就到了目的地－八都。

我選定了一家茶館住下，老先生謝定星很和氣，而且深明大義，很有點國家觀念，相談之下知他的兒子在幹憲兵，今晚我接受他的招待，在渠處吃酒並進晚餐。

## 7　新淦、巴都行軍到吉水城

**提注：一、今天行軍六十華里，路程不遠，因途中雨落的很大，
　　　　打亂行軍序列。**

**　　　二、新淦與八都鍋灶裝設不一樣，功能也不同。**

　　　　二月八日　星期二　氣候雨　巴都－吉水縣城60里
「家住十里地，各處一鄉風」，這是故鄉的俗諺，由於

地理氣候，種種之不同，人民的生活方式，風俗習慣亦各有差異，尤其是我們不前進的中國，一切默守舊規，不知創造改進。

在齊梁一帶以至新淦，這一段人民的廚房炊具設置，都是一口大鍋旁帶風箱，八都的人，都是一口大鍋和一口小鍋，通連著，在大鍋裡燒火，小鍋也受熱，沒有風箱，同故鄉的茶館蒸包子，鍋灶是同樣設置的，這種設置很科學，既省燃料，而且火不易滅，容易點燃。

今天六十里的行程，途中雨落的很大，而且今天的行軍隊伍散了七零八落的，或先或後成了散兵群，我今天走在最後，但到時還不遲，因為我尚不覺什麼疲勞，步速很快，走在我前面的人我超越了好多，祇因途中休息了兩小時，抵達吉水縣城已是四點鐘了。

我們軍官班全體駐迎賓旅社，晚上集合陳連長講話，申斥我們不守秩序，沒有同隊伍在一起，然這是普遍的現象。

## 二月九日　星期三　氣候雨　吉水－吉安　40 里　吉安　吉州中學

最後一天的行程了，今天只有四十華里，七時開飯後到城外集合，由參謀長訓話，規定今天行軍須守秩序，並不准背草，到達吉安整隊入市，一律不准打傘。

今天走路十分的輕鬆，下午一時許即達，用載汽車的渡船以汽輪拖過了贛江即是吉安，我們駐地是郊區吉州中學，走過了幾條市街即達，校址在一座小土坡上面，一路上都未淋雨，就在這渡江與街上的時候，把衣服盡淋濕了。

校地不寬，只有兩三個寢室，我們都勉強的擠住在一堆。

**提注：吉安比南昌要小些，也算江西中部一個大城市。**

二月十日　星期四　氣候雨　吉安

住學校裡很是蹩扭，用水煮飯都沒法，只有到坡下民家。

今天本團的船到了，午前我們都冒著雨把行李取回來，存放民家，穿幾天的濕鞋襪，今天也可換一下了。

此地很繁榮，以前是府治，沿江一條街相等蚌埠的大馬路，建築物也有點洋氣，電燈設備倒有，只是馬力不夠，還不太亮。

**提注：在吉安城有四家報紙，有的言論偏左、有的言論偏右，端看讀者，如何去分辨理解，讀者應頭腦冷靜，自己去解讀新聞報導，及社論、專論。**

二月十一日　星期五　氣候小雪、曇　吉安

在此地看報紙，再不像在齊梁那樣認為稀罕了，此處很好，有三家報館，即民力報，民治日報，前方日報，以我的眼光，站在我這個角度看來，民治和前方報都有點那個，他們的標題很有點刺眼，欠真實性新聞報導，而有點發政府牢騷的文字在裡面，他們同上海一些刊物專鑽內幕新聞，一樣的〝自命不凡〞現在畢竟是言論自由了，記得政協破裂以後，各報都把「共軍」改為「共匪」，現在他們很見機，順風轉舵的把「匪軍」又自動改為「共軍」和共方了，過於敏銳是顧慮共匪過江後，也把報館列在戰犯群中，這是他們未雨先綢繆的聰明舉動。

　　尤其是民治日報,已經水紅色,第一次我在樟樹看見的,就有點不順眼,那上面都是李濟琛,梁漱溟的宏論,此地還有一家大同報,還比較立論公正些。

　　下午在書店裡看雜誌,〝人生雜誌〞吳摩西社長的一篇長論,我讀完之後很感動,題為:〝基督教已臨生死關頭〞,語句警辟,他說基督教已被極端社會主義者摧毀,如再不革新即將覆滅。

　　(按極端社會主義者就是第三國際 —— 蘇聯)

## 8　在吉安城過元宵節

**提注:吉安城元宵節午後有小雪在飛,街上有玩龍燈,高蹺。**

　　　　　二月十二日　星期六　氣候曇　小雪　元宵節　吉安

　　氣候自昨天即轉寒,午後飛了一陣稀疏的小雪,未廿分鐘即停,今天寒流仍侵襲著人們。

　　自一號到進賢,我們的伙食即參加團部,但行軍時,一路既感到不便,且大半吃不飽,每人只能吃到一碗,由昨天起即分炊,以連為單位,我們軍官班亦分炊,按照定量,差不多都夠了。

　　「公文旅行」的惡習,軍隊中也流行著,月初我們即由軍部派到團裡來,至今十多天為何訓令還沒下來?命令不來不能下連,只好如吃閒飯般的。只聞軍師裡有軍官隊之設,那裡團部也有軍官班的名稱?豈不怪哉!

　　在齊梁發的款,一路花光了,到了此地大半人都空空如也,每人都在鬧窮!於是賣衣賣被的大大有人,我亦作如是

想：把多餘不用的賣掉，以免行走時成了累贅。

今天是古歷正月十五，元宵佳節，這條街在早幾天即有龍燈在試玩，在北方愛玩高蹺，南方則喜龍燈。

中午在書店裡看雜誌，偶而見廿五後方醫院在踩高蹺，還挨戶散紅帖收錢，如此也為取錢之道，嗚呼！

**提注：真未料到今年元宵在吉安度過，記得兩年之前的元宵夜，初到合肥，找不著旅社，投宿無門，最後跑去省訓團，在蔡紹寬處借宿。**

　　　　　　　二月十二日　星期六　氣候曇　小雪　吉安

每逢一個年或節，總是又有一番感觸，我想每個人都是如此的吧！

晚點名後，大家都往兩家戲院去跑，我想這小戲院也沒有什麼看相，但而心中的煩躁卻是無法子，我不耐煩似的拖著沉重步子向街上跑，街上，又有什麼好嬉呢？僅僅是熙來攘往多了幾個人而已，想去看雜誌，書店也關門了，看了一會舞龍燈，這裡的龍燈較故鄉差多哪！沒什麼趣味，但圍觀的人仍是很多，而且都興高彩烈的吼叫著，一串串的爆竹擲向龍燈，一股濃葯味實在難聞之甚。

日子委實太快了，當我看見家家門口懸著的紅燈，那憶潮又湧上了腦際，前年的今日，正由蚌埠趕到合肥，記得那天晚上到合肥尚屬第一次，跑遍城內外硬是找不著飯店投宿，因為皆未開張，結果住到城外皖訓團蔡紹寬那裡，曾幾何時？一切猶若眼前，但事實上已是時隔兩年，不容情的日

子也飛過去了七百多天，所剩下的是什麼？自覺慚愧！只有那悵惘在衝擊我的心靈！空虛啊！也佔據了我的心房，這一切的一切，都是在啟示著吾人應努力向前，奮發創造，因為時光總是不容情的東西阿！

**提注：一、江西的壯丁愛打衝鋒（集體逃亡）**
**　　　二、〝打衝鋒〞在江西流傳已久，防不勝防，凡是接新兵的幹部都要暸解，並嚴加警惕！**

　　　　　　　　　　二月十三日　星期日　氣候晴　吉安

　　我國的徵兵制，自古來已是。這辦法是針對中國的國情，唯其中流弊太多，雖然現在的口號，已把「好男不當兵，好鐵不打釘」顛倒了過來，但細究起來，一大半人們的心裡，仍是不願去當兵，尤其是人們競相傳說的江西人，更是。

　　買賣和頂替壯丁，各省都有這種弊病，據說江西的花樣更多：（一）買賣壯丁是有嚴密組織的，（尤其在鄉軍人作主）凡是買和賣都必須經過他們，如同雜貨行賣貨一樣的，還要抽行佣。（二）賣壯丁的一些人大多是「老兵滑子」和「營混子」他們在師管區是不敢跑的，但一撥到部隊不久，就設法潛逃，有三二人或單獨偷跑，最驚人的就是「暴動」！他們暗號稱為「打衝鋒」。乘機一鬨而逃，監視的人有被擊傷之危險！最可能最有利他們的機會就是在開飯之時，他們暗中都相約好了，由一個丟暗號，馬上就暴動，擲飯碗於監視人－班長排長－臉上，一鬨而逃。

　　這是多麼可怖！吾人接兵以後應時刻防範，並設良法制

止，特記此，以作參考。

## 提注：人心浮動，金元券重貶，謠言四起，江南各地也謠傳局部和平，杭州，南京謠言不設防。

二月十四日　星期一　氣候曇　吉安

　　陰雨連綿了好多天，昨天算大放光明，但今天又濛上了層層陰雲，太陽亦不過隱約時現。

　　目前中國的局勢卻已到了生和死的關頭，然而主因皆由於人心不振，且人心都變壞了，即如江西各地一般情形看來，好像人民都與政府脫了節，中間有了隔閡，人們大都忘了「國家」和「民族」這個名詞，時刻都在為一己之私事打算，即從人民重貨物輕紙幣一項看來，是多麼大的危機！無論百貨西藥各業，以及肩挑小販店舖交易，都把物價以銀元計算，腦中根本就沒有了金元券之印象存在，而且盛傳發行地方貨幣，這都是與政府在搗蛋，硬把金元券徹底搞垮不可！

　　北平市的局面和平，使有些人心中怦然一動，他們都懷了鬼胎，共方更利用此作標榜，暗派人至內地活動，"局部之獨立"與"和平"與其說"活動"還不如說"煽動"更洽當。

　　而且期間也有人居然高談妄論：如南京、杭州謠傳不設防，江西謠言談局部和平，這都是共方的陰謀，我仍看得最清楚。

　　六三九團今開贛州，我團尚不知何時接兵，從今天起規定，上午十一時至十二時上課，下午一時至三時出操，不到者扣餉。

# 9　程潛稱霸湘贛，盧漢取代龍雲

**提注：當前局勢輕描：程潛稱霸湖南、江西二省，龍雲下台，盧漢成了西南王，安徽省易人，夏威取代李品仙。**

二月十五日　星期二　氣候晴　吉安

如此國家的現勢，不客氣說起來，也就是官場如戲場，統治集團和少數野心家在角逐、爭鬥、比軍閥割據還要利害，然而與割據又何異？如西北是馬家天下，西南的龍雲自丟了紗帽後，取而代之的是盧漢，現最顯明的要算湖南，長沙綏署主任程潛是湘省人，他掌握湘贛兩省兵符，老早就高喊的「大湖南主義」現在已趨高熱，更令人稱喜的就是統治安徽十多年的李品仙，他在皖坐鎮許多年，也被倒了好多次，但他的寶座仍穩如泰山，還是去年秋，夏威以「冷門爆出」奪去他的一塊肥肉，這當中的微妙和複雜，局外人難知的。

吾儕對目前這樣情形寧不關心而感慨？

自分炊以來，雖吃得較安穩，但也覺有些傷腳筋，菜金僅四元一天，買油鹽菜都勉強，柴的問題更大，沒有齊梁那樣方便了，且領米又須到街上，來回許多路，要抬扛，真麻煩！

今天下午演習行軍，並演習戰備行軍，派遣尖兵連，與斥堠等動作，好多人都生疏了，吾儕今後須多參看典範令，以免臨渴而掘井。

近日物價狂漲，金子八千多，銀元近千元，郵資也漲到三元，金元券的前途也太慘了！

**提注：一、局勢變化快速：安徽省府撤出合肥，含光巢縣國軍**
**　　　　亦撤，蕪湖、宜昌亦震動。**
**　　　二、上海市參議會發起了「全國和平促進會」雖然作用**
**　　　　不大，但對當前的浮動人心，更加催化其動搖心**
**　　　　態，實在不足取耳！**

　　　　　　　　　　　二月十六日　星期三　氣候晴　吉安

　　二月的上半月就這樣「渾勁」的混混過去了，今天早上才接到軍部派令，我在一營第三連，陶在突擊排，其餘同學都分佈到各營或獨立排－輸送、突擊。

　　今早濃霜，很冷，早操刺槍，怪有些凍手。

　　中午副團長上課，宣佈幾件訓令，有關本軍教育計劃及征募辦法，吾對本軍征募江西籍新兵有點疑竇！這是有心眼人的計劃，其用意當不淺也。

　　本軍係新成立部隊，一切經費困難，裝備沒有，本月已過去了半個月，而幹部們仍借支不到，一般人在叫窮之餘，都牢騷滿腹，大都不滿現狀，這真是不良現象。

　　在和平談判拖延之中，共軍著著緊逼，整個津浦路入了他的掌握，皖境、含、巢等地國軍撤離後，成了真空地帶，蕪湖也浸在恐慌氣氛之中，張淦兵團坐守兩浦、九江由夏威兵團坐鎮，安徽省府也不知搬到何處，現鄂省宜昌亦告吃緊，共軍擬在此作過江堡，處處失利聲中，僅收復南通稍稍振奮人心！

　　現國共已通郵，平滬亦貿易，上海參議會亦發起什麼「全國和平促進會」少數特殊人物欲保全他們的財產而有此賣國

之舉，真可恥之極！

　　下午寫信三封與溫圳萬某及齊梁李世賢，劉俊元。

**提注：一、思考未來人生方向：龔節志想退伍後去開書店，辦**
**　　　　刊物，這跟我的計畫相符合。**
**　　　二、青年軍袍澤有預備軍官身分，但不算學籍，仍然是**
**　　　　行伍，目前可做下級幹部，但未來沒有發展，欲晉**
**　　　　升中級軍官都很困難。**

　　　　　　　　　　二月十七日　星期四　氣候晴　吉安

　　辦報紙的主旨應報導真實消息，服務社會，轉移社會風氣，而此地的民治日報，太令人看不進眼，他們簡直是兩棲動物，三個月以前他敢有此種態度嗎？敢為匪張目嗎？現在自動的把共匪稱做共軍，待中央軍把共匪消滅後，這些報紙是不是又會改變口氣呢？

　　與龔節志談了一席話，使我發生很大的感觸！他說欲在退伍後與萬樂山等合夥開書店，兼辦刊物，主要研究文學，並習藝術…這與我在齊梁同梁廷芳的計劃是一樣的，本來我們預備軍官同行伍一樣，沒有正式學籍的，雖然我們受訓時間並不短於軍校，但我們卻沒有軍校的看待，說起來也頗令人惆悵再三。唉！

　　人生於社會，必定有個正確的人生觀，抱著一個目標向人生旅途邁進，豈能糊塗一生？蹉跎歲月？故進而言之即為人必須有一正當職業，專心於斯，早遲當有所獲，否則青春易逝，屆時懊悔何及？吾儕青年於此時應有所抉擇，不能過

著糊塗混沌的日子。

　　下午曝曬箱中衣物、書籍，團部各主管會報後，值星官宣佈明天出發吉水，命各連將大行李打包裝船載運。

**提注：副軍長鄒緒龍訓話，要求軍紀規定四大項，不擾民、愛百姓、不准賣壯丁、放壯丁，違者一律軍法從事。**

　　　　二月十八日　星期五　氣候晴　吉安行軍到吉水 40 里

　　起床才三點多鐘，本來值星官命六時起床，七時集合的，但好多過於敏感的人，老早就起來打背包，鬧得我睡不著，起來，背包打好，淨面吃飯畢才五點鐘。

　　近七時集合到汽車站，候副軍長訓話，聽訓者尚有 631 團和 944、945 團，指揮官整理隊伍也真太慢，硬是嘮叨了一小時許，八點廿分副軍長蒞臨，兩番號吹畢，渠自我介紹名鄒緒龍，今天第一次與吾等見面，渠代表軍長訓示並規定事項，（一）嚴守革命軍四個口號：愛國家、愛百姓、不貪財、不怕死。（二）本軍律條：1.賣放壯丁者殺無赦；如班長賣放排連長同罪。2.不准拉伕買賣須公平。（三）三月底征兵完畢，訓練方式：隨征隨訓接到幾個就訓幾個，尤著重於野外、射擊，以及體力鍛鍊，須要求兵接齊之時，即是訓練完畢；隨時有作戰技能與作戰準備。（四）現在新部隊成立，困難難免，須克服困難，須知克服困難就是才能！（五）團管區縣府征兵不力，當由其負責，如有兵不能接那就是我們自己責任了。訓示後由督導組點名，十時廿分渡贛江沿公路向吉水縣進發，初春天氣蠻暖，一路無店渴極！下午三時達

目的地，吾第一營住普濟庵，二營住仙閣寺，三營住程氏祠，團部住街上，今天行軍倒不覺累人，四十華里算不了什麼。

**提注：一、普濟庵水池邊，春之聯想與回憶：徽州（歙縣）、　　　蕪湖赭山、合肥、霍邱、馬老莊、…。**
**　　　二、對吉水的印象，描述。**

　　　　　　　　　二月十九日　星期六　氣候陰　吉水普濟庵
　　昨夜異樣的燥熱，襯衣全汗透了，原來氣候反常就是天要變的前奏，今天果而天陰了。

　　我等住在庵的樓上，很清靜，只有幾個老尼，清早木魚聲噠噠，香煙繚繞，也令人別有一番感觸！幾疑置身世外，尤以庵的環境佳美，四周樹林叢密，好鳥鳴於枝頭，報之人們「春已到了人間！」多情的「春之神」早安排好了，把春光撒滿了田林原野和人間，吾人置身於這初春的早晨，神怡意適，舒服和幸福都是春神的賜予，此外，我們更有如何無窮的希望呀！看，那美麗的遠景，不是憧憬著在我們的面前嗎？

　　「春色惱人」先賢之言確有道理，春天該是人們最喜歡的季節，但每到春天，多感的我，雖然也有過希望和理想，但煩悶與無耐，卻也在此時追隨著我，尤其吾儕孤家寡人之輩，值此「春色滿人間」之際，更多一番感慨和愁衷！「春」是大自然和氣候的主宰和擺佈，祂應該是公平的吧！但有時也好像偏了一點！難道自然界也有「公」與「私」之分麼？

　　我站在小池邊，一段一段的癡想，又發呆楞，池水中好像又在放映我個人過去的小史影片，去年的春天之生活，何

種環境……在歙縣關口住碉堡的情景……

　　在歙縣城內，替畢隊長做賓相的一幕……徐景、禮貞、瞇瞇眼……以及前年在合肥……在霍邱……在故鄉……時的情景……怎不令人感嘆和惆悵？那些不可拾回的日子啊！臨泉的馬老莊，桃花處處紅，桃花林中蹓馬……蕪湖的大赭山呀！你雖是遠隔重山雲和水，但時隔數年的我，至今猶眷戀不忘那些逝去的日子，如煙的往事……。

　　人的青春有限，故覺流光之速，感嘆啊！亦不過只是空感嘆！哪裡能填補吾心中之創傷呢！過去的日子不要再回味了吧！那只有增加惆悵，現在只有怎樣珍惜時光，把生活過得更有價值。

　　此地很不開化，一切都停滯在十七世紀的古老封建社會裡，一般人，一切墨守舊習，尤其人民見了軍隊十分畏懼，他的心裡以為幹軍人沒有好傢伙，不能接近，否則會招惹許多是非和麻煩的，其實這都是單方面的，他們那裡知道現在的軍隊與過去不同呢？更哪裡知道現在的軍隊，大半都是知識份子呢？

　　這裡很僻小，與進賢仿佛，連澡堂都沒有，縣政府及警察局都好像是虛設，他們忘卻了國事，自已掩住面在高哼太平小調。

## 10　閱讀小說陳圓圓、謝冰瑩日記

**提注：一、普濟，休息一天；閱讀無題集，謝冰瑩日記，小說　　　　陳圓圓。**

**　　　　二、徐蚌會戰失利，黃百韜兵團陷重圍，最後自殺，邱**

## 清泉兵團未能與黃百韜兵團會師，邱亦殉職，怎會突圍蘇州？

二月二十日　星期日　氣候陰　吉水普濟

此地真是早春，上旬由樟樹來，即見路旁小草發芽，現在李花都發葉含苞了，春光確已籠罩了人間。

昨天規定休息，今起早晚點名，本團接兵任務即將開展，詢之鎮鄉公所人員，答以征集困難，短期不易，本團尚不悉只在此縣或往他縣，由於行踪難定，故我至今很少與同學朋友通信，連家信都沒有寫過。

天氣陰曇無定，昨夜小雨，今早又停，太暖了，棉衣穿著有點熱。

昨閱報，共軍陳毅部已至皖境合肥、巢縣、無為、天長，及高郵等地向江邊推進，並在該各地整補，現李代總統仍留京未去穗，孫科在滬托病了，不去京，聞李將請何應欽組閣。邱清泉並未陣亡，已突圍去蘇州，李彌亦來京，杜聿明亦並未處死，前之消息係訛傳。

偶於民家見「無題集」係國內女作家傑作選，見介紹謝冰瑩一文，吾有一感覺，蓋冰瑩以「從軍日記」而得名，其大部著作皆取材戰地，可見在軍營中生活材料最多，處處皆是，吾儕不可忽略，須知一個女子能在戰地找出許多寶貴材料，難道我們身臨戰場的男子，還不如她的見識嗎？

整日價似覺無聊之極，空閒時間愈多也就胡思亂想起來，晚閱「陳圓圓」一書，十時就寢。

**提注：吳三桂為一己之私，致使明代斷送而亡國，其本人徒留
罵名，陳圓圓服毒死諫，為時晚矣。**

　　　　　　　　　　二月二十一日　星期一　氣候晴　吉水普濟
　　著書辦報都為了表彰善良，崇拜真理，而揭發醜惡之事，
「陳圓圓」一書寫的很好，舊的故事新的筆法，一個有勇而
無謀的吳三桂因貪利好色，致斷送明朝江山，造成千古遺臭
之罪人，馮鵬的自刎都不能使他感動覺悟，結果還是陳圓圓
的服毒而死，才真的使他領悟起來，但事已遲矣！
　　「鑑古知今」看小說非有此動機不可。
　　大半寫情描景的一些文章，都具一些誘惑性且引人入
勝，「江南」這地方，並不似歷史和小說那樣的相像，這裡
不過是為了氣候關係，「早春」罷了。
　　既所謂「江南數點梅花」是指比江北的花，開得早些而
已，至於「江南多美人」、「南國佳人」，那則未必，據我
所見的都是一些平庸脂粉，還沒有江北女子的健康美，整潔
和能吃苦。
　　此地人好不開化，給錢請她們洗衣都不願，只好自己動
手，這太暖的天氣，只覺令人懶洋洋如醉。中午出操，全團
在體育場集合，太熱了，一會兒已是汗流夾背。

**提注：寫信寄徐俊榮、孫立己。**

　　　　　　　　　　二月二十二日　星期二　氣候曇　吉水普濟庵
　　黎明一陣不小的雨聲，旋即停，太陽從雲層裡露出來，

但不久又被西北角湧上來的烏雲遮沒了，忽而轟轟然一陣雷聲，這雷聲好像還是第一次鳴！

　　午前閱讀青年生活叢書「戀愛、結婚、家庭。」頗有領悟，午後寫信二封與徐俊榮及孫立己，此二信早當寫，必寫，但行蹤不定躊躇再三還是要寫，我的乖乖！郵資又一躍五倍，每封信要十五元了，真是令人咋舌！窮丘八，真連郵資都無法負擔，快到月底仍借不到一個錢，苦也哉！

**提注：精神食糧缺，只有勤跑圖書館。**

　　　　　　　　二月二十三日　星期三　氣候曇　吉水普濟

　　看廿一日的報，孫科仍在滬不欲去京，如此看去好像與李代總統「鬧別扭」現李宗仁、飛穗，首都一片混亂，匪軍著著緊迫江邊，現因金元券失信，政府又有改幣之議，合眾社記者造謠，云蔣總統在奉化仍行使總統職權，前方報，用大標題載此消息，真是為匪張目，搖撼社會人心。

　　午前往圖書館－即民教館，看雜誌報紙，午後讀「當代史料」。

　　晚上借了一部金聖嘆批的三國演義，惜因沒有燈光，庵內佛燈，燈光太弱有傷眼睛，只好就寢。

**提注：三國演義讀後感：董卓專權，誅殺帝后引起公憤，以致群雄並起，相互討伐。**

　　　　　　　　二月二十四日　星期四　氣候陰　吉水普濟庵

　　三國一書在吾看來為一絕佳之才子書，其文字之妙，寫人寫事之妙更無出其右，記得幾年前於故鄉曾閱過一次，而至今猶酷愛，此書可謂百看不厭。

　　一個英雄之出名，決非偶然，有機會等等之因素，若無黃巾之亂，則無由使劉關張聚會。

　　天下大勢分久必合，合久必分，此書中之謂，若究其窮理純言之，所謂「朝廷者」即統治集團之代名詞也。

　　張飛快人快語性急而誤少，何進猶豫遲疑，不聽忠諫致招殺身之禍。

　　曹操、袁紹等妒董卓專權，欲除之，但這皆不是為國家而打算，換言之，忌別人專權，即自己取而代之也。

　　看小說往往替古人擔憂、著急、憤恨！何進早聽曹操之言，早誅宦豎那有使天下大亂？而誤用袁紹之語召外兵，驅狐鼠而引豺狼。

　　董卓廢帝無非顯已威權，古今一理，大凡一個人想有他舉，必有一番擺佈，吹鬚瞪眼使人懼怕，然如卓之舉近乎強盜，摧殺少帝，絞死太后，復燒宗廟，掘皇陵寢，為諸候兵逼而遷都，誣民為亂黨，取民財物…凡此，盜賊之舉，人共恨之，故碎屍乃由自取也。

**提注：評三國演義第四回。**

　　　　　　　　二月二十五日　星期五　氣候陰　吉水普濟
　　聖嘆妙批〝袁術俗物，翼德何不以老拳斷送之〞？世間此等俗物最多。——該以老拳斷送之。

第四回之「謀董卓孟德獻刀」寫得曹操慷慨動色，似荊卿之渡易水，昔操其時何其忠，嗣後又何其奸也。

英雄不得志，往往在人背後，袁紹讓坐劉備，還看在皇室宗親份上，並不誇其功而獎坐，是為肉眼庸夫。

　　　　　　　二月二十六日　星期六　氣候陰　吉水普濟

青年人沒事做，是件極苦的事！我常作如是想：閒著之時，本是身心休養之際，但相反的有損無益，只是胡思亂想，無耐，只有拿小說消遣，把一部份精神寄托於書本上。人的精力有限，過用則人疲，但不用也不行。一天的精力不消耗一些，則夜間定無酣睡之福。

近有人由齊梁來，提起齊梁令人有些嚮往：據云他們仍在那兒，最近僅分發極少數下連，幹訓總隊又增加了好幾百人，又是國防部派下來的。下午費了兩小時功夫，把槍仔細擦了一遍。

## 11　財經大改革，金元券停止發行

**提注：一、午前偕陶炳文、王光龍，到山中狩獵，跑了一天，空手而返。**

**　　　二、財政經濟大改革：金元券停止發行，政府大量鑄造銀元，黃金白銀開放自由買賣。**

　　　　　　　二月二十七日　星期日　氣候曇　吉水普濟庵

不看報又想報，看了報便無端一肚子惱火，江西報紙太豈有此理？「太親共」捧共過甚矣？歸來時同事問吾今天有

何消息？我憤然曰：「江西投降於共產黨了。」

　　廿五報載：財政經濟又改革，新方案已公佈，今後政府大量鑄造銀元，金元券停止發行，黃金、白銀自由買賣，限制私攜金銀外幣，海關納稅用「關元」──含美元四角，唯黃金、白銀、銀元與金元券之比率則不規定，由此見之，將來金元券或有抬頭高升之可能，因（一）現政府已停印金元，物以稀為貴也（二）銀元攜帶不便，因無規定則雖物價漲，金元亦不致再貶值矣！

　　戰事無大變化，惟共軍積極作渡江準備，和平代表邵力子、顏惠慶，章士釗等在北平商談良好，李代總統坐飛機飛巡各地，即將返京。

　　今天禮拜，上午十時副團長檢查內務與槍枝，云及武器擦拭較他營為好，解散之後偕陶及王同赴山中狩獵，蓋雨後野雞走獸必出巢覓食也，詎知走了七八里路猶未發現，只得敗興而返，這一次就算遠足了一趟。

　　已是月底了，僅借到六佰元，物價早升，隨光洋轉變，光洋已一千五，區區六佰元何用？晚上偕本連同事吃了一餐窮酒。

**提注：部隊閒著沒事，所以傳言、謠言一大堆，最後都被團長否認。**

　　（古歷二月初）二月二十八日　星期一　氣候晴　吉水普濟

　　旬日以來陰多晴少，好像黃梅時節一樣，今天可喜萬里無雲，晴空若洗。

　　我們晨操著重跑步與刺槍，從前只跑五個圈，今天跑了八個圈，真弄得人吁喘不止。

　　十時又集合全營軍士出基本教練，一小時收操。真巧！國歷二月將盡，古歷二月將始，人們都燒香祭神，庵內菩薩也打了牙祭，神座前平添不少燭火，細看看庵內老尼們生活也太機械了，她自己心目中，早晚會升天。

　　今天副團長訓話，打破謠言，這幾天本團謠言迭起，又云赴贛州，亦云赴廣州，一云赴四川，亦云去雲南貴州，昨團長由吉安來電話否認，云本團仍在此，並派人下鄉覓營房，最後單留下預幹局的人說話，鼓勵備至，打了不少的氣，並謂「六三八團的主幹就是你們！」需努力。營長舉行個別談話，問到吾之學歷經歷，並詢及志趣，對連內情形，處同事等，吾均一一答之。

　　廿六報載：中共已在北平成立華北人民政府由董必武任主席，全國停征兵及停征糧之事政府正考慮中。

　　廿七報載：張治中、張群及其他首長，李代總統均赴京，孫科並擬赴京，立法院亦擬在京復會，共討國是、和平問題尚在考慮中。至於征兵改為募兵事，政府亦正考慮，央行鑄銀元，仍以金元券為計算本位。公教人員待遇將按月以各地生活程度調整。

　　軍事無顯著變化，太原、青島仍固守，政府加強空投太原。

**本月大事小統計：**

　　本月與前數月迥然不同，是吾事業上之大轉變，以故環境，生活一切均與上月各異。

　　（一）一日由軍部幹訓總隊派到六三八團，暫在團部，
　　　　　抵吉安十六日上午下連。

　　（二）行軍，由齊梁、進賢、南昌、來吉安。

（三）中共成立華北人民政府於北平。

（四）和平瀰漫，李孫鬧歧見。

（五）財政經濟又經改革，政府大量鑄造銀元。

（六）本團由吉安開吉水接兵。

**提注：春色滿人間—桃李盛開、芬芳鬥艷、三國演義摘錄、三國演義乃中國才子書之一，百讀而不厭，每讀一次之後，感受均不同。**

三月一日　星期二　天氣晴　吉水普濟

「春寒多有雨，夏寒雨斷淋。」此是故鄉俗諺亦是經驗之談，上月中旬天氣很燥，下旬很多陰雨而氣候遂轉涼，近兩天雖晴了，早晚仍舊很有些涼意。

近日桃李盛開，芬芳爭艷，尤以李花最多，庵之四周一片銀樹圍繞，煞有詩情畫意，尤其那些消息靈通的小鳥們，吱吱喳喳的盡情享受春之賜予。驕陽格外溫柔，照得人們都陶醉了，遍身肌肉猶若溶解，全身無絲毫力氣，這春天太惱人了啊！

三國演義太令人耐味，特記曹阿瞞一言：

「龍能大能小，能升能隱，大則吞雲吐霧，小則隱介藏行，升則飛騰於宇宙之間，隱則潛伏於波濤之內，方今春深，龍乘時變化，猶人得志縱橫四海，龍之為物，可比世之英雄。」

「夫英雄者，胸懷大志，腹有良謀，有包藏宇宙之機，吞吐天地之志也。」以古鑑今正相似耳！其中尚有陳琳之討曹操檄，及孔融薦彌衡書，皆字字珠璣，已抄于「雜抄」本。

**提注：三國人物小評：關羽重義氣、既忠且信，一路走來，終身不變，千年以來，傳為美談，故全國各地，有孔夫子之〝文廟〞亦有武聖關夫子之〝武廟〞供人瞻仰膜拜，香火不斷。**

　　　　　　　　三月二日　星期三　氣候晴　吉水普濟庵

　　三國人物小評：劉表 —— 善善惡惡徒負虛名。何進 —— 沒主意。呂布 —— 反覆無常、無謀、好色。袁紹 —— 多謀無決斷。曹操 —— 太多疑、有權謀、多詐。彌衡 —— 恃才而狂。陳公台 —— 不識人。孫策 —— 驍勇如獅、輕率、性急。

　　二十七回，關雲長掛印封金，金帛不足以動之，好色不足以眩之，禮貌不足以結之，爵祿不足以移其心，即悌而嚴義，忠而守信，其事至今傳為千古美談，故今人結拜義兄弟者，皆效桃園之風，而關夫子之廟及其像則各處皆有之，今人雖效蘋，而究有幾人如此耶！故云「人心不古」耳。

**提注：一、由小學時代即常常有夢 —— 一直到成年，到現在，似乎夢境沒有斷過，有的很怪異，有的十分荒誕！夢太多，也造成我的困擾！**

**　　　二、夢境 —— 分階段不同夢境亦異。昨夜夢巨蟒，粉紅色如龍形，十分駭人！最後用刀斬之。**

　　　　　　　　三月三日　星期四　氣候晴　吉水普濟

　　心緒不寧易於做夢，有人謂夢兆會主人吉凶，有人謂作夢是神經衰弱表現，或日有所思，夜有所夢，但有或夢凶為吉，或夢吉為凶，為董承夢吉而遭戮，甘夫人夢凶而遇吉，皆不可概言。

　　或謂作夢是人的靈魂幻遊，我嘗以為是件趣事，以我所做過的夢，思起來，可云分階段—依年齡而異，幼時作夢太

近於幻，少年則又作奢想或驚險奇幻之夢，近兩年則往往又做了驚險場面的夢，如偵探電影一樣的，醒時會嚇得汗猶在出！但好像做夢也是有時代性的，隨境遇不同而異了，進步了，記得幼時奢想幻想的夢，想想煞是可笑！

昨夜一夢甚怪，不得不記：忽見一大蟒蛇長數丈粗如小盆，色水紅，又似龍，恍惚如被人將牠刺傷，牠痛極掙扎猶令人怕！張開大口猶如血盆，十分驚人！最後，我記得自己用刀把牠斬碎成塊，血濺滿地。

此為記夢之第一次乎？不知主何也？－迷信乎！下午偶散步田野，見水田裡有小蛇一條，恨無棍及石子，故未及打死，致使牠逸去。

**提注：報紙消息多刊布負面新聞較多；流浪落拓之感受，由別人流浪漂泊之苦，想到自己也是過來人。**

三月四日　星期五　氣候晴　吉水普濟庵

近兩天又回復了前些日的氣候，僅晨間有涼意，日間暖甚，春意越濃矣。

午前往民教館閱報，浙省主席陳儀有政變陰謀已被扣，唯消息不確，現京穗兩地立監委及政府要員歧見已較沖淡，「兩頭扯」局面已轉。

上月中旬戴傳賢——季陶，病逝係自殺。國共已通航通郵，除平津外，皆限平信，郵資已漲至三十元——平信，央行印發五百一千大鈔，故物價又三級跳，現購賣物咸以銀元，大頭算之，價已逼三千大關，咄咄驚人，人們「重物銀而輕

紙幣」有金元券在袋內一分鐘都有罪惡感。

「受盡了折磨方為人」與王君一席話，使我感喟無限，他敘述退伍後之生活情形，匪區掙扎，及後赴京沿途落拓，狼狽，艱辛，等情。亦更勾起我憶起去歲離歙後，在京中生活月餘之狀況，那時境遇好似比王好些，但仔細思起亦夠落拓，及漂泊慘狀，只有那時候才會體會到真正的人生是怎樣一回事！只有多受折磨，多受艱困，才知道生活是不易的，只有在各種不同的境遇，酸甜苦辣備嚐，才會徹底體會人生，將來必有所成就，反之，一生順意，生活過程無波折，那也太平凡了。

## 12　共諜在首都陰謀暴動，接應共軍渡江

**提注：江西省主席方天，推動百萬人民自衛軍，以鄉鎮保甲，行政體系來編組，我看只是一種構想，實施起來不是一件易事耳。時局仍然緊張、多變、詭異，立委發起倒閣，為難孫科院長。**

三月五日　星期六　氣候雨　吉水普濟

氣候轉變何如之速？濃暖又變陰寒，昨夜轉北風怒吼，大雨不停，今又寒風息息，須著棉衣矣！

國家的局勢猶若氣候之千變萬化，捉摸不定，四號報載：國共商談將在本月十五開始，然一周來共匪猶未停止其軍事行動，長江以北正積極整補，蘇皖共軍正強征木匠和木料造船渡江，皖中強征民兵十五萬，米十五萬石，聯想故鄉又遭浩劫矣！設若去歲應馬龍超之話返里，則今逃不出矣！後果

豈堪設想？幸斯時吾意志堅定不變，今在此雖不甚佳，然總比在紅旗之下做擋箭牌勝多矣！

首都衛戍部拿獲人犯一批，係謀暴動接應共匪渡江，並扣留李代總統及政府首長，切斷交通控制機場，成立南京人民政府，此輩小醜野心不小，現京滬兩地人犯皆被捕受審中。

吃閒飯說巧話的立監委又在非難孫科，倒閣之聲又起。滇省叛警作亂不已。

贛省推行「百萬民兵運動」稱人民自衛軍，方天主席任軍長，專員為師長，一甲一伍，一保一排，一鄉一連，保衛江西。


**提注：一、古人隱於田林，今人趨於都市，享受物質文明，聲色犬馬，即是玩物而喪志也。**

　　　**二、住進普濟庵已半個月，閑居無聊，兩度去山中狩獵，皆無收穫，此乃經驗不足也。**


三月六日　星期日　氣候陰　吉水普濟庵

古人之隱，隱於山野田林，今人不仕者——失意官僚政客，則反是，他們都跑到最鬧熱的都市，香港、馬尼拉、台灣等地；古人不求仕進，只樂田林，而今人則大叫冤曲，恨不得找個肥缺，一旦登龍有術，飛黃騰達，即麥克麥克，遂亦高唱退隱，其實卻擁有嬌妻美妾，到大都市去享受他後半世的樂了，盡量去追求物質的放縱，死了也樂，這種思想亦是前進麼？

據我之所見，抗戰以後，就有許多人高喊「打倒貪官汙

吏」「打倒劣紳土豪」喊得聲嘶力竭，更有報章雜誌口誅筆伐，迄今十幾年了，還在喊！可是你儘管怎樣喊！現在人的思想前進多哪！他只圖實際不顧名譽，喊仍然只是喊矣！與他何礙哉！故即厚黑是也。

　　陰雨兩天沒出操，今禮拜檢查內務，午前出獵仍無獲。

**提注：一、今天才發二月薪餉六成，雖是三千元，不及一元大頭。**
**　　　二、組青年軍聯誼會，開了簡單茶會，卻無結論**

　　　　　　　三月七日　星期一　氣候雨　吉水普濟庵
　　「床頭金盡，壯士無顏。」金錢真是人們可恨而又最可愛的東西，它會主操著人的情緒、喜樂、哀怨；他也會使人咒詛，他做起祟來魔力不小，所以「有錢能使鬼推磨」，無論任何一種人，一但缺少了它，就感許多不便，「無錢逼倒英雄漢」人如沒錢在袋膽子都小些，有了錢說話聲音好像都宏亮得多。

　　晨間出操天氣尚佳，早飯忽大雨滂沱。盼望已久的二月份薪今天才領到，僅發六成，三千餘元何用？不抵一元光洋，月初發還抵用，現在真是一望鈔興嘆！

　　「相逢猶如不相識，同是天涯淪落人。」……本團青年軍同學約四十九人，近有一些人感到對環境不滿欲離他往，故有人發起組織聯誼會，定今天下午四時在某處開茶會，商討事宜，有云欲集體他往，集體請長假，但我懷疑猶恐是少數人操縱，沒有重心，怎麼一回事這樣大驚小怪，小題大作？

凡事須有冷靜頭腦去考慮。

## 提注：吉安取信修錶，宿青塘村，晤黃思冬

三月八日　星期二　氣候晴　吉安青塘村

昨夜二時方眠，一天未到寢室，雨大屋漏，被毯盡濕，將就入睡，今十時方起，頭部有些暈，熬過了一夜，但好像不大舒服。

午後一時出操，悶沉沉的天氣，十分倦人，精神難以振作。

下午欲趕車赴吉安取信、修錶、並購零物，橫豎路近咫尺，來回又便何妨一往。候到三時許車方來，兩輛很漂亮的車子，內外都攀滿了人，尤其頂蓬上堆得娃娃山似的，我真為車子的壽命太息！我爬頂上最高峯，數十分鐘即抵目的地，過江先至錶店，修理擦油硬要八角現洋，五日後方可取，吾袋中錢少，只好作罷，旋往中文山路取了兩封信，是張道鑫、汪禮三來的。

到青塘村 —— 以前住的地方，看黃思冬，渠十五歲，六年級讀書，聰穎活潑，頗具一般常識：「相知原不論年齡。」我倆很投機。

在渠處晚餐後，出街散步，攜兩個小朋友，我也孩子似的東看西望，擺晃著方步，偶在一家藥店見幾種死獸，看一隻活虎，袋中不強，任何物品不敢問津，結果只購了一把牙刷和鞋油。

九時多了，我們三人踏著月亮回來就寢。

**提注：軍中多傳謠言，疑信參半，導致人心浮動。我想這些謠
　　　言一定包涵許多陰謀。**

三月九日　星期三　氣候晴　吉水普濟

　　前夜睡眠已經不足，昨夜突然睡一覺後就失眠，失眠的
痛苦非過來人不能知道，人本是疲倦欲入睡，但就是睡不著，
心裏胡思亂想，百感交集，千緒萬愁，有時想得奇幻，有時
又非非，有時更離奇！一縷思線難以收攬，而精神卻偏催促
要睡，腦筋又偏偏不休息。直至雞啼兩次方入朦朧。

　　淡雲濃霧，太陽還沒出，為了趕車，不能接受招待早餐，
六時許就謝辭黃思冬父子，趕至車站適車尚未開，約八時汽
車方渡江妥，回顧吉安輕煙薄霧籠罩，一條長街緊靠江邊，
我這樣匆匆的來又匆匆的去了。比及到吉水正趕上早飯哩！

　　太陽隱隱約約，風挺大，吾身甚癢，燒水沐浴身心實感
快而暢！

　　下午應約，作數小時方城之戲，半年多未摸了，手十分
的生，幸未輸。

　　馬路消息偏如許多，前曾謠言迭起，今又有一驚人消息，
云本省奉到停征壯丁命令，且部隊又有裁編可能，真是把人
心都攪亂了。

**提注：孫科院長辭職獲准，新閣未決。軍中士氣低落，牢騷多。**

三月十日　星期四　氣候晴　吉水普濟庵

　　「春天」這個季節好像不是屬於我們的，我們何其無幸

福？俗諺：「三月桃花艷陽天，男人須要女人牽。」春天的人們終日睏疲，懶洋洋沒一點氣力，只是想睡，而相反的，那些花信婦女群卻異常活躍，一個個抬頭挺胸，神氣十足，這也不知何故？這個季節真是不像是我們的！

中午填寫五張表——陸海空軍履歷表——慚愧的很，我的學歷經歷都很簡單，僅數行而已，看別人的一連串，真有點——那個。

閱九號報孫科辭職獲准，新閣人選尚未決定，陝北新華社廣播云蔣總統引退後尚行使職權，藉利用李宗仁用「和平攻勢」延長三至六月時間，以恢復一百廿個軍及四百個師力量，該社肆意詆毀，為匪宣傳。

現本團一般人，不滿現狀，怨聲四起，人們皆出狂言，甚至主管都是如此，這真是危險！本來發牢騷為難免的，但也必有限度，試看目前國家弄到如今四分五裂無政府慘狀，更兼窮困，吾儕應益體念時艱，豈可因一些私己小事怨天尤人？吾儕擔當革命重任不能吃苦誰去吃苦？

**提注：鄧文儀聲稱兵役法不容廢止，目前是徵兵募兵並重，中共命戴戟為安徽省主席。舟運三曲潭鎮，暫時住民家。**

三月十一日　星期五　氣候曇　吉水三曲潭

幾天前就有要出發的消息，你傳我說，莫衷一是，今天才真的走了，一二營——三曲潭，三營——永豐縣，早八時集合團長訓話，（一）嚴遵師長訓示賣、買、放壯丁者殺，（二）嚴守軍風氣。（三）注重教育。（四）目前困難在所

難免，經濟拮据普遍如此，國家現勢若此，將來或更有比現在之艱苦者，均須忍受。

我們的行程只十五里，早飯後把行李皆運上船，人亦乘船，水上行軍別具風味，回看著綠樹圍繞的吉水城漸漸遠了，兩岸沙洲之緣一片金黃色的油菜花，風兒吹弄煞是好看。順水舟速須臾即達目的地──三曲潭鎮，市容甚佳，好像比吉水還繁榮些，本連找一家商店 ── 明復順商店宿營，此為臨時，兵接到時將住祠堂廟宇了。

關心中的家鄉消息，今天又有在報上得到一點鱗爪，云江北情形尚安謐，匪已命載戟任皖省主席，以十區專員廖梓英為副，省會設在合肥。鄧文儀稱兵役法不容廢止，不過注重征、募並重，現新閣尚未組成，何應欽呼聲最高。

# 13　國共對峙長江兩側，政府內部意見分歧

**提注：國共對峙局面，共方態度明確積極，就是要以戰逼降，而政府方面在和談氣氛下，一切都是舉棋不定，內部意見紛歧，不團結怎麼能贏？國共對峙長江兩側，猶曹操當年陳兵江北。**

　　　　　　　三月十二日　星期六　氣候晴　吉水三曲潭鎮

今天是總理誕辰紀念日 ── 這個偉大的日子，可惜現在人們似乎把它忘懷了。

上午六時半集合，營長訓話，規定嚴守軍風紀，嗣後鼓勵打氣，要克服困難，忍耐苦幹。

午前寫了六封信，贛州劉智勇、王致華、吉安黃思冬、

浙江黃太餘，蓮塘盛中貴，皖歙姚存嘉。郵資又漲了，每封平信須五十元，每月加三次，一號十一號二十一號。

目前國共陳兵長江兩側，政府方面主戰主和紛紜不定，此正如三國時曹孟德率兵八十三萬下江南情形一樣，斯時東吳的臣，武官要戰以忠於國，而文官都要降─為全身保家，一已私心。古今一理，當文官的只知為一己打算，沒有民族意識國家觀念，試看今日一般恬不知恥打著「和談」的招牌，誰是真正為國家打算？都為了自己著想，假公濟私投機取巧。如果三國當時孫權降了後果實不堪設想，如今亦是如葛子瑜云：「降者易安，戰則難保」意思是說要戰就要犧牲！

現在國共雙方都各懷一心，躲躲閃閃，各說各話，尤其共方不夠誠意，試看以後如何吧。

**提注：一、江邊景物如畫。**
**　　　二、內閣頻倒，又陷無政府狀態，影響民心士氣。**

　　　　　　　三月十三日　星期日　氣候曇　三曲潭鎮
國家的局勢變化猶若天上風雲，天上的風雲亦如局勢，倏忽變換，令人莫測。

夜間燥熱之甚，今天又變為陰霾重重，忽而大放光明，忽而雨點又從太陽光中穿射灑落。

午前狂風大作，呼哨其勢逼人，偶往江邊遠眺，但見景物如畫，水浪翻捲白花，大小船隻皆掛帆順風而直上，浪擊船頭嘩啦嘩啦作響，一片江中景色煞是可觀，令人入神。

行政院自翁閣垮台後，一直是鬧成了無政府狀態，孫科

扭扭捏捏又被立委哄下台去，現在內閣猶遲遲未產，「一朝君子一朝臣」倒一次內閣，大調一次人馬，「官場如戲場」一個老闆率領一個班底，各有各的演法，各有各的花樣、苗頭，真可笑、可卑，不但大的範圍如此，即回瞻左右周遭，亦莫不如此類似耳。

**提注：一、早上五點起，忙亂一整天，迎接沈發藻司令，好累人也！**
**二、第三編練司令沈發藻將軍巡視本團。**

　　　　　　　　三月十四日　星期一　氣候雨　吉水三曲潭

　　半夜裡來了個通報，七時到吉水集合，並帶口糧背包，未到五時就起床，燒飯打背包，七時到集合場整隊渡河，時北風大起，寒意侵人，毛毛雨密密的落著，船少人多，渡了一時許才渡完，到了吉水已十時許，當即到馬路排隊，歡迎什麼編練司令—沈發藻，站候了一小時尚未見來，解散休息入屋避雨。下午一時又第二次集合，等候多半晌，時雨落緊而密，衣、槍皆濕，北風怒吼不已，又解散各連煮飯。飯後近四時又第三次集合，排隊馬路邊，不一會果見一包車一吉普，載了許多人員，號音起沈司令慢步走過，隨員多人緊跟，沈乃中等身材大胖子也，一身贅肉，一頭一臉橫肉，圓白面孔，耳朵根也是白的，稀稀的黑雜白髮，像是五十多歲的人了，渠亦並不訓話點名，汽車到城內繞了個圈就繼續向吉安開去，哎呀！好大的人物！真不易接，把我們慌亂了一天，而他不在意的又走了，大人物的架兒畢竟不凡。

　　夕陽在層雲中掙扎出光芒，薄霧已籠罩山野，我們冒逆風駕小舟返三曲潭。

# 14　投機的媒體，尾巴黨派紛向共方靠攏輸誠

提注：一、民主人士聚集北平。報紙全用新華社訊息。

　　　二、最近趨炎附勢的投機份子，尾巴黨派，紛紛像雨後春筍般冒了出來，大家爭先恐後的去北平，向共方輸誠，掏心挖肝，教人看了實在噁心！

　　　三、上海大公報，香港文匯報早已左傾投共，江西的民治報，前方報（民盟）也是一面倒，替共方大力宣傳，惡意攻擊政府。

三月十五日　星期二　氣候陰　三曲潭

　　現勢的中國，一切都在特快的速度下改變，改變得最快的就要算得「人心」了。

　　自命民主的人士現皆集於北平，於是某黨某會某派豎起幾十個招牌，這些投機傢伙，打鬼子時候他們不知躲到哪個山洞裡去了，現在居然也傲然的參加什麼「政協」──變相的附炎者、協助著「統治集團」去宰割人民。

　　「家貧出孝子，國亂顯忠臣。」先哲之言成為千古明訓，現在的政府還沒有完全垮台，而「牆頭一顆草」的人們早就背轉回身獻媚中共，連報紙都如此。小罵大棒政學系的機關報─大公報香港版，及港辦的文匯報徐鑄成，聯合晚報王化華，新民報鄧悸惺，大公報王芸生等，他們皆用新華社的資訊，希冀博得中共歡心！詎知反而碰壁，內部的勞資糾紛，工人不滿都使其頭疼，好夢未成，反「弄巧成拙。」

　　現不管上海、南昌、吉安，各地的報紙雜誌都在積極的

變了，大半替中共大吹特播，新華社的通訊首先採用，解放軍的消息首先刊登，然其空白處則千萬個政府不好，政府太不良，什麼政府謀和太不誠，總之一切都是政府的混蛋，這個政府好像確有推翻的必要，噫！人心如此夫復何言！

看雜誌上說的簡直太危險！說京滬區國軍隊伍不到八萬人—實際三十萬 ── 華中不足二十二萬 ── 實際五十萬 ── 長江五千多公里空隙太多，渡江極易，共軍二百萬精銳，意思是國軍不堪一擊，一擊就垮！這未免形容得太過火了，其實沒有那樣容易的事，不是如寫字、說空話那樣的簡單。但諸如此類的雜誌報紙，給人們中毒不淺，譬如擁有廣大讀者群的吉安兩報 ── 前方（王造時辦，民盟），民治，直比五十萬大軍還要利害，它帶毒的筆刀，早已義務的替共軍在江西首先屠殺了！

唉！思之怎不令人憤慨萬千！

**提注：一、當前時勢分析**
　　　　**二、我政府高層到底瞭解與否當前的局勢嚴峻呢？長江以南資源豐沛，人力亦豐，宜善為利用，來對抗，不可再存幻想，而與虎謀皮。**

　　　　　　　　三月十六日　星期三　氣候陰　三曲潭
十三日報載何應欽已答應組閣。

看了報紙和雜誌，使我有不少的感慨！現在國家的局勢不容諱言是不堪設想！政府統治區表面統一，實際四分五裂，各霸一方，與軍閥割據又有何異？回檢去歲的幾場大會

戰失敗的原因，固由於戰略戰術不及共軍，但最大因素還是
友軍不調協，各看各的笑話！目前共軍已在江北秣馬厲兵，
造船製筏，消化被俘國軍，改編傅作義部隊，待其準備就緒，
主動在彼，渡江期將不遠，而政府統治的江南四分五裂，人
心「眾叛親離」軍無鬥志，士乏戰心，尤其民心大大轉變，
受了報紙謠言的煽惑，都憧憬著期待著解放，他們想急切的
換一換口味，這種種情形看來，共匪一旦渡江，除非國軍當
局有縝密部署，戰略戰術超越共軍，否則實難勝利，蓋得民
者昌，失民者亡。民心已失，何能成事？故目前新閣上台，
希多做幾樣好事給人民看看，政治刷新，一切須改革庶可挽
頹勢，否則不遠期間將有驚人消息！以目前情形吾判斷，共
軍渡江是可以渡過了，不過，他是否能夠長期統治下去倒是
問題！

　　斯時他的真面目暴露或亦不能盡歡人心，屆一時期人心
又將一變，國家又必有一個大變動，或者政府軍隊將乘機由
海外進攻，故現在孫立人、陳誠之在台灣都是有極大用意的。

　　共匪設或統治全國，必將實施愚民政策大殺智識份子，
尤其國民黨員更為所忌，中產民家亦將破產，中產以上更不
待言，斯時流亡海外必大有人在，亦如白俄之入中國。以此
種種情形觀之，吾儕再不能沉睡醉眠了。要辨利害，審時勢
之如何轉變，如劣轉決不可在此守株待兔，更不可變節投降，
甘為共匪拚命，當須乘機赴台灣，留此有用之身別作良圖，
設或政府遷徙，能夠有機會隨之流亡更善。然此時應提高警
覺，時刻警惕自己，一切奢想幻念均須洗去。

　　午前金營長集合開會，討論軍紀及練兵方法，因六三九

團已有事變，新兵暴動，打傷班長排長，逃者很多，第三營在永豐亦因軍士打死民婦引起大禍，現報師部將嚴辦。

**提注：對人的觀察與歷練，要防笑裡藏刀。**

三月十七日　星期四　氣候雨　三曲潭

一個人脊梁骨要直，而臉要平才算為人。若彎腰弓背，臉上老是堆滿著奸笑，那便不是正直的人！切防著那種人肚皮裡有著千萬把毒刀！

## 15　重慶號巡洋艦投共

**提注：重慶號投共，豫西百姓抗共，殺共軍一萬五千人。**

三月十八日　星期五　氣候晴　三曲潭

苦也哉！幾次欲寫須要寫的信，苦著沒郵票，窮酸已到了極點矣！

乍作苦力，倍感疲乏，今天午前修大操場，擔土，平地，做了數小時，已覺甚累，這也是長久不勞動的原故。

今日報云皖省府有改組遷屯溪消息，度之安慶尚未失守，埌共軍正在蘇皖大肆征兵征糧，合肥，含山，等地集結大批，唯未提及六安，不知故鄉情形如何了？中國海軍最大兵艦重慶號（係英國贈）已叛變投共駛往渤海。

豫西信陽、隨縣一帶，人民不堪征兵征糧，群集四萬餘人，殺匪一萬五千，收穫甚豐，可見匪軍暴政人民亦不歡喜。

**提注：三曲潭的歷史：原本贛江邊的沙洲，由於前人廣種樹木，使沙洲穩定後，才有人蓋屋，逐漸形成市鎮。**

三月十九日　星期六　氣候曇　三曲灘

「三曲潭」顧名思義當然以地形而得名，這個新興的小集鎮，據一個老者說起他的由來：幾百年前這街市全都是一片沙洲，大水漲時要被淹，那時的人們都是住在後面山上的，後來有人在這一片沙洲上，廣種許多樹木，於是得益很大，水也不會淹到這兒。同時土地也漸漸肥沃了，一般人都說是大樹的神力 —— 其實樹能吸緊泥土，吸收水份故能防水，非樹之顯靈也 —— 至今，這些數百年的老樹，人們都非常愛護它，沒有誰來殘害它。其時，人們皆由山上搬到這沙洲上建築了許多房子，於是三曲灘之名遂得，為贛江邊一個挺不錯的水碼頭。

年青人太富正義感，往往不滿現境，這是必然的，尤其本團人事複雜，私僚太多，開洋葷的老百姓充斥，即以本營都是烏煙瘴氣，排長和指導員都隨時對調，處處要稱自己之意。

識時務者為俊傑，為人不要硬找釘子碰。

**提注：一、寫信七封。**

**二、王光龍大談青年軍在東北：他說 207 師軍紀好，作戰勇敢很得當地人信賴。**

**三、王光龍談在東北生活、作戰、社會詳情：他說東北人大多是豪放而熱情，且很健談。**

三月二十日　星期日　氣候陰　三曲灘

　　郵資自漲價後，懶得寫書信，說懶也是冤枉，還是沒錢之故。今天聽說要補二月份四成薪之消息，故我鼓起勇氣寫了七封信。

　　計吉水一封，蕪湖巫澄之，歙縣蔣鐮，街口汪勳，楊村謝萬全，潛口余成球，南康梁廷芳。

　　大夥間的談話資料除辯論外，就是敘述傳奇故事，及個人經歷了，今晚，王排長光龍敘述他在東北年餘的情形，及作戰被俘脫險種種令人可驚！可嗟！十份嚮往。

　　他說東北的人民盼望國軍尤如大旱之望雲霓，但是國軍到了，使他們欣喜的熱烈情緒，變成了曇花一現，由於一般軍隊，紀律之廢弛使他們並不滿意，不過最掙面子的就算我們的青年軍了，打仗又能打，軍紀又好又不擾民，故東北人民一聽到二〇七師，或雄師部隊十分歡迎，設或你部隊打垮，逃往鄉村或路過，百姓必定協助，或予收留，或贈送路費指路引迷，此外青年軍在東北，士兵們有好多緋紅的羅曼史故事，東北的少女寧肯與青年軍大兵談情說愛，而不願與普通軍官結織，長春的馬路上，

　　常見大兵一個挽著一個少年女郎，那你不必問是青年軍士兵無疑。

　　東北女子體健豪放，說話輕柔好聽，娶妻莫若東北籍，誠為標準也。

　　嗣後渠又言及被勉強訂婚之一幕，及東北生活習慣，氣候，部隊作戰情形，社會狀況等等詳細述出，真引人入勝的。羨慕之餘也有十分悵惘，蓋東北氣候並不如普通一般人比擬

的那樣可怕，照我們的體格絕對可以抵抗的，生活慣了，一切都是一樣的。

聽了他的一段如故事般的敍述，使我十分惆悵和慚愧！從軍目的既達，究竟仍未揚威異域，遠征海外，而連東北和大後方等地都未去過，僅在京、蕪、皖境混了幾年，依然故我，有何益哉！這次來到江西還是最遠路程，豈不慚愧！

但只要有志氣，有希望，憧憬著東北和西北，我相信總有機會去的，不過個人的旅行沒有團體進駐的那樣的有興有味。

**提注：軍中難禁賭與酒、如何自制呢？端賴個人毅力。**

三月二十一日　星期一　氣候陰　三曲灘

早飯後偕陶炳文等跑到吉水，送還書店的三國演義，並發了七封信，看看報繞一個圈子，又步行回來，恰遇緊密細雨，衣褲全濕真是自尋苦頭！

近硃者赤，近墨者黑，某種環境亦會使人於不知不覺中染上某種習慣。譬如有人說：「社會就如一個大染缸，裡面滿盛黑水，青年人如一張白紙，一入社會就被染黑了。」

誠然如此！我也清楚，在從軍時玩骨牌，輸得可真太慘！但現在見同事們玩斯物，心裡頭甚是發癢難熬，躍躍欲試，吃酒亦如此，明明吃酒有損無益，但偏偏不能自禁。

**提注：世界各地無寧日，很多衝突只是一時失控。**

三月二十二日　星期二　氣候陰　三曲灘

　　生在二十世紀的人們，實在沒有幸福了 ── 指大多數人、少數人除外－地球上每處都是動盪不安的，我們這一代人更不幸，生長至今沒有過著太平安逸日子，從小聽說的許多故事，現在都一件件擺在眼前了，親身來經歷。

　　有人類就有戰爭，要想沒有戰爭，除非是沒有了人類。

**提注：記得蔣總統告從軍青年書之概要。**

　　　　　　　　　三月二十三日　星期三　氣候陰　三曲灘

　　連日的陰雨迄是不晴，氣候隨之轉寒，這南國氣候如此多變不測，去冬無雪今春又多雨，象徵今夏秋時瘟疫必行，流行病，必蔓延，同時在大戰之後死人太多，亦必有瘟疫流行，這是必然道理。

　　今天本連新來了一位上士文書，皮姓，渠係吉水藉，高中畢業，氣質頗好，有人說他幹上士有些屈材，但我以為不然，青年人在此咤叱風雲之際，正當出首獻身軍旅，磨練自己，記得蔣總統在告知識從軍青年書中，有云：「青年非從軍，無從發現人生的偉大，唯有在炮火的洗鍊中，在生與死的歷練中，才能體驗和瞭解人生的真諦，才能得到豐富的智識經驗和膽量。」自忖吾此次從軍目的已達，此舉是對的，但相差我的理想太遠了，有好多最起碼的理想尚未實現，深以為憾事！

**提注：一、同事們自得其樂，在樓上寢室開同樂會。**
**　　　二、連指孫蘭周擅長拉胡琴、常以此自娛或娛人。**

### 三月二十四日　星期四　氣候陰　三曲灘

吾觀有些人俗不可耐，俗氣厭人，尤金聖嘆罵云：「袁術乃俗物耳，該以老拳擊之」有些人確實俗得可鄙，「人未至而俗氣先襲」，又有許多人簡直如衣架飯袋，行屍走肉，而其猶矯矯然，不知天高地厚，此類人生於宇宙間實有損無益，而社會中卻偏偏有此類人，而且特別的多。

× ×

本連連指拉的一手好胡琴，故每天我們住的這座小樓上，就同俱樂部一樣，每天琴聲嗡嗡，本來正當娛樂有益身心，陶冶人的性情，今天下午五時許某亦來，於是兩把口琴配上，加以唱的唱，打拍的打拍，擊杯敲桌，儼然一個演奏會似的，若以藝術的眼光看來煞是有趣之極；團體生活其樂在此，而人生的樂趣亦莫過於此時者。記得電影中，「女大當嫁」，將煞尾時一個鏡頭亦如此相仿，許多人唱、擊、敲、跳、都因地取材，十足有趣之極，不過，那是結婚吃酒後的乘興之舉，與我們這窮極無聊消遣又自不同也。

### 三月二十五日　星期五　氣候陰　三曲灘

今發出五封信，歙縣王欣生，休寧張道鑫、孫立已，三陽坑王禮三、程極功。

午前營長召集本連四個排長談話，實際就是考核，因為要填考核上呈，故先談話，觀儀容，舉止及談吐，蓋當一主管，必須有識人之明，如不能識人，則不能用人，下級幹部是帶兵，中級以上幹部就是帶官了。

近日閱報，情勢漸趨緊張，共軍已作試探性渡江，漢口

外八十里即有匪軍，皖境匪軍由桐城向安慶進攻，距城二十里，然未提及六安。

# 16　金元券重貶，何應欽組閣

**提注：金元券貶值嚴重。**

　　　　　　　　　三月二十六日　星期六　氣候陰　三曲灘

　　觀三國曹操能以少而勝兵多將廣之袁紹，固其善用兵，多謀，而重要者還是渠能深得民心，注重軍紀所致。渠征張繡能致勝，亦是用軍紀二字，割自己鬚以贖馬踏青苗之罪，此外如借糧官之頭而振軍心，等等，皆其妙處，鑑古及今，許多將領寧不慚愧！

　　最近團內現象很不佳，一般人不滿現狀，一個個牢騷隨口而出，主要原因還不外，一、人事黑暗，二、經濟問題，人事問題不堪一提，完全注重派系，對於餉更是令人撲朔迷離，如墜五里霧中，二月份薪先發六成繼發四成，三月份先發五成，繼發二成，區區的金元券在七輾八轉早失時效，到吾手已不能購何物，因為金元券，誰都不願讓它停在口袋裡面。一個月薪做幾次發，難道國防部會如此麻煩麼？也不知軍師團部他們搞什麼鬼？

　　十幾天的連綿春雨，贛江水位大漲，水沫漂浮隨流而下，水流湍急，浪花翻白煞是好看。同時水也黃而渾濁，捕魚者則大獲其利。

**提注：一、局勢緊張，何應欽組閣。**
　　　　**二、安徽省府改組。**


　　　　　　　　　三月二十七日　星期日　氣候曇　三曲灘
　　看了民治報、前方報，如同吃辣椒樣的感覺太辣太刺激，再看南京的和平日報好像吃大米飯一樣的需要，和平日報到底有些人性和正義，風雨飄搖中猶屹立不移，不似其他報紙雜誌，順風轉舵向共黨搖尾乞憐的樣子。觀〝紅色圈中的北中國〞一文裡，尤描寫華北人民之遺民淚盡南望王師，之意，北人盼國軍勝利，俾使渠等獲得言論、出版、居住、職業、生活方式、等等之自由也。

　　報載何應欽內閣已於二十四就職，林彪部四十多萬南下，安慶、漢口、等地吃緊。

　　國軍待遇自四月份起發銀元，戰前八折再打對折發給。

　　安徽省府改組，張義純任主席，朱子帆任秘書長，觀閱之下喜得我跳起來，吾皖人在桂系人李品仙等一般人統治之下已十多年，今日一旦換了皖人主皖無異撥雲見天，可惜為時已遲，桂人主皖弄得亂七八糟，丟下了不到二分之一的殘破河山，現在又讓皖人自己來收拾。

**提注：一、國際局勢鳥瞰；賈亦斌局長遭撤職。**


　　　　　　　　　三月二十八日　星期一　氣候曇　三曲灘
　　繼「東南亞防共聯盟」之後，現在英美又發起「北大西洋軍事聯盟」，蘇聯集團斥其為德、義、日之再起，挑撥戰

爭，而英美集團亦斥蘇聯之種種行動欲控制世界，赤化全球，更為德、義、日納粹主義再生，孰是孰非，將來自可看見，吾儕當拭目以待之。

　　一個馬路消息，國事紛紜的今日，預幹局賈局長已撤職，青年救國團不滿罷課⋯我想其中問題必不簡單，定有「作用」、「陰謀」與政治意味，明眼人一見便知也。

**提注：國內大局。**

　　　　　　　　　三月二十九日　星期二　氣候曇　三曲灘

　　前天發信二封，南京安徽人雜誌社，永豐龔節志，今發三信，吉安黃思冬，淅江黃太餘，贛州劉智勇。

　　局勢日逼一日，安慶三面受敵，陳庚匪踞六安正陽關一帶，林彪已抵徐州，徐州機場停蘇機數十架，蘇聯運來橡皮艇甚多。

　　和談四月一日正式舉行，惟一般觀測和之可能性甚少，戰的成份較多。

　　目前的情形真難以預料，下月至今不知如何轉變？即戰亦不知何種程度？這一場決定性的長江之戰是雙方竭力死拼勝敗的關鍵。

## 17　三曲灘美景如畫

**提注：三曲灘美景如畫。**

　　　　　　　　　三月三十日　星期三　氣候陰　三曲灘

　　三曲灘環境十分優美，背山面水，晨起、薄暮散步其間，遠眺江山景物，或薄霧、或濃雲、籠罩山頭，或有白雲迭起如帶，橫繫山腰，或旭日初昇，陽光貼地射來，高低的山背，山窪頓現出陰陽兩面蔚為奇景，尤其那多變的神秘的江水，一忽無風平伏如鏡，一忽浪花翻白，急流和逆流相互激而成一個個大小不同奇奇怪怪的漩渦，此伏彼起，十分有趣，令人看得出神，往往呆得忘返，嘗聞老年人云，早起遠眺山景或水中觀魚，皆能增加目力光彩，故古人喜於天井或庭院中置缸養魚其中，清晨凝視，吾人在此優美之環境，有此良機飽覽水光山色，實邀天之福也，吾儕不可忽略而珍惜之。

　　　　　　　　　三月三十一日　星期四　氣候陰　三曲灘

　　有出發樂安接兵之消息，吾之行李多難攜頗為愁，為了減少重量，免為行軍累贅，故忍痛的將暫不穿的黃大衣、背心、絨衣都賣去了，所得僅三元五角銀洋，真是又愧又痛！

　　一月餘了，今天才理髮，午後收拾整理各物，並將槍擦淨，襯衣換洗。

　　晚上興起，五個人吃了三斤甜酒，吾頗有醉意乃狂歌，此時為人生最忘憂之際，但亦為啟愁之門。

　　　　　　　　　三月三十一日　星期四　氣候陰　三曲灘

　　**檢討**　一月之中本團迄無新業務，僅機槍連與團部接了少數兵，本連還是閒住式的把這個光陰虛度去了，尤其吾個人方面，毫無所得，大好春光，也就隨著連綿的春雨過去，一月一月的過去，好像是不覺得

的，翻開日記一瞧，才有些吃驚起來。

　　本月局勢仍在和與戰氣氛中，悠悠的過去了，而共匪迄未停止軍事行動，大軍源源南下，積極準備大規模渡江，且在北岸連續發動攻勢，可見共匪不願和談，以逞其行兇目的。

### 本月大事小統計

（一）首都衛戌部在月初捕獲一干陰謀份子企圖顛覆政府迎匪渡江者。

（二）孫科下台，何應欽組閣。

（三）湘西叛亂已陷五城，後招撫受編，滇省叛亂，亦陷五城，龍雲舊部陸續回滇，龍雲亦有回滇之意，此事推之當屬彼之指使。

（四）皖省府改組，張義純任主席。

（五）安慶受包圍，激烈巷戰，皖省府遷屯溪。

（六）金元券貶值，人民輕幣重銀，銀元由千元躍出萬元大關。

（七）由吉水出發三曲灘。

## 提注：憤世嫉俗哩；調整規律生活

### 四月一日　星期五　氣候雨　三曲灘

往往見一般人所謂有經驗老油條之類，只會說空話，不實幹，而且只叫別人幹，自己卻袖手，又會開空頭支票，遇事滿口應承，遇約再三叮囑，而事終未辦，信亦未守，妒惡如仇的我，見了這些傢伙們真十分可恨，但他的真面目，終被旁觀者窺見的。

處人惟誠而外，還需「守信」，信為做人基礎，一個人做事處處失信，即是自己在拆自己的後台。

在這四個月來半住閒式的生活中，已逐漸將我的私生活規律化起來，長久成了習慣，如晨起運動，午前寫，午後讀，傍晚散步等等，且已養成一種僻繁的辦法，如別人吵鬧喋喋不休，而吾處此境中心猶靜若止水，不為搖動分毫，但也偶而為情緒所操縱，心緒不寧之時，就行坐難安，神志恍惚，但我只會理想一切，不似一般人的憂慮過度，悲觀消極。

近一般同事多數為經濟打擊，消極頹廢之餘也染失眠症，幸吾向無此病，不過幾個月中，偶而也有一次，但需設法防制，蓋失眠猶若患大病，最損身體！

### 四月二日　星期六　氣候陰　吉安　黃思冬家

一代的文化戰士－魯迅，在抗戰時尚有人常常紀念他，現在一般人好像把他忘了，這是因為目前一般從事文化工作的人，都變了質，向暴力者低了頭（如矛盾、郭沫若還赴北平）不似魯先生那種獨立不移，敢寫敢罵的精神，現在有些

人奴性更遠過於魯迅生時，想渠如不死，目前這種混亂情形，恐怕先生又要大聲疾呼，現在實是「無聲的中國」到處只有火藥血腥，魯迅先生十幾年前說的話，到現在還針對現實，看了使人痛快，但可惜這以筆作槍的人實在太少，現在就沒有人能繼承擔負魯先生的巨大任務。

中午往團部費了好多口舌，才借得三千元，欲往吉安修錶並購各物，恰巧第一部樟樹班車已駛來，好多揩油的丘八們，把車蓬前後左右攀得密密的，想想沒法子，只好鑽進了車廂，擠在一個角落裡，彎著腰，腿臂都吃力起撐住，好不苦也。

雨天的行車特別有味，又另具一種情調，車行距吉安尚有五里之遙，不好了，汽油燒完了，車子停住，為了爭取時間，我下來步行，適大雨更密，一把傘罩不住全身，以致棉褲盡濕，尤其過渡船的時候，雨若傾盆，破傘那堪抵抗，一時除了帽子外，餘盡濕矣！登了岸就覓錶店，五角錢的修理費，餘錢買了襪子，牙膏，電池，和一瓶魚肝油丸，欲覓軍部幹訓總隊，苦無處問津，結果見了一個戴 2365 符號的士兵，問之云係距此八里之老楊家，時間不早，又以天雨路濘，只好作罷。

想買些書又太貴，新聞雜誌又無，跑到中文山路福茂號，取了由家中來的信，驚喜交集，蓋已兩月未接萬金家書矣！拆開一閱，怎麼？稱呼語氣一切都變了。

故鄉的景況，家中的情形…一幕幕的假想和輪廓，在腦海裡如電影般的放映，一個個驚險恐怖鏡頭…理想中的－使吾心碎，突然把心一橫，不想了！實在不堪設想了！！

　　買了一盒餅乾，一滑一歪的跑到青塘村黃思冬家裡，蒙他們熱烈又殷勤的招待，天下的人心總是一樣的，誠心懇意，使吾感動不已，飲酒吃飯後，聊天，兩家老小都把我圍攏來問長問短，使我答之不及，看到他們家庭間天倫樂趣，使吾愈感心傷！

　　今晚吾獨宿靜靜的小樓上，無限的思潮又狂擊我的心靈，各種不同鏡頭，又在我面前放映，我沒有辦法去控制我自己的腦筋，只好再想到別的地方去，甚至太無聊，太幼稚，近乎玄幻。

四月三日　星期日　陰　吉安黃思冬家

　　大雨停了，仍是陰霾重重，時而稀疏毛毛雨。

　　早餐後偕思冬上街取銇，恰巧碰見王隊長積珣，他已住閒，十分灰心消極，寒喧之後，適見幹總以前四中隊同學，在街上買菜，乃與之一同往老楊家，現幹總僅有百餘人，除名有百餘人，現有兩個中隊，葛天民、王克貞、錢華林、王自立、盛中貴等仍在那兒，他們還是同在齊梁一樣的機械式的生活著，整天無所事事，吾各處參觀，見他們的種種情形，十分感喟，青年人住閒久了，亦足以消沈了志氣，磨滅了蓬勃朝氣，吾身在幹總待了月餘，猶不自覺，下連待了兩月，再到這環境來，才知這是一個零賣生命的危機，一個青年久閒於此如同一塊鐵，用則利，放久則銹。

　　各處訪問，見了些熟人，紛詢我下連情形，吾逐一相告各節，至於他們的處境可也慘了，都是國防部派來的，軍師部都不調用，而軍部反成立了什麼私人基幹「幹部訓練隊」

不用幹總的人，甚至用「各個擊破」、「逐漸消化」的手段
來對付，在齊梁，蓮塘無故除名許多，現在數月閒住，完全
不替幹總設法，吾觀各師團營排長等缺甚多，何不分發呢？

今天他們都發了萬餘元，吾真有口福，接受了王克貞、
錢華林、王自立等的兩處招待晚餐，盛中貴回來遲，寒喧後
天已薄暮，不能久留，回吉安住，以便明早搭車，與思冬抵
家時已八點矣。

### 提注：吉安辦事歸來 ── 購物、訪友、取信。

四月四日　星期一　氣候雨　三曲灘

夜間偶醒，聽大雨嘩啦嘩啦，早起果然未停，淨面後，
見雨太大時略躊躇一會，想想還是趕回去，猶恐出發，奔到
車站，車未開，兩部車都空了一半沒人坐，因天久雨旅客稀
少，我真太幸運！居然進車廂端坐，到江邊過渡，又遇指導
員亦回去，渠係昨天來的。

記得前次赴吉安相距剛二十天，好多天不出大門，不走
一里路，也挺苦悶的，這次跑一趟，也等於「春季旅行」。
旅行確是一椿美事，有益身心，調劑精神，好像脫樊籠小鳥，
心情為之一鬆，減輕了心坎上的重壓。

此次赴吉安，所預定要辦的事都辦舒齊了，凡事都湊巧，
吾很滿意而歸，如錶亦修了，信亦取到了，欲訪的同學都已
見到了，欲購物品亦已購一半，亦由於機緣巧，亦由於錢較
上次帶的為多。

到了吉水雨落更大，在團部吃早餐，回歸三曲灘途中雨

落更密，全身濕盡，到了營舍，內外衣一換，喝了三兩甜酒便蒙頭大睡。

晚飯後將衣烤乾，燒滾水沐浴，好不暢快！

### 四月五日　星期二　氣候曇　三曲灘

奇怪！「清明時節雨紛紛」下了許多天的雨，今天清明反而不來應節，竟停止不落了，但也未真晴，幾片浮雲飄來遊去，太陽躲躲閃閃很少露面。

今天大洗衣鞋，中午費了很大腦筋寫了一封家信，說我隨經理來此辦貨，一切尚佳。

下午特務長由團部領款回來，每人借了一元銀洋，領到此錢，真是又喜又憤，又愁又怨，小喜而大愁，何以呢？軍師部三月份薪都借齊了，每人發三萬多，而吾等只糊里糊塗發了一元，也不是薪水，也不是借支，算啥？莫名土地堂！領到這錢怪急的，不知如何開銷？買東西不知買什麼好？高不成，低不就，買好東西錢不夠，真不知如何是好？把我的情緒都弄混亂了。

我對著袁大頭發愣，你這禍根！好多人為你笑，為你哭，為你演出悲喜劇。不過回憶起來自當二等兵一直至今，領銀洋還是第一次，這有意味的第一次，不得不在日記上寫他一筆。

### 四月六日　星期三　氣候曇　三曲灘

午前寫了一封信與安學明。

兩雙破襪子和破襯衣，飯後洗、補，好不別扭人也。

午後閱吾剪貼的報紙，「天堂與地獄」小說一書，描寫

人間地獄中內幕，及我國司法界之黑暗重重。獄中瑣事描寫尤詳，作者係畫家蕭劍青，語句雖弱於他書，然其動機實可敬耳！

晚閱「三笑姻緣」後集「換空箱」，詞句輕鬆活潑，茶餘酒後特別助消化，更為消愁解悶之妙品也。

**提注：賣壯丁一事，抗戰時就有，如今仍然蔚為壞的風氣。**

四月七日　星期四　氣候陰　三曲灘

今早朝會，營長訓話，謂新兵教練進度太慢，官長們太客氣了，旋以每兩排長教練一班，一批木頭般新兵實在傷神，喉嚨喊啞，他還是不曉得什麼似的。

新生活注重時間之遵守，尤其軍隊更應把握時候，遵守時間，為了幾分鐘之差，能影響戰局之勝敗。

今天中午二營及一二連由樟樹接兵回來，每連六十幾名，惟新兵都想逃，因渠等大半均係賣壯丁來的。

四月八日　星期五　氣候陰　三曲灘

「三笑姻緣」和「換空箱」一類的書，特別把祝枝山罵得狗血噴頭，簡直是貪財小人，而在「唐祝文周四傑傳」中則極力替他辯護，在我看來，也未必壞得不可收拾，不過老祝是喜歡開玩笑倒是真的。

舊小說 —— 尤其彈詞一類，總是敘述「公子逃難小姐養漢」一些事，引人入勝，迷惑了好多青年男女，著這書的有些缺德，導人習淫，有傷風化，其實觀今日的社會大變了，

小姐養漢是有，恐公子逃難是沒有這樣巧合的，剛剛會碰到千金小姐收留他，如此事容易，那麼人人都可效法「逃難」一下了。

繼水滸「征四寇」羅貫中著，語雖差，然正代表民族中尚有正氣，如魯迅先生說的「那就是中國的脊梁。」本來在宋朝群奸當道，宋江等上梁山，也不是偶然，所謂「逼上梁山」而渠等既受招安忠心報國，而終至被害，令人廢然！嗟嘆再三！吾觀此書只有此結論。

「飛鳥盡，良弓藏。」「野兔死走狗烹。」

#### 四月九日　星期六　氣候曇　三曲灘

左邊民家不知患何種傳染病，全家五口病倒，實在有些驚人，因去冬太溫暖無雪，今春又連綿陰雨，流行病傳染當屬必然，今後需注重預防，飲食起居尤須注重。

渴望已久的太陽，今天千呼萬喚始出來，使人興奮起來，上午把被毯都洗一下，好不累人！刁巧的太陽幾個鐘頭的露面，又躲到雲縫裡去了。

上午寫了一信帶於龔節志。

下午由團部領來了武器，本連領兩挺鋒衝槍，四挺輕機槍，十九支步槍，十三個槍榴彈及工作器具，全營均由船運來，搬得一身大汗。

#### 四月十日　星期日　氣候雨　三曲灘

十分的興奮！「安徽人」雜誌社寄來了一本四月號，並附社長舒白林一紙信，誠懇流露，我僅去一信詢問，他竟先

寄來了，這一份精神食糧，使我的情緒都改變了不少。

今天擦槍，早飯後直擦到晚飯前，燒了一大鍋水，稻草去了一大堆，幾小時功夫，把骨頭都累酸了。

明天準備出發樂安接兵，連長跑到團部借了銀洋，每人一元以作零用。

#### 四月十一日　星期一　氣候陰　三曲灘

本來今天出發，因諸事還未準備就緒，軍士又少。行李械彈又多，行動甚感困難。今天向機連借了四名軍士，並由河下覓了兩隻船，行六十里的水路，一百四十里的旱路。

早飯後又將機槍詳細拆卸洗拭，直弄到下午四時，總算把這枝槍完全卸掉，大小零件弄清楚，我的耶穌！真把人累得頭昏眼花，骨頭都酥軟了，太傷神！覺得這兩天擦槍，把人都磨瘦了，起碼要減輕兩磅體重。

經過兩次的試擊，這挺輕機槍很好，聲音噠噠清脆，就是明天行軍背著怪累的，且此槍沒有捷克式的靈便好攜，用時故障較少，這種勃朗林太蠢了一些。

下午團長蒞此訓話，對士兵慰勉有加。晚上營長來本連訓話，囑咐行軍注意事項，及到達樂安迅即接兵等事。繼由連長談話，對今後新任務之啟示，行軍宿營注意警戒，途中更需防匪，不可疏忽，行軍分四組，每排一組擔任任務。

今早起後，即感小腹作痛，陣陣難熬，吃了兩包〝何濟公〞仍未見效。

**提注：行軍樂安縣途中，河邊小學校宿營。**

　　　　　　　　四月十二日　星期二　氣候雨　河邊小學

　　昨天一日未落雨，以為今天必晴，詎料夜晚又嘩啦嘩啦起來，今早更密。晨起收檢整理行李，搬上兩只小船，開飯後全體上船，十點鐘開拔，此行係上水，逆水行舟殊非易事，順風可張帆，然無風水流又急，則只有下船揹繂 ── 繩子 ── 。行到吉水，我們的船蓬壞了，費了幾小時功夫，又另覓兩隻小漁船轉載。

　　下午五時方繼續前進，艙內狹小，坐臥不適悶煞人也，倒不如站在船梢，看看沿岸景物，一路只是山峯重重，水邊蘆葦水竹叢雜，生活在船上的人倒也脫俗，別有一種大自然的享受。

　　落雨至今水漲不止，船行兩山之間，無風水又深，既不能張帆，又不能杵篙，揹繂都不行，只有沿岸而行。用手扯著小樹、水竹，一寸一尺的攀扯而行，好不困難也。船上僅夫婦二人忙不盈，我們都參加幫忙，本來人是好動的傢伙，新的花樣試一試，也怪有趣的！我聯想到魯濱遜、哥倫布海洋生活的艱苦，回顧本身真富藝術意味。

　　黑幕開始籠罩大地，我們覓了靠河沿一個小村莊宿營，住在小學校裏，教員姓黃，軍校九期學生，民國三十年退伍的，棄武執教，這種人可佩！可敬！

　　　　四月十三日　星期三　氣候陰雨　行軍途中，樂安小村－烏江

　　一夜之間，水又漲了數尺，船不能前進，只有僱伕步行

較快，吃了早飯，跑了一上午才找到十五名挑伕，把船上物件通通搬上來，捆好，各人裝束荷槍前進，雨後路濘，滑足難行，坑坎水窪，大路上盡是水坑，越了兩次盈三尺的水，每人脫棉褲，一寸一步挨之而行，十分有趣！

聽說前面又有大水不能過，於是乃越嶺翻山，繞了許多路，盲目亂摸，短樹長草中亂竄，又渡了一次小木筏，才算到了目的地 —— 烏江。十二時出發，現在已五點鐘了，天曉得！五個鐘頭只行兩里路。

宿舍覓妥後，協助指座寫標語，有許多天真的小學生圍攏著我，我乃以粉筆寫歌詞於門板上，教了他們「中國父母心」「兩隻老虎」「打倒共匪」三首軍歌，他們都很聰敏，幾個小時就會唱了，我並解釋詞意，此時成年的老表越聚越多，圍了許多人，我並在解釋歌詞中，夾著一些宣傳的話，並叫小朋友覆誦。天黑了，老表又送燭來，今晚我的確太興奮了，腳都忘記洗，水也忘吃，不知哪兒來的這股勁？十時就寢，我深深領悟宣傳的效果偉大，在此混亂局面中，吾儕尤應該擔當此艱鉅任務！

**提注：一、永豐縣明天運動會。行軍途中宿營永豐城。**
**　　　二、軍長李志鵬換成劉仲荻。**

　　　　　　　　四月十四日　星期四　氣候陰　永豐城
昨天行程雖短，可是路太難走，怪感累人，同時又站衛，休息未充足，今晨好像還沒有恢復疲勞似的。

七時起床，八時許開飯，九時出發，今天的路較好走，

不過沒有幾尺深的水，而小水坑及濘陷坎也是有的，十里路一次休息，笨重的機槍越扛越沉，長途行軍背機槍這次還是第一遭哩！

　　下午三時到了永豐城，五十里路六個小時，倒也不慢，永豐比吉水市面好得多，街道亦寬，建築有的很入時，山僻中有此小城，誠乃難得！

　　晚飯後，龔來訪約到街上逛逛，並至民教館閱報，安慶仍激戰，本軍軍長與師管區司令劉仲荻對調。

　　明天此地舉辦春季運動會，本團僅參加籃球及萬米長跑，本團人員分散，二營選手又不准來，故此次沒有把握，明天隊伍又出發，沒眼福來參觀真是憾事。

　　此地怪事！拒用金元券，市面流通皆用銀元及銅板，金元固然日貶，但不能不用呀！我們拿到紙幣不是沒用嗎？太令人衝冠了！

**提注：賈亦斌在嘉興叛變，欺騙青年軍同學。永豐城行軍 ——**
　　**二十里，到港口小鎮宿營。**

　　　　　　　　四月十五日　星期五　氣候晴　港口

　　六時即起身，可喜太陽出來了。八時吃過飯，收拾妥當，詎料伕子十分難催，遠在二十里及十五里各鄉鎮，一個兩個陸續的送來，只好等著。

　　今天三營才發薪，龔約吾吃點心，在茶舖小坐，並識得他的班長高正之，盧江人，在贛之皖人甚少，遇一皖人頗難得耳！

閱民治報及壁報，云嘉興預幹總隊叛變，數百人叛離！讀之令人可驚！我想預幹局的人受過主義之薰陶，該不會有如此盲目行動，推之內中情形必不簡單，吾度之（一）因賈局長無故撤職，他們罷課抗議無效（二）其他刺激（三）不滿現狀。但他們不過太盲目一些，無計畫無目的地胡跑些什麼？

時間一秒一分的跑過去，三番兩次的催伕，急得頭暈，直到下午四點半才齊，馬上出發，預行二十里宿營，可惜運動會也沒去看。七時到了目的地—港口。小鎮還不錯，鎮公所前正演京戲酬神，其實目的是聚賭，與徽州鄉情差不多。

## 18　樂安縣接兵，扛機槍日行百里

**提注：扛機槍日行百里，第一次。港口小鎮 —— 樂安縣城。老Q：陶炳文　老O：王光龍**

　　　　　　　　四月十六日　星期六　氣候陰　樂安城

六時起床，整理開飯畢七時半出發，今天行程較遠，小路八十里，走大路有九十餘里，因小路不熟只好走大馬路。

一路行去漸入叢山，穿過一重大山，又是一重，真是猶行蜀道，所見馬路因多年未通車，蒿草叢生，被破壞的舊跡猶在，一個陷坑才繞過去又是一個陷坑，泥濘仍是滑足，走一段大路又走一段小路，有時依山麓沿水而行，蒿草大樹遮住羊腸小道，行行已疑路絕！而幾步一轉坦路又在眼前，使人有發現新大陸那樣的驚奇！真應了古人的話：「山窮水盡疑無路，柳暗花明又一村。」

春天可說是鳥的世界，雨洗翠碧的樹林裡群相競鳴，楊桂六茶鳥，野喜鵲，黃鶯，聲音尖銳的畫眉拼命叫著，我也不是「公冶長」（古人名，能懂鳥語）不知他們說些什麼？

山區人煙稀少，數里無村，無處問路，路蠻走得急人，而機槍越背越沉，苦著無人換，想想也嘔糟！當班長還有預備手，當排長硬是如此蹩腳！

換錯了路，冤枉多走數里，又淋了十里大雨，下午七時半到達樂安城，整整走了十二小時，除了兩小時休息，算來硬是有一百里路。

伕子、官兵都走垮了，都疲乏極了，只有老當益壯的張排附和我，一路扛著機槍沒有人換，老 Q 老 O 都半路換了人，論起身體他倆都比我肥壯，不過我還是一股氣的作用，咬緊牙關，鼓起勇氣勇往直前，不要有煩惱和牢騷來侵襲，雖乏猶可支持，今天走的路最多，總是我走在前面。

今天扛著機槍，在這蠻荒似的環境裏，走了這樣遠的路程還是第一次。

四月十七日　星期日　氣候雨　樂安城

昨天吃飯是個奇蹟！早晨七時 —— 夜半十二時，當中距離十七個小時。按生理講起來可云太不衛生。一夜甜睡醒來已是近九時。

還算是幸運，雖然是陰雨連天的日子，而行軍幾天，總算沒遇到傾盆大雨，少吃一些苦頭，奇怪！今天又開始落起雨來了。

這僻塞的山城 —— 樂安，尚不及吉水，不過比進賢好些，

教育不普及，文化談不上，民教館等於虛設，人民愚昧而蠻如牛，有的見了軍人向屋內跑，一面由於政治之不振，沒有深入民間，而交通阻塞也是最大因素。

### 四月十八日　星期一　氣候曇　樂安城

人的情緒真是一個奇怪的東西，隨著靈感操縱，時而喜時而怒，思至悲境則憂，想到怨處則憤，猶若秤桿衡物之高低升降不定。一個人到了成年以後，稍懂人事，憂憤、怨恨的時候總多，不似幼小只知玩耍，玩餓了就吃，歡喜快樂的時候又多。

今天九時才起身，中午寫信至永豐安學明及南京雜誌社，郵資又漲價，每平信一千五百元，這樂安小城，是銀元銅板世界，金元券拒用，寄信又是一個問題。

午後打掃宿舍，濕霉的地，氣味難熬，用草燒後仍不成，沒法！將就著搬來眠吧！

### 四月十九日　星期二　氣候雨　樂安城

此地真是不服王化，拒用紙幣，且在數月前就拒用，市面交易流通全係銀元銅板，一片叮噹之聲，銅板攜帶太重不便，十分彆扭，人民力量實在大，他們硬把時代拉了回去，想「復古」了。

陰濕而霉的房間，睡了一夜，覺得遍身發酸難受，今早不敢懶眠，天明即起運動。嫩甜的蠶豆今日嚐了，初次吃覺十分鮮美。

今天方看十五日的報，和談還在拖，戰事沉寂，大頭逼

近十萬大關。

## 19　對唯物辨證法之初步認識

**提注：一、唯物辨證法之認識。**
**　　　二、到團管區接新兵。**

　　　　　　　　　四月二十日　星期三　氣候曇　樂安縣城

　　讀「新軍月刊」唯物辨證法的評判。馬克斯力主唯物史觀，他認為宇宙一切，社會一切，都先有物質，任何事物都是經濟改變一切，其中三個法則：（一）矛盾統一律：認為人要生存就要鬥爭，社會進步，亦賴鬥爭，社會的統一性。共同性都是暫時的。─其實矛盾只是病態，統一與共同才是常態。（二）質量互變律：認為事物質量隨時變更，殊不知質與量亦有其特殊性，不能說其是絕對的。（三）否定的否定律：冬天穿棉衣可以否定寒冷，這是正確的，但他比喻麥芽否定了麥粒則錯了，殊不知麥芽長大會生出許多麥粒來。總之馬克斯是社會病理家，不是生理家，按中國的國情，民族性、社會型態，種種看來馬克斯主義在中國實行是不適合的。

　　唯心論與唯物論之對立，如孟子之云性善，荀子云性惡一樣，天下的事沒有絕對的，只有相對的，古人制八卦，太極圖，自有其高深學理，八卦都是相對的，而太極圖亦是相對，不但沒絕對，連「中間」都沒有，宇宙的事物，不是這個就是那個，沒有介乎兩者之間的，譬如不生存就滅亡，沒有不生不滅的東西。處此亂世之青年，必需要有正確的思想，明智的認識，明是非，辯利害，絕對不能糊塗！

　　現在我有這種感覺，以為一天不吃東西都可以，如一天不看書，則心中就不暢快，好像什麼大事沒做似的。因為讀書確實能夠變化人的氣質，改變人的品性，增長智識與道德加深修養。

　　吃了早餐沒一忽，團管區的司排長炳榮又來請我們吃酒，全連官長都去，整整一桌人，今天我稱「在教」沒吃一滴酒，因為一沾唇就要被攀扯，那可吃不消，這次我算得是幸運。

　　下午二時全體官兵集合，攜械到團管區接兵，歷時一小時，交點完畢即帶回營房，這一批的兵大半矮小，不過都很年青精幹，好好地教，將來可用，這都是戰爭造成的罪惡，我不瞭解世界上為什麼要有戰爭？少數的野心家，統治集團，為了一私之念─打江山，致把許多無辜人們波及。

　　晚飯後編班排，整理床鋪劃分寢室，由連長向他們訓話，簡述軍中規律，規定事項。

　　為了試驗他們的人格，叫各兵找鋪保可以自由，但百姓商人膽小不敢擔保。

　　晚同第一班個別談話，細詢他們來歷與志趣。


　　　　　　　　四月二十一日　星期四　氣候晴　樂安城
　　一個人的精力畢竟是有限的，過用則不支。白天疲勞加以眠遲，精神就似有些來不及。

　　練兵比作戰還難，雖苦口婆心，而他們仍不領悟，令人有點不耐，非有一種不倦不厭精神方可。

　　兵在平時不能有閒和有錢，這是李廷棟隊長說的話，但

也有些道理，錢多不賭即吃，吃壞肚子又生病，有閒空他們會胡想心思，胡出亂子，務要時刻控制掌握，使他們精神不會渙散。

**提注：新兵游耙生姑媽重託。接新兵工作剛完，來電話急急召回吉水。**

四月二十二日　星期五　氣候曇　樂安

　　有了任務以後，就剝奪了自己自修時間，與一切私事料理，尤其是初接新兵更是麻煩，又趕上我第一個值星，人手又少，著實有些地方感覺忙不過來，我一個人難分幾處。

　　下午曾詔鳳請客，全連官長皆去，今天的菜辦得太好，很有幾樣可口美味，烹飪得法，還有一個田雞菜，今天還是第一次吃，味兒頗不差。

　　突然來個電話，叫隊伍帶回吉水，我想未免倉促一點，多待一天不但可多接幾十個兵，且對新兵考查、取保等一切都可弄出一點頭緒。初來時想不到會這樣快的又帶回去，不然輕裝出發多好！何必帶了許多東西來回累贅？

　　樂安這座面水背山的山城，比吉水繁盛一點，但婦女們都是小腳。在此地住，與吉水三曲灘比起來，又是另一種感覺。蓋在該地無任務，各方少接觸與交涉，在此地為工作種種關係，致接觸人多，此處山區，封建仍存，但民性比該上地豁達豪放得多。

**提注：樂安行軍到魯港五十里。**

四月二十三日　星期六　氣候雨　魯港

三四天來沒落雨，今天出發又淋起來了。

匆匆地來，又忽忙地去，不知為什麼？這短短的幾天中，僻靜的山城，竟使我有些依戀起來，有緣嗎？她那笑盈的酒渦……這些都是片感，將來或又丟腦後，本來軍隊生活行蹤不定，對於「情」字是殘酷難施的。

途中仍是泥濘，一滑一扭，陷泥過踝，士兵體格太差，速度不夠，一路費神，好不容易挨到魯港宿營，只五十里天已黑了，有幾人發病、生病、毛病百出。

**提注：魯港行軍到永豐城。永豐縣春季運動會，本團拿籃球冠軍。**

四月二十四日　星期日　氣候曇　永豐縣城

昨天因宿祠堂、無草，故今天人們不能恢復疲勞。今天雖不落雨了，然路上仍是泥濘不堪，兼之挑擔太多，士兵感覺吃不消。

四十里路，足走有六十，山路太崎嶇，九時出發下午三時許抵永豐，住機槍連營房。

第三營在永豐月餘，沒有接到一個兵，這固是地方惡勢力阻撓，又受在鄉軍官募兵之影響，而主官無魄力亦不能成事也。

此次永豐縣之春季運動會，本團籃球得了冠軍、排球優勝，三千米得了亞軍，弄了兩個銀盾，好幾面獎旗，這也算

替本團爭了不少光彩。

## 提注：永豐行軍回吉水九十里，夜宿小學。

　　　　　　　　　　四月二十五日　星期一　氣候晴　吉水

昨夜二班班長戴冕開了小差，真想不到。

　　今天第三營與迫砲連，同我連一路出發回吉水，九十里行程，這樣亢熱的天氣確也難受。

　　八點出發，行六十里到烏江大休息，天氣炎亢，氣壓又低，蒸得悶人，頭都熱昏了，還幸今天行李完全裝船，空手行走輕便得多。

　　下午五時抵達吉水，目的地是三曲灘，因天色已晚，只好在街上文峯小學宿營，因為晚雨，被子在船上沒拿，都席地而臥，可亦慘矣！

## 提注：由吉水回到三曲灘

　　　　　　　　　　四月二十六日　星期二　氣候晴　三曲灘

　　一大早回到三曲灘原祠堂宿營，聽說明天又要出發去吉安裝備訓練，何苦又要跑冤枉路呢？在吉水不動多好！

　　這一次樂安接兵，十幾天的時光，備嘗艱辛困難，吃盡苦頭！因幹部太少，僅三個軍士，任何一連比我連多，故白天要管理招呼士兵，起早睡遲，夜間還要站衛兵，一個人的精力就是有限的，兼之營養太差，行軍疲勞，一個個除曬黑外，面部都瘦削了好多，體重也減輕了許多，尤其 O 面部脫

皮，總之；此次物質經濟損失不計，個人的精神體力之消耗是一時補不回來的。不過這次我們這幾個人，到遙遠的山城接兵回來，而卒能圓滿達成任務，亦是很難得的。

任何一個人在疲勞苦惱之際，再來一個重大的刺激，（尤其是受氣）是很難受的，這幾天生活不太滿意，環境不太如意，故工作興趣亦為之減低。

青年人富於熱忱與情感，但時時都是需要理智來控制它，前天早晨之事，我若是沒有理智來克服情感，真要演「全武行」了。

**提注：一、三曲灘行軍到吉安。**
**　　　二、兩週來新聞摘要。**

　　　　　　　　四月二十七日　星期三　氣候晴　吉安　高塘村

開飯收拾畢，行李上船，隊伍在大操場集合，營長訓話後，九點一刻全營出發。春末夏初天氣竟如此炎熱，指導員們打前站，一路都有茶水。今天行軍雖熱不可當，然路平好走，速度較快，下午四點就到了距吉安十五里的高塘村，這個村子很大，是個訓練軍隊的佳地，好多祠堂都修成營房，一律紅牆。不過因久不住人，眼見一片荒蕪凌亂，數小時的打掃整理，寢室算是弄好了。

弄好床鋪，井水沐浴，夜十一點才吃晚飯就寢。

十多天來由於住山城與行軍，故報紙未看，國內外一切消息都不知道，昨天初看報紙一連串的驚人消息令人咋舌，戰事方面，太原（城內軍政幹部 500 人以上集體自殺）已陷，

匪死十幾萬人，南京主動撤守，安慶陷後，匪渡江竄到祁門與景德鎮。鎮江、蘇州、嘉興，等地相繼撤守。杭滬已入戰時狀態。上海一場大戰在所難免，蓋蔣總統主撤南京固守上海，李宗仁已在桂林不出。由此看來，這場長江大戰，竟不如想像中的那樣如何如何聲勢，這次的大戰，可見國軍戰略不是死守長江，也許是故意誘敵深入，用奇妙戰術予敵一個大殲滅。

在三個月以前我就料出，和談絕對不會成功，是一個煙幕，美麗的術語，用來哄老百姓，遮掩人民的耳目，蓋徐蚌戰後雙方元氣大損，都需要一個時期來休息整補，和談不過是過渡名詞，雙方都想藉此向百姓討好，哪一個都不願招怨於人民，不作千古罪人，上月是磨拳擦掌躍躍欲試，四月中旬的匪軍果下總攻擊令，黃紹竑也飛港養病，和談顯係決裂，這次共匪失信於人，只要有正義感的都會洞悉。


　　　　四月二十八日　星期日　氣候曇、雨　吉安　高塘村
今天上午除王光龍外，吾連三個排長都到營長那兒申訴痛苦，渠允設法改善。

早飯後同王帶兩個排附，五十多新兵，到吉安江邊船上挑行李，並買菜，十一點出發下午一時到，收拾好挑擔剛欲走，忽大雨傾盆只好暫避，於四點多才動身，到中途雨還在緊密下著，管理的人少，以致走了十里休息，溜掉三人，無法尋覓，回到營房天已大黑，全身盡濕，狼狽之極，今晚仍是十一點吃飯。

**提注：211D、315D 正整編整併中。薪餉老是拖欠。**

　　　　　　　　　　　四月二十九日　星期五　氣候陰雨　高塘村

　　一旦有了任務在身，責任心時刻就在督促著自己，紛歧錯雜念頭，都被事業心一網打盡。

　　自接兵以來，沒有絲毫閒空來料理一點私事，書報無法看，連日記也沒空寫，整日時間都在思索、打算在自己任務上，這一個沉重的擔子，我時刻在設法使能勝任愉快，順利地把它挑著飛跑。

　　昨在江邊突遇王致華，渠在六三九團由贛州開來未數日，現渠等已編入二一一師、六三二團，現 315D，211D 都有個擔任務之消息，原來因目前戰事緊急，二線防務亟待佈置，上峯意思是儘先將 211、315 兩師的人數補齊裝備，639 團既已撥交，推之本團匆促來此，或亦可能編撥。

　　自到 23 軍，除元月份，在幹訓總隊領了一次爽快的雙餉外，一直到現在，幾個月來，餉金總是糾纏不清，嘮嘮叨叨，零零碎碎，一個月的薪，要三成兩成的領了好多次，三月份薪，到四月將完還未發，豈不笑話？故這幾個月來，一直總是鬧窮，天天鬧窮，口袋唱空城計，真好苦也！

**提注：211D、213D 整編併開始。213D 併入 211D、638R 併入 631R。**

　　　　　　　　　　　四月三十日　星期六　氣候曇　高塘村

　　近兩旬以來，由於疲勞過度，睡眠休息不足，故近日精

神猶未能恢復，整天頭腦昏沉沉的，也沒有了思想，甚至成了個沒靈感的人了。人，猶如一部機器，不用則生鏽，過用之則損機件，需要擦油才能使它不生故障，更要有適當的休息。

今天進度表下來了，已經到了射擊預習野外等，令人驚嘆！因本連接兵較一二連及機連均遲，教育機會太少，故跟不上別連的進度。

來了一個通報，果如我的意料，明天本團要受撥編了，原來的 213 師整個撥編補充，再由募兵的人們新成立六三八團，現本團縮為兩個營，第三營取消，兵撥二營，官到軍部，我們原來第一營編為六三一團二營，原來二營編為三營，本連為第六連了。

國軍的整補遠遜於八路，他們採升級制度較國軍為快，我們二十三軍成立已半年，結果戰備諸事還未有齊全。

四月三十日　星期六　氣候曇　吉安高塘村
## 四月檢討
回看元月的日記，猶如讀歷史似的，想不到三月後的今天，國內軍事、政治、經濟等等竟有如此劇變！就連我們自己所過的日常生活，也由舒適變為艱苦了，其他一切更不必談。我想三十八年真是中華民國大變特變的一年，變好變壞，將來中國走哪一條路，都在今年可窺見，雖然不能決定，而總可以發現一些端倪。

和談破裂終在吾之預料中，共匪背約大舉渡江，舉世矚目，長江之戰竟出人意表，國軍棄守首都、蘇州、嘉興等處，一路撤退，進賢、八都，有了土共活動，祁門、景德鎮，也

被竄入，看來局勢急轉直下，不過這也許是國軍戰略運用，今後果有卓越指揮之人，或可有驚人的轉變。

### 本月大事小統計

（一）接得淪陷後第一封家信

（二）領械彈、樂安接兵

（三）回吉安受編為 211D、631R 之二營六連

（四）和談破裂，共軍大舉南犯，東南最大都市相繼失守。

民國 42 年國軍通用之糧票。

即將籌組和平內閣的何應欽將軍。

**提注：部隊整併開始，新 631R 團長訓話。新團長接收併入部隊。**

五月一日　星期日　氣候晴　高塘村

　　七點半開飯完畢，到營集合場集合，八點二十分出發，全營開到齊家塘 ── 五里路，那裡是第二營的營舍區。在大操場休息，一忽二三營及二一一師六三一團第一營亦陸續來了，先由團長王創燁說了一些惜別勉勵的話，第三營兵少，兵撥交二營，官佐除極少數插入一二營外，皆編餘留交軍部幹訓隊，龔節志亦在其中，他們白白辛勞，費力接了一次兵。連團管區都不如，兵既交掉自己還垮台，依然回幹總，豈不痛心？簡直玩笑似的，不過改編隊伍乃軍旅中之常事。中國的官場就如戲場，一朝天子一朝臣，這次改編，可令多少幹部灰心，消極和惱憤。

　　到了近十二時，六三一團團長才蹣跚而來，照例的說了一篇話。什麼 ── 人事開明，經理公開…一些誘惑性的話，令人生厭，難以置信。他原是贛省保安九團團長，任職多年，幹部很多，目前為了「軍心」權用舊官，不久將必採「各個擊破」排擠異己，以樹立他的〝家天下〞。

　　這個新團長架子大多了，說話時三根盒子砲，兩根衝鋒槍巡迴保鑣，好像防備別人要刺殺他，真可笑，也可卑，太俗了，也真奇了！他原來的第一營既未點名也不聽訓，俱佈置在山岡旁，監視我們恐有暴動，這太多疑而可笑了，我們都是一個軍，又不是土匪隊伍改編，何必如此呢？

　　隊伍帶回，團長命明天搬家，晚上吾請假，獨自赴吉安處理私事。

**提注：一、浮生半日閒。**
　　　**二、吉安市區現況。**

五月二日　星期一　氣候晴　吉安

在百忙中偶而偷一個閒，覺得十分輕鬆和愉快！昨晚來吉安，看了一幕，〝韓信出世〞，雖然是蹩腳的班子獻演，但好幾個月沒看戲，又覺得是稀奇的。昨晚及今早的心情，又如三十五年在蕪湖受訓偶而放假的感覺。

在思冬家吃過飯已八點多，跑到永叔路，繞了兩個圈，街上冷寂，各商店懸出紅字「特別大減價，大賤賣！大犧牲…」價錢確比以前減了好幾成，回力鞋只要一元五角（以前二元五角）店主只想脫貨求現，不論貴賤，弄幾根條子和袁大頭，好準備逃難！可惜我沒錢，不能買些便宜貨。

江邊碼頭，汽車十幾輛排列等渡，比以前車數突增，小輪乘客擁擠，家具堆滿船頂，一片混亂，這都是誰造成的恐慌！我聯想到許多問題，我有無限感觸！

中午趕回，又搬了家，地方狹小，如鴿子籠似的。

**提注：全團集合師長點名訓話。師長訓話安撫軍官。**

五月三日　星期二　氣候晴　吉安　齊家塘

這一向總是過著顛倒而不規律的生活，精神上有時難受，煩惱的時間總比歡喜時間要多。

今早七時開飯，唱了一會軍歌又帶到營部集合，九時在團集合場，全團集合由師長訓話，一直候到十二點大駕才到，

本來規定十二時點名訓話，而通報要叫我們九時就趕得來，炎炎的太陽曬得怪難受。

師長山東人，言詞切實，第一，叫我們官佐安心服務，不要為了改編隊伍而有他感，其次，即勉勵實行四大幹，由師長親自點官佐的名，由參謀點士兵名，下午二時才帶回。

疲困已極，一覺醒來已下午五時許，這幾天總是感到睡眠不足，整天混混沌沌，也不知做些什麼。

集合場裡，許多同學同事都說我瘦了，我自己也有感覺，這旬餘以來疲勞過度，休息不夠，兼之營養太差，又受氣，心中又不暢快，精神不爽，當然這些因素都是足以影響身體的。

**提注：劉仲荻軍長點名、訓話。**

五月四日　星期三　氣候晴　吉安齊家塘

今天又要集合聽訓聽點，上午十一時在團集合場集合，候了許多時候，下午一時到了指定地點，北門外小校場，整理隊伍太慢，一小時都調不妥，炎蒸的太陽，窒息似的空氣，口裡乾得發黏，眼裡冒出火花，肺部似乎要焦灼掉。

候到三點鐘，劉仲荻軍長來了，也是肥胖的大肚漢，先來一個閱兵式，繼即訓話，（一）注重軍紀（二）訓練著重於射擊、野外，總之以作戰為主。

士兵由參謀點名，幹部集合，軍長又說了一小時的話，謂本團為二十三軍成立最早之一個團，番號也在第一，希一切真能做到第一，（一）訓練時間不多，只一個月，故一切以適應作戰為主，少講多做，利用時間與機會教育。（二）

家貧出孝子，國亂顯忠良，在此風雨飄搖的日子，就可看出人的忠貞，故須咬緊牙關共度艱辛。

劉軍長的儀態，比李志鵬魁偉威武得多，李軍長也不幸運，部隊還未具模型就調了職，許多幹部士兵都未見面談過話。

## 20　生與死的哲學

**提注：探討人生問題、生與死的哲學。**

五月五日　星期四　氣候陰　吉安齊家塘

看西風信箱矛盾集，談的人生問題真也有趣：什麼叫做人生？說來也是一個虛空縹緲的問題，成為古今以來的懸案；又如什麼叫做生死？為何要生？為何要死？人為何要生存？這些都是不能解答（難以解答）的怪複雜問題。

人，因為有生存的能力，所以他們要活著，什麼是人生呢？就是由出生到死亡的幾十年光陰過程（這也是皮毛答法）至於生死，凡是動物即是如此，沒有某種動物只生不死的，不過在短短的幾十年光陰之中自己善為利用，看你對人生的看法如何：有人說人生以服務為目的，又說以爭取為目的，眾說紛紜，在於自己選取某種人生觀，你自己覺得人生有意義，那末就積極地幹，你自己以為無意味，實在叫人說不出人生妙處。不過極大多數的人還是以事業為重，想在宇宙間幹一番轟轟烈烈之事，也有人抱著想流芳千古，或是遺臭萬年。總之，要看人的靈感與教育程度如何，而對人生問題，做某種角度來觀察或剖析。

**提注：一、池塘水汙濁難飲。**
**　　　二、一連串叛變消息，影響士氣與民心。**

五月六日　星期五　氣候陰　吉安齊家塘

　　住在此處房屋狹小，集合、出操，上課均不便，尤其最感頭疼的就是吃水問題，塘裡的水和井水既汙且濁，全是黃泥，一條白毛巾侵入，馬上就變成重黃色，一盆水澄久有半斤泥污，飲之不能解渴，越喝越渴反使口枯腹脹，這樣的水吃久了，會使肚內出毛病，吃水需用白礬澄過方可。

　　驚人消息！六三七團和溫圳幹總開除的人員叛變了。抗戰沒有叛變之事，剿匪以來一路傳來總是叛變，東北曾澤生和濟南吳化文之叛變，決定了東北、華北之勝負，最近南京叛了一師，嘉興又叛，一連串的事情都是國民黨的致命傷，今後政府大事，還是從扭轉士氣收拾人心上著手，方可扭回大局轉危為安。

　　偶爾一時感觸，會覺到環境的惡劣，人事的不適和可憎！也不知是我自己不行？還是確是環境不良？始終是個謎。自己不能解答，於是我只有委之迷信，什麼「命運」的關係。

**提注：做人處事很難，但要如履薄冰，如臨深淵。**

五月七日　星期六　氣候晴　吉安齊家塘

　　年青人勇於鬥氣，中年以上的人就鬥智，人與人之間處久了，總是難免有些齟齬，因為一個任何型的人，沒有十全十美的，長處短處各具，不過看人處人，要用什麼眼光和角

度來看，個性強的人做事能力必強，有魄力，石塊壓不出氣的人，必是軟弱之輩。

「做事難，處人更難。」這是許多人一致這樣說的，處人做人確是難，假如你太敦厚了，別人會罵你「肉頭呆大」，多說兩句話，多管一點事，又認為「鋒芒太露」有點討厭，真是深淺不得、進退兩難，做人哪能恰乎其中呢？至於處人也是更難，我又不會圓滑，受人的氣當然小氣可忍，大氣則不可忍，偶而說話不留心，或有時表現自己個性，又會被人恨而忌，真使人如履薄冰，步步留心，步步不可疏忽；粗心、豪爽、口快心直的我，真太感到苦悶煩惱極了，入世不久的我，現在又進一層了解「人情世故」的一寰。我想學圓滑，但是恐怕弄巧反拙，還是：「學得烏龜法，得縮頭時且縮頭」吧！少管閒事，多吃飯、多睡覺、多看書。

這就是我的三多運動，是也。

## 21　南昌車隊南下，吉安一片混亂

**提注：一、連上逃風盛。**

**　　二、不願叛逃者，編餘者未適當處裡。**

**　　三、南昌車隊南下，吉安一片混亂。**

五月八日　星期日　氣候晴　吉安齊家塘

今天禮拜，整理內務打掃環境，弄了一上午，營長跑來檢查一下，只因房子如此，內務也就是這個樣子了。

近幾天來，不幸連內逃風很盛，都是一個兩個溜著走的，已走了十幾個——單今天就是五個，原因也很多：1、幹部太

少，照應不及。2、逃的沒有去捉，使他們不知懼怕豪無忌憚。3、住的環境不佳，常出公差，故無法面面顧慮週到。4、樂安的兵，大半是被捉、勉強來的，故思家。吉安的二十九人，大半賣壯丁來的，想逃沒有這樣快就走。

下午 632 團 633 團一批同學來訪，聊天之後引起吾無限感觸，這次 213D 編下來兩百多軍官，統住街上，牢騷滿腹，無法處置，637 團叛變，預幹局同學十幾人不願同叛，逃來軍部報到，而竟遭斥罵不予收容，真太無理又無情，這不是逼人上梁山嗎？他們純潔不願合汙，為何給他們碰釘子呢？

金元券兌銀洋已無法計算，也不知幾千萬，昨晚補四月份餉，一萬五千元，真是令人啼笑皆非！今天又借支五月份二百五十萬金元券，一角袁大頭，不知值不值？真太……。

在我們國度裡，什麼大小事都是只准州官放火，我們上級長官只會刻苦我們下級幹部，叫我們苦幹，而他們自己總是一樣不示範，貪瀆淫奢無惡不作，這樣怎麼能夠服人，使人工作有興趣呢？如今社會真是觸目臭汙！

住在鄉村如在鼓中，又無空常去城內，每天只聽到陣陣妖風謠言，杭州失聯絡？浙贛路不通？南昌開下來的汽車，日夜不斷，江邊輪渡排上數百輛，汽輪渡之不及，吉安一片混亂，流亡學生又搬家南卜贛州，街上人特多，各貨米、南北京貨、雜貨都大廉價，只可惜我錢少，不然那裏能撿到這便宜貨啊！

**提注：注射傷寒霍亂疫苗。**

五月九日　星期一　氣候晴　齊家塘

　　新成立部隊什麼都不能合乎最低理想，尤其本團醫藥缺乏，近日因環境不佳，病兵日增，尤生疥瘡者數十，傳染蔓延日烈！

　　今天午前，營醫官來此注射傷寒霍亂防疫針，吾亦注射，囑須休息三天，禁吃刺激物。

　　凌晨二時方寢，一天不舒服，打針後有些反應，胸部、頭部有點熱，有些昏脹勁。

## 22　預幹局長賈亦斌叛變後，動向不明

提注：一、到軍部幹訓班看看，見到很多青年軍同學，梁庭芳、
　　　　　葉木志也在。
　　　二、賈亦斌局長故事真多。
　　　三、吉安換季群相。吉安市區，日用品缺貨。

五月十日　星期二　氣候晴　吉安齊家塘

　　防疫針的反應很厲害，今早點名，計有五十餘名發熱，十八名肚痛、頭痛，今天故讓他們休息只上課不出操，昨夜吾亦發燒，惟今天吾仍強撐著。

　　午前將子彈帶，彈匣、油瓶配發下班，每班四支步槍，一二四五七班，機槍各一挺。

　　下午三時奉命整隊攜帶械彈、工兵器具，往團部受檢，隊伍回，吾往街去走一趟，先跑到思冬家，恰古毓賓也在那兒，吾之箱子等均放此處，免得來回攜帶不便。

　　五時到車站，吉安師範軍部軍官隊看了同學，老楊家的

幹總亦搬來了，現編四個隊，原來幹總學兵器為第一隊，調訓政工人員為二隊，調訓迫砲隊為三隊，213D 編餘的為第四，聞第一隊即將分發各師團為教官，第四隊接第一隊武器受訓。在屋子裡意外地碰到梁廷芳、鍾效勳、葉木志、何懷旭等。梁係調訓，鍾亦調訓，葉仍在原團，王自立、王克貞均謀面，惟聞王致華調訓，未見，盛中貴、錢華林等亦未見，傍晚時候想都去散步了。

寢室裡我們談了幾十分鐘的話，好像沒有什麼材料，都是苦悶、牢騷、鬧窮…，他們住城內耳目較靈，消息來的快，聽說賈亦斌在嘉興，帶走了四千多人到莫干山，因與保安團打起來，兩個保安團打垮了，但這四千人失去聯絡，分作兩部，兩千餘隨賈局長不知去向與下落，另兩千餘聞隨遇救國團南下，現又謠聞賈部已近南昌，有萬餘人了，一般人均說他不是叛變，報紙故云，他想獨立，不願與腐化份子在一起，至今並未投共匪，其動機仍然不明。

薄幕、上街，想把人人厭惡的一佰五十萬金元券——五月份借支，買點零物，經車站但見各式汽車擺滿站內站外和街道上，南昌的公共汽車也來了，出風頭的摩托卡和小吉普跑來跑去，街上來來往往的人們太擠了，簡直是挨擦而過，有的擺鵝步，有的手挽手，有的急匆匆。他們都懷著各種不同的心情，依我估計這些行人，十人中不過有兩人有事，其餘都是散步的。

前次來此人們還是大袖長袍，這次的服裝可大換季了，有的袒胸露臂，打赤膊的都是胖子，短袖短褲更是普遍，以服裝講起來，吾等軍人可云最禮貌，長袖長褲，除了手和臉

皮都不露。過橋時人更擠，宛如南京新街口，但是這裡的人之心情，不似去歲新街口人心情之安祥，現在的人們心裡總是有些不安的。

　　跑到極熱鬧的永叔路想買些毛巾、襪子等零物，詎知跑了一個來回，除見了些閒散人們外，百貨商店都是財門緊閉，店內暗無燈光，開門的只有電料行，中西藥房，故衣攤、瓷器店等，什麼也買不著，剩些金元券怎麼辦呀？可急煞了我，也令人憤惱！一月的血汗只是一疊廢紙，什麼也不能如理想的買些需要的用品，據一個百貨店和香菸店老闆說：關門原因是（一）只出無進故貨缺（二）賣得的金元券，購不進貨，況南昌七八百萬一塊銀元，此地規定兩百萬一銀元，賣出硬是虧老本，故各店櫃櫥裡都是空空如也，只剩些冷淡貨，這種情形同去年十月南京等都市限價時候一樣，大街小巷跑了幾多冤枉路，只買了兩條肥皂，餘款買了仁丹、火柴、麵包等，一張也不要剩下來。

　　人跑得好累乏，兩腿痠極，茶館裡稍坐一下，回歸途中，遇到哨兵高喊口令，街上戒嚴不准通過，原來因看戲各部隊發生衝突，互相動起武來，而致小題大作，弄得風聲鶴唳，十一點半才回到了營房。

## 23　加緊練新兵，我發明簡易瞄準器

**提注：射擊預習，我發明簡易瞄準器。**

　　　　　　　五月十一日　星期三　氣候曇　齊家塘

　　我們的教練，沒有進度表，只是自己臨時出題，現在為

了隨時有擔任務之說，故教育也不能分出前後期，同時也沒有時間，故基本教練還沒弄完，就弄到射擊預習了。

因為沒有器材，想出了特別方法，用一顆子彈上在彈夾上，在以小紙畫黑圈點於彈夾上，以子彈頭插入槍口，再據槍瞄準，槍可不動，只移動目標，這樣的方法很妙，很容易使人體會，不過初學，有少數人還是糊塗。

**提注：一、射擊預習訓練。**

**二、傅作義自殺？是眞的還是謠言呢？**

**三、吉安一片混亂，城內部隊番號多。**

　　　　　　　　　　　五月十二日　星期四　氣候晴　齊家塘

昨晚突然的狂風暴雨，聲勢逼人，猶如萬馬奔騰，我們的房子，由小漏而竟至嘩嘩大漏，窗口也飄雨進來，四個床鋪濕了三個，沒辦法只有轉移陣地。

今天出了五次操，由彈夾瞄準，而立姿架槍瞄準，跪姿瞄準，大多數人學習精神很好，只少數人太呆笨了，這樣一緊張，因能教育的班長太少，都是自己來，故精神感覺來不及，操作時間反常，太長了，休息過少，每夜至多只睡六小時，白天一小時午睡，其他都是勞動，從六點起床到十點睡覺，除午睡至少要工作十五小時，營養不夠，身體補充來不及，這怎麼叫人吃得消呀？

住在如鼓裡的鄉村，猶若世外，時時傳來各種不同的消息，令人疑信參半，也是我們國家太窮了，最好每連一只收音機，或無線電裝備，可收來各方消息。

北平的傅作義自殺了，可惜他一世英名，只為投降共匪而至萬人唾罵，萬死不能贖其身，現在不明不白的死了，引起好多人對他各種不同的批評。

戰事方面無大接觸，夏威兵團自潯撤南昌吉安一帶，方天也來吉安，據云夏威演了逼宮，逼走了方天，想取而代之作江西主席。現樟樹已有匪軍活動，匪據臨川欲由南城、臨都、而窺贛州，現前方撤退下來的部隊，軍紀壞極，八都、吉水一帶人民跑光了，現吉安也十分混亂，都在跑反，有錢的早跑了，用車、船裝走了，現只有小康與貧苦之家，不是逃錢而是逃命 —— 往鄉下逃。

第八綏區番號很多，到了吉安有四個，吉安城內滿紮部隊，街上來往的都是丘八們。

在這動亂的時候，一個人一定要堅定意志，不為一切邪念所動搖，不為一切惡勢力所屈服！

好像也是一種定律似的，愈是打勝仗的部隊軍紀愈好，反之，打敗了的殘兵敗將就無所不為了，愈如此則愈不能致勝，「兵敗如山倒」倒下來的山石要會把地物壓壞的。

**提注：沈發藻司令校閱部隊，只是騎馬跑過去。**

五月十三日　星期五　氣候雨　齊家塘

今天下午二時，沈司令官發藻檢閱本軍。準備了一上午，十時就集合到團部，一會兒發幾道命令，命攜背包，一會又不攜背包，多跑冤枉路。

一時許到了飛機場，時狂風驟起，陰雲密佈，風越吹越

大，簡直人都要倒，司令騎馬跑過亦未說話，隊伍旋即帶回，天空不美，傾盆大雨，本營皆未攜雨具，鼓起氣，一個急行軍趕回營房，都成了落雞湯，濕衣穿身還不覺冷，陡換乾衣，似乎發抖，畢竟風太大了，把天氣吹寒了。

下午加餐，雞炒臘肉，管他的！先喝一杯再說。

**提注：王創燁團長又回來了。**

五月十四日　星期六　氣候晴　齊家塘

本團團長又換了，蕭團長因病調副參謀長，團長又由前團長王創燁接充，副師長宣佈之後，說了些鼓勵的話，並解釋現在做事已不是「一朝天子一朝臣」的時代了，是做事並不是因人。

今午又是吾接值星官了，下午不出操，打掃環境後整理內務，服裝與儀容，以備明天檢查。

**提注：團長檢查內務。**

五月十五日　星期日　氣候曇　齊家塘

一大早起來就忙著內務，直搞了一上午，一個訓練部隊就特別注意這些事。

本連住的環境很壞，士兵寢室太小，整內務也真困難，整了半天還不如理想，把隊伍集合，候著，望眼欲穿，急煞吾也，等到下午三時，王團長才隨各營營長來此，隨便的看一下寢室，抽檢了幾支槍，因新兵擦槍不得要領，故好多沒

擦淨。

**提注：本人將調軍部幹訓班軍官二隊**

　　　　　　　　五月十六日　星期一　氣候陰　齊家塘

　　畢竟是黃梅的時候，晴晴復陰陰，陰陰復晴晴，我們本連的營房太狹了，一下雨可就糟了，寢室擠得不能轉身，這還不算，既無講堂也沒飯廳，集合場又小，一雨就濘，真是太彆扭。

　　下午出操回來，趙琴等到這兒來耍，他調第五連，與張子麟對調，命令上有我的名字，是軍官二隊的劉世泰同我對調，我亦並不詫異，到軍官隊去也好，休息一個時期再講，不過一個人總是念舊的，忽而異動心裡總有些觸動，離開第六連倒沒什麼留戀，就是相得的同事，與純潔的士兵們，一旦分離心裡有些難過。悵然若失耳！

**提注：一、離職前思緒紛至沓來。**
　　　　**二、酈連長、王積均隊長金玉贈言。**

　　　　　　　　五月十七日　星期二　氣候雨　於雕塘 ── 吉安。
　　　　　　　　　　　　　　　　211D、631R、2B、6 連

　　「做一天和尚敲一天鐘。」在沒接到命令以前，還得要照常做事，今天天公不美，愁雨不斷，早操也不能做，只好在寢室上課。

　　人的環境有了變遷，各種思索與憧憬就隨著而來，雖然

吾不動聲色，若無其事的仍幹著，但接我事的排長已來了，他有命令我還沒接到命令，在一起吃飯，心裡總另有一種感覺。

預兆並不是迷信，昨天我掉三次飯碗於地，當時我暗想，第六連的飯真的吃不成了嗎？果然靈驗！

什麼都不值我留戀，只這帶了近一個月的班長弟兄 ── 純潔的一群，卻令人捨不得！這些弟兄都是我親手訓練，現在差不多能用了，耗費幾多心血！精力！為他們犧牲了多少精神與物質，創成江山讓人家坐，豈不可惜！

我想到今後的出路，前途茫茫，何處是歸宿？

真怪！今天我的命令還未接到，出操後連長要我交值星於王，讓我休息，當我說明了調職原因後，第一排好多人有些難受顏色，三班曾順康哭起來了，人究是感情動物，相處一天有一天感情，我的喉也硬了，哽咽說不出話。

晚飯後上街吃茶，邀陶、劉、張同往，張子麟亦由五連調訓，今天他連上班長弟兄與他餞行請酒，堅持我陪，酈連長亦來。席間酈云吾之調係人事問題而不是環境，我恍然大悟！青年人往往抱不住火，意氣用事，必招人忌。記得齊梁三中隊長王積珣，在我們分發之前，有贈言，至今猶未忘，若能聽他話何至如此？不過總算幸運，自己留神沒犯大錯，不然決無這樣的輕鬆調職。酈繼囑吾：知己只能說半句話，不可老實全盤托出。古人的「逢人只說半句話」格言，吾儕應時自牢記。

吾之缺點，就是不能「慎言」今後宜切記之。

## 24　讀曾文正公家書

**提注：一、讀曾文正公家書。**
**　　　二、631R 三營七連趁夜叛變。**
**　　　三、與梁廷芳談未來。**

　　五月十八日　星期三　氣候陰　於吉安 23 軍部　幹訓班迫砲隊

　　讀曾文正公家書抽閱幾篇，曾國藩在個人方面是成功的，但以國家民族而言，有令人質疑之處。渠之詞句讀之易解，訓弟尤詳，他說一個人需具有沖淡豁達之氣，在緊張的環境裡亦須有沖淡之修養，愈艱鉅之事愈不可操之過急。如諸葛亮言「淡泊以明志，甯靜足致遠。」吾人做人修身要效曾國藩。對事業對國家，就要像諸葛亮那樣努力，為了國家並不顧惜自己，即所謂，鞠躬盡瘁死而後已。

　　今天起身很遲，吃飯後把隊伍與武器彈藥，集合，點交與副連長，免得責任仍負在身，現在可拍一拍，跳一跳，真是無官一身輕！

　　本來我可以不交，因為未接到命令，但接任的人已經來了，在一起總是尷尬。

　　早飯後邀子麟同往團部查取命令，詎知命令未至團部，云在幹訓班，團長乃命寫公函前去，列冊計十二員，費了兩小時才辦好。

　　團長室的前面，看守所裡李雲長在內，團長正與張連長談話，原來昨夜三營七連叛變，全連官兵一百餘人攜械於十二時拉走，當時一三營全體出動去追，今晨七時，二營四五

二連亦去人追，現尚未回，張連長在城看病，現被傳訊在押，特務長、副連長全押。這個事情真是出乎人意料！團長也大傷腦筋。

下午到了軍部幹訓班，在班本部查到了命令，本欲即行報到，因連內手續未清，報了到不便離開，只好明天再報到。

在王致華處一塊吃過飯，即陪梁廷芳到茶鋪吃茶聊天，我倆又重新拾起了以前的計畫與打算，有些近乎幻想 —— 雖然這是高超的理想，但目前說來總難實施，如共同生產共同消費、食物配給，生活軍事化，食衣住行之改造，農業機器化…等等均非易事。

今晚本欲回去，因聯勤總部特勤署劇團在此演平劇，這劇團是以前南京新街口軍人招待所演過的，我想欣賞一下。

天氣太熱，老胡兄富林約吾沐浴，數月來未入浴室，今日可大大的清潔一下子。

## 25 計畫去台灣

**提注：一、計畫想去台灣。**

**二、告別二營六連弟兄們，依依難捨。**

**三、吉安江邊一片混亂。心情差、心緒亂。**

五月十九日 星期四 氣候雨 於吉安 23 軍部幹訓班

號角驚醒甜夢，似猶在雕塘，睜開眼已在軍官隊矣！急洗面後偕吳昇平一道返雕塘，在小茶鋪裡我兩人打開了話匣，彼此咸以環境惡劣，整個前途難樂觀，故欲急離求出路，而何處有枝可棲？曰「台灣」。而赴台行程既遠，路途多不

便，是否一路順手還是問題，尤以路費一項更為大問題。一路上我兩研究討論著，再談到目前情形更是搖頭一嘆。

同子麟到我連休息，四老闆（劉勝漢）和王老闆光龍都裝糊塗，還說不清楚調我的原因，有點突如其來。

在陶處吃飯休息後，打好行李，與同事士兵們告別，熟悉的一群，親熱的呼喚，令人有些留戀、難受！這每一個面孔，每一塊泥土都令我難捨！好像有緣。周、鍾、丁、譚、郭五個弟兄送了一箭路，欲言無語。熱烈的握手後，我終於放大步掉頭走了。

陶送張與我至城即返，我與張本欲立即到二隊報到，因聞人言二隊鬆弛，雜亂無緒，一隊已正式開訓上了軌道，可能一隊─即迫砲隊，又名重兵器隊。優先分發工作，

二隊則遙遙不知何期？只有待班副主任高家俊回來時當面報告，請求入一隊受訓。

一陣陣莫名的情緒，衝擊人的心靈，我同張，蹀步街頭，一片混雜之聲，大商家關門閉戶，只有軍人，地攤，破爛小舖在營業。江邊更不可形容，船上滿載傢俱、露天茶座客常滿，江邊大半都是閒人亂竄，少數人在碼頭守候覓人。

跑了幾圈腿也酸，到小館子坐一會，一年未見的炒麵又得親芳澤，可惜調味不佳。

今天的心情特別亂，紊亂得神昏如醉，不知早晚，不知飢渴，失去靈感與知覺似的，越接觸的人多，越見的事物聽的事情多，更是處處增加煩惱！沒有聽到好的消息，也更沒見到痛快的事，沒有一樣事情，使我眼皮清涼一下，使我心情放鬆一下。

　　我沒法平靜心情，似乎要發狂，而處處又是麻木的樣子，發怒找不到對象，發狂更是沒用，混亂的情勢下只有先安心情，盡量的少說話，少接觸沒用的事物與人，更不必多管閒事，先把「心」安定起來，才能澄清腦子的思潮。

　　在任何環境中絕不能以「人是我是」「人云亦云」要獨具慧眼，凡事冷靜三思，要有高超的理想，絕不可糊塗，自蒙自欺。

　　黃昏回到幹訓班，高家俊問了幾句，如願了去迫砲隊，向隊長、區隊長處入了冊，把床鋪搞妥，這算是食宿有了著落。夥計！稍安一時吧！


　　　　　五月二十日　星期五　氣候陰　吉安23軍部幹訓班
　　在齊梁住了月餘的幹訓總隊，下連工作剛剛三個月，如今又回到娘家了，真是有些慚愧！不過此次係軍部調訓，各團都有十幾員帶兵官。

　　今天的幾次操課，都是火箭筒的基本教練與射擊預習，教官都是前第一期同學。

　　到這裡雖操課緊張，但夜間總算可以不站衛兵了，處於學習地位，並不大動腦筋，覺得在此比在連上舒適多了。

　　環境不滿人人發怨，尤其人心渙散不安，第二隊已有多人自己離開，自謀出路，本隊也有人議作退計。


**提注：一、當前各前線戰況，消息都很壞。**

　　　　**二、軍長、師長、談話。**

　　　　**三、大局緊張，大家都在談應變。**

　　五月二十一日　星期六　氣候雨　贛吉安軍部幹訓班迫砲隊

　　共匪近採「速戰速決」手段，動員一切徹底全線進攻，西北聶榮臻、徐向前等向陝、綏、進犯；東南劉伯誠、陳毅、陳賡亦發動猛攻，上海近郊全線激戰，反覆肉搏，幸有被迫參戰之日軍萬餘投誠，戰局改觀，豐、南、樟三角地帶有小接觸，新淦聯絡一度中斷，九江撤後，南昌漸呈孤立，株州受威脅，閩之福州亦疏散，廣州亦疏散，政府再遷渝之消息，尚未證實，漢口安全撤退，一切順利。

　　上午講輕機槍重要諸元，既分解結合，得益不少，蓋吾只會使用，而不會細拆卸也。

　　下午魏蓬林師長訓話，關於剿匪戰術方面講述甚詳。

　　昨天軍長個別談話，詢及有無參加戰役？及係調訓或編餘？

　　晚點名許隊長說話，云及吾等開始教育已一周，下星期二即實彈射擊，星期三分發下連，調訓者仍回原單位，編餘另派，現教育時間很短，須自己奮發努力學習。

　　局勢日變，軍部令各官長眷屬自行處理，部隊準備隨時出發，並令打背包架。

　　街上來往全係軍人，百姓們看報談應變問題，公教人員也在談應變，即我們軍官中也有人在大談「應變問題」，唉！

　　五月二十二日　星期日　氣候雨　吉安 23 軍部幹訓班迫砲隊

　　吾閱書最大缺點就是沒有恆心與耐心，只涉獵而不專精，每一部書不能按序而閱，只是抽看或倒看。尤其最近心情不寧，看書好像是很不耐煩的一件事。

　　我們訓練的時間太短，進度也太快速了，今天重機槍與衝鋒槍只做一次的分解結合，重要諸元與各部名稱還是弄不清楚。

　　今天雖禮拜，為了操課十二點才放假。天雨無處可去，心裡總好像有事需要出去，但又究竟不知何事？

　　晚飯後才出街，照例江邊溜一趟，沒什麼意思，跑到國風書店看書，天黑才回。

**提注：一、江西省保安團與二十三軍衝突，保安部隊強佔營房，主動攻擊軍部，警衛營未抵抗，軍部幹訓班嚴密防守。**

**　　　二、軍部遭重兵器射擊，警衛營撤退。**

　　　　　　　五月二十三日　星期一　氣候陰　吉安迫砲隊

　　早晨又是輕機槍分解結合，午前高班副主任談話，云明天十點鐘就是要舉行結業典禮，下午分發，學習時間只有今天一天了，要切實地把握時間。

　　中午十二時許，課後正待午睡，忽見同學們自外喧嚷而入，云西南有槍聲，街上秩序大亂，商店皆閉門亂跑，不知何故？話猶未了，忽聞外面槍聲大作，由遠而近，十分清晰，且槍聲很緊，輕重機槍衝鋒槍，都在屋頂上亂飛，

　　似由郊區向市內射擊者，吾等大夥即跑到大門口，只見警衛營的士兵，攜著槍彈行李跟蹌跑來，隊伍很亂，槍也跌泥了，人成了泥球，據云他們的營房已被人佔去！軍士大隊也撤出營房！這突如其來的情況，令人驚駭！匪軍來了不會如此的熟悉容易，因四郊都有本軍的隊伍，那能一下就鬧到

軍部附近？以情理推測：（一）部隊打靶或試槍（二）部隊雙方發生摩擦、衝突與誤會（三）縱有敵情恐也是少數竄擾……。

大門口、講堂、寢室裡，同學都在議論紛紛，互相談論揣測此事，正在這時槍聲更密，愈近愈緊，火線就在後面，隊長乃集合各區隊分配任務以防不測。我三區隊守廁所一帶圍牆，只見牆外五十公尺附近，菜圃、馬路上都是保安團的官兵，我軍警衛營的士兵向本隊撤，奇怪！要說他們是對匪警戒，為什麼保安團的槍向這裡打來？

為何機槍向這邊架著？真叫人不解。

下午一時至二時，是火戰最激烈之時，二至三時槍聲稀疏，三時以後才沉寂下來，這時各種傳說就紛紛而來，（一）有云係因昨天二一三師繳了他們五支槍，今天特來報仇。（二）云係他們（指保安團）強搭汽車被抓下來，憤而衝突。（三）係因聯勤部不撥給他們汽車。（四）與汽車連誤會衝突……總之，從哪一個跡象看來，保安團總是與我們對壘的，要時刻警惕不可疏忽。

**提注：一、保安團爲了借機槍事而向軍士大隊，警衛營攻擊，造成傷亡，又俘走官兵。**
**　　　二、娘娘廟軍部械彈庫被劫。**

而他們距離這樣近，目標這樣明顯，但沒有命令我們也不能射擊，空著急，奈何？

　　見到軍士大隊教官葛天民，他身歷其事，聽其訴說方悉一切，起因是為本軍向他們倉庫借了二十挺輕機槍，他們心中不服，意圖報復，故在三天前就有了企圖，今天上午他們就在汽車站及吉州中學四周佈置，警衛營住吉州，軍士隊住對面廟裡，我軍無備，他們突如其來就包圍該處，突行射擊，軍士隊，警衛營因地勢不利，倉促攜械出屋與之對抗，奈限於地形，軍士大隊長陣亡，警衛營傷亡數名，軍士大隊官兵被俘去一半，約五六十人，警衛營俘去較少，被俘官兵是軍長同鄉就扣住，外鄉人就放之，葛就是被俘放掉之一，軍士大隊，警衛營，損失公私物品無算，實是太可惜！

　　此外保安團更大膽的把衛生營槍繳去，把娘娘廟的軍部械彈庫也劫走了，我們這一帳可算不清了，械彈和傷亡，而我們如此吃虧，為何還不下命令叫我們射擊呢？堂堂一個國軍，受保安團的活氣，這樣將來能抬頭嗎？應該迅速的把各團調來，給他一個大包圍，能和就和，不和就打！豈能叫他們撿了便宜就逃？

　　為了緩和這件事，方天主席、副司令胡素，都到軍長家談商，而胡素下了三次撤退命令，他們還在山上做工事，僅把菜圃、馬路等不利地形讓出，好射擊機會也失了，空懊悔！奈何！

**提注：青塘村黃思冬家取回箱子。**

　　晚飯後，我冒險地跑到青塘村把小提包拿回來，那裏面的不動產就是我的重要證件。幸而未失，驚喜交集！快步走

到娘娘廟，見物品淩亂，令人惋惜而氣憤！幾多好武器，好手槍，好彈藥，都讓人家輕而易之拿走。

**提注：631R、944R、945R 都開來吉安。**

五月二十四日　星期二　氣候曇　吉安幹訓班迫砲隊

昨天的事情，經整日會商仍未解決，對方態度強硬，山上工事仍為其所據，昨夜六三一團三營已開來城。午後，944、945 各團人馬都浩蕩開來了，經過市區向近郊佈置，隊伍十分整齊，有這樣雄師為何還受人欺？

昨天騷動仍未復常態，商店閉門大吉，取而代之是地攤。飯後理髮、沐浴，同梁廷芳花去一塊多，自到二十三軍如此擺濶到大理髮店還是第一次哩！

**提注：軍長訓話，說市郊事件**

五月二十五日　星期三　氣候曇　吉安　廿三軍迫砲隊

本預定昨天上午結業典禮，因前天市郊事件而延期舉行，由於事件仍未解決，故我們還任警戒，並加發彈藥。

前天之事，報紙稱為「市郊事件」，市民極關切其變化，然報紙仍不敢詳述，含糊其辭，只云「順利解決」云云。

下午軍長訓話，對市郊之事件詳加解釋、檢討，並對吾軍官隊機警迅即應變，致使軍部安全，慰勉再三，我們還要延訓三天，練習射擊技術。

今天街市三次妖風，市民亂跑，結果沒一點事，只是人

們打架，想有匪諜趁機造謠所致。

**提注：各地戰況、吉安現狀。**

五月二十六日　星期四　氣候曇　吉安幹訓班迫砲隊

上海戰事激烈，四川北路蘇州河已在爭奪，西安撤退，新淦有小股匪竄擾。

吉安市區尚不如南昌之正常，市內商業仍停，尤其秩序混亂已極，城防部太無能，不能使市容恢復。

午前欲往 631R 二營去，天雨折回，下午他們都來了，接住 944R 的文山中學，944R 已開吉水那邊。

車站汽車整天不斷，混亂得很，都是逃難者，說也奇怪？這裡的人向外省逃，而湖南人又逃到這裡，到底哪兒是後方？哪兒安全？

**提注：戰況摘要。**

五月二十七日　星期五　氣候曇　吉安迫砲隊

共匪分四路猛撲，陳匪毅指上海，徐向前，彭德懷撲陝西，劉伯誠由皖渡江，由豫、贛而湘、桂、川，陳賡則趁隙竄贛、閩、直指廣州。

**提注：213 師胡信師長訓話**

五月二十八日　星期六　氣候曇　吉安迫砲隊

近來人心浮動，什麼人都在計算著「應變」為自己打算，

謠言紛起，政府軍失敗就在這裡。

　　午後 213D 胡信師長來此訓話，他用很誠懇的語氣，謂 213D 的一批下級幹部全係老百姓，下去不要同他們發生誤會，須負管理教育士兵之責，對同事亦須具潛移默化，並加勉勵。

**提注：軍長、參謀長訓話，市郊保安團事件已解決，送回部分械彈。**

　　　　　　　五月二十九日　星期日　氣候雨　吉安迫砲隊

　　昨下午軍長訓話，云及戰術方面，及美國教育方法，與我們教育方法之比較，嗣並云保安團事件已解決，械彈送回一部份，以後警戒需注意。

　　今上午，新任參謀長溫某訓話，亦云教育管理等方法與手段，庸俗之氣十分可厭，同老胡是一樣的膿包。

　　傍晚陶炳文來訪，云及方連長轉告，規勸數點（一）剛氣、驕氣須去（二）做事不負責。我很感激，人非大聖有過必改，人需要批評，自己缺點看不出來，需要有勇氣來接受忠告和批評。

　　今晤劉勝漢、安學明，述談甚久，都是同病相憐同聲慨嘆！現在長官用人都是舊式的「愚民政策」用「奴才」以便控制，而不用「人才」來做事。

# 26　迫砲隊結業，分發 213 師

**提注：幹訓班迫砲隊結訓**

五月三十日　星期一　氣候雨　吉安迫砲隊

上午十時許，舉行二三隊及一隊開訓、結訓典禮，軍長蒞臨主持，訓勉有加，並云及帶兵方法，班副主任與教育長、監察組長均演說。發下結訓證書，由同學何志高致詞，歷時許禮成。

**提注：一、籌辦同學錄**
　　　　**二、領分發命令**

五月三十一日　星期二　氣候曇　吉安幹訓班迫砲隊

肚子壞了，拉痢，如廁頻頻，想是食物不慎，起居不良所致，以後應當注意生活。

為辦同學錄，上店問價，太貴，還是自己油印，街上人增加了，都在辦節貨，尤其粽子充斥，因為明天是端陽佳節，設若屈原先生在此世，他的牢騷當更多了。

中國人多不遵守時間，原定下午二時頒分發命令，結果候到七點鐘才舉行，先發一元錢，再喊名發命令，吾在 213D，計 54 員，均以副營長、連長、及連附職，名字還是軍部附員，這也不知是何用意？既下連為何又要如此？鬆也不好，緊也不便。

**五月大事小統計：**

（一）聞上月賈亦斌局長率嘉興預幹總隊數百人出走

（二）5.18 調軍部幹訓班迫砲隊

（三）上海撤退，人心不安，市區人們逃難

（四）5.23 本軍與保安團發生衝突，造成「市郊事件」

（五）南昌失而復得，得而復失

（六）月底幹訓班迫砲隊結業

兵荒馬亂的街頭即景

**提注：一、偕張子麟到 213D 先行報到。**
**　　　二、端午節在黃思冬家。**
**　　　三、懷念徽州徐俊榮隊長夫婦。**

（端陽節）六月一日　星期三　氣候曇　吉安幹訓班

　　人家自尋煩惱，而我的煩惱都是天上降下來的。這一次的分發，竟也如願而料到的至 213D，原六連的兵，自我走後也逃了幾名，多疑的方連長竟以為是我的勾引，其實最近吾沒去連上，與吾何干？我不在那兒幹，走了兵我還負責嗎？

　　昨天一天的餓刑，身體哪能復原？加之今天太疲勞了，上午七時跑到十時回來，下午送老張又是兩小時，到晚來腿也提不動了。

　　午前到街上買些包子及小餅，預送黃家，這裡的風俗跟皖省也是大同小異，除吃粽子外，還有大蒜、鴨蛋、包子等，此處一律燒字香、插艾蒲、吃雄黃酒，也是一樣，小孩子皆著紅黃的新衣，城河邊有小舟競划，有鑼鼓而無其他設備，這也叫「龍船」！更有許多人看哩！

　　小孩們穿老虎鞋戴「香袋兒」的沒有。今天照例的各業閉門，逛街的閒人特多，表現贛江西岸最前線的大鎮仍是如此安祥。

　　今天實驗劇團上演「白蛇傳」我也沒功夫去看，中午同劉斌、子麟在那兒 —— 思冬家吃點心，見了別人的天倫之樂，引起我思親之感。

　　回首一年之間，三百多天之中，竟也有如此大轉變，去年今日，由潛口駕車至徽城俊榮家渡節，而今安徽全部皆入

魔掌，京、滬、杭、漢、長、瀋、濟、徐、平津、並蚌、蕪、
潯、南、樟，十六個交通中心及繁華都市都換了政府，一年
前的今天，誰會料到這江西來過節？

　　心情之亂，莫過於今日，同學們大半到差去了，我為了
辦同學錄，還得留在此，也無處去消遣，若有事事，若有所
失。

　　過節那有賣吃的？只在小舖吃了一碗粉，昨、今兩天也
夠虐待我的肚皮了。

**提注：同梁廷芳宿街上茶舖。**

六月二日　星期四　氣候曇　吉安幹訓班

　　昨夜同老二在街上茶舖抵足，自來吉安住街上還屬首
次。鬧市的早晨別是一番的情景。

　　今早精神較昨爽快多了，吃罷豆漿轉來，預到思冬處，
耽擱時許到黃家，子麟恰在。吃飯後同梁廷芳及張子麟等到青
青攝影，把這霉氣拍去吧！

**提注：離開軍部往 213 師、638R 報到。高塘墟、何步橋、鄭頭。**

六月三日　星期五　氣候陰　赴師團報到途中

　　今天是「青年軍復員三周年紀念」的日子，「六三」這
個劃時代的一天，如何隆重！可惜老早也沒籌備，今天我要
到師團去報到了，不然此地同學很多，可以聯絡一下，召集
開會慶祝，或寫些標語張貼，如這樣不聲不響地過去，太失

去我們的偉大意義了。

　　晨起同吳、張去約老何，詎志高兄已先行，我等三人即至菜市，覓了三部黃包車，為顧慮方等的暗算，不走車站。今天又是來 23 軍第二次由軍官隊分發到差，而且還是213D638R，不過今天的心情，與二月一號的心情又截然不同了，那時候抱著服務的熱心，欣然而往，這一次呢？幹了幾個月的排長，飽嚐風味，迭受刺激與打擊，今天心情是如巨石般的重壓，意志猶豫，百憂千愁，無數的主義與打算，唉！入世不久的我，偏有如許煩惱，我覺得入社會越深，煩惱與憂愁當更多。

　　近九時到何步橋，師部已遷鄭頭，聞軍部將遷此，接駐師部地址。吃了點心，過了河，行五里路到鄭頭，在師部報到，參謀批到 638R，同吳、胡等到街上吃飯，又在政工隊閑談了一時許，子麟已分在副官組，胡在警衛營。638R 駐高塘墟，距此尚有十里路，我二人即赴該地，團部住一個大村子，見了團長報了到，團長云尚未接到師長命令，同時報到的尚未齊，等到人齊，師命令來了一齊分發下去。

　　我同吳昇平在團部附近，找一間很安靜的民房，暫休息兩天也好，等命令到了再說。


　　　　六月四日　星期六　氣候雨　高塘墟 213D、638 團部
　　昨夜頻受蚊子的侵襲，因地濕不潔故而蚊蟲特多，且大得出奇！
　　高塘墟是個偏僻而小的集子，位於河岸，房屋遠不及我

們住的村子，這一帶的建築物，比吉安以北的偉大多了，都是一幢幢，粉牆烏瓦，高樓小窗，尤是我們住的村子太好了，這在江北還是罕見。

連陰和梅雨更會令人有愁感，早飯後作竹戰，四個人桌子上開心，倒也解去憂悶，這也是鬆解精神的好辦法。

**提注：一、沿途見散兵游勇很多，政府未妥善收容，有的途中被劫。**

　　　**二、惡夢連連。**

　　　**三、宣傳工作十分重要，國軍做的顯然不夠。**

　　　**四、213 師全係募兵而來，幹部都是鄉鎮長、保甲長。**

　　　**五、軍長派下來的幹部遲遲未下連。**

　　　六月五日　星期日　氣候曇　高塘墟 213D、638 團部

這幾天馬路上三三兩兩的散兵很多，他們都是南京、蕪湖一帶撤退下來的，因找不著部隊，也有被俘後放出來的，現在他們都向湖南、贛州、廣東等處走，已走了月餘，形狀十分狼狽！可憫！據云他們在匪區還通行無人管，不過沿途百姓跑光，食宿困難，到了政府區就盤查很嚴格，甚至有的軍隊逼收取財物，言之痛心！怎不令他們感到灰心呢？千山萬水的奔回來，既受不到招待或收容，連吃飯都成問題，僅有的財物也被搜光，國軍之失敗就是不能貫徹命令，我相信高級指揮官總不會叫部下放縱的。

此次長江沿岸國軍撤守，都未能完美達成任務，雖未打，而損失亦不小（如兵員、軍火、軍實）

吾最忌只講空話，而不實地幹的人。

同時也討厭口蜜腹劍的傢伙，越說得縹緲不合實際 ——其實很動聽 —— 越令人要提防！

昨夜怪夢驚人！戰場上死屍疊疊。同時蛇多如麻，又見小方來此覓人，問之不答，門口並有兩人把守，幸吾握槍在手，但矇矓間又醒了。夢是三次做的，醒時心尚別別亂跳！

閱抗戰叢刊「宣傳技術」獲益很多，斯時士氣之振作，民氣之蓬勃，莫不因宣傳而收效，剿匪以來，處處失敗，也就是宣傳不夠，士氣不振，民心背離，尤其本軍根本未展開該項工作，政工處等於虛設，政工隊也是吃冤枉糧。

人的情感衝動，也不是偶然的，自來此已三天，悶住吃飯，寂無消息，今下午開飯又出花樣，副官叫士兵統在團部門外集合開飯，同時還叫我們軍官站隊集合，手裡拿著點名冊，可真惱人！又不是新兵，何必集合站隊？故我們都不理他，受了多少次的訓，還來從新入伍嗎？可也太蔑視人了。人總是有血性的，我可發了脾氣！副官沒法，只好請我們自行添飯就位。

以前的老 213D 全編成了 211D，現在的 213D 都是招募的志願兵，胡信是國大代表，都是他的子弟兵，因這裡的中下級幹部程度不齊，尤其下級幹部，全係保甲鄉長幹事之流，故而軍長看到這一點，由 211D、315D 調訓許多中下級幹部，並把以前幹訓班的人，統分發到 213D 任教官，使這一批半軍半民的傢伙，得上真正軌道。早日把兵練好，可是團長等中級幹部，就誤會了意思，妒忌起來，分發下來的人都不高興接受，放在團部，遲遲不叫下連，聞 637、639R 分發的幹

部都下了連，說起來真令人氣憤！

　　　　　六月六日　星期一　氣候雨　高塘墟 213D、638 團部
　　憂風愁雨真是惱人！心中時覺有所事事，而不時又感煩悶無聊，我這個人真矛盾。

　　午後又竹戰八圈，誰知也挺傷精神的，長久未廝殺，覺背酸手軟。

　　本團幹部很多，原有的和現分發的竟倒演起雙簧來，我們這一批十幾人也不叫下連去，聽說成立軍士隊，我們任教官及區隊長。

## 27　戰局變化大，閻錫山組戰鬥內閣

**提注：閻錫山組閣 —— 人稱戰鬥內閣，戰局變化大。**

六月七日　星期二　氣候雨　高塘墟 213D、638 團部江西吉安 —— 23A

　　連日的淫雨，河水突增。

　　團成立教育隊，由各連送軍士九名訓練之，我們才派下這批人，擔任區、分隊長及教官，今天起，都要到隊內營房住，伙食暫由迫砲連維持。

　　今天才看到五、六號的報紙，閻錫山組閣，係「戰鬥內閣」與何應欽之「和平內閣」正相反，國內局勢正醞釀大的轉變，英法美都在考慮是否承認中共。陳毅自佔滬，正整補待南下，劉伯承及林彪部將在湘、贛、鄂發動大攻勢，這暫時偏安的贛南一隅正面臨暴風雨的前夕！

　　下午，討厭的雨仍不停地下著，河水看看就漸漲，因此

處地形低，故河水泛溢到村裡來了，屋裡也進了水，團部都搬樓上，幸我處無水，據說這漲水，是多年僅有的事。

**提注：連日大雨，高塘墟村子進水。**

六月八日 星期三 氣候大雨，大水漲 高塘墟 213D、638 團部

　　幾個同仁在一起談起來，總是談著談著就接近了牢騷！真是自尋煩惱，何苦？沒事還是向樂處想，談話也要尋開心才好。

　　今天閱「組訓、情報技術」第二節 —— 組訓工作與社會之關係，猛想起老二和我的理想太天真了一些，同時亦慢了一步，理想社會主義者蘇維埃，正與老二（梁庭芳）想法彷彿，社會主義國家蘇聯之經濟設施，如集體農場與大工廠區的建立，無非向這條路上走。故社會的安定與繁榮，須視各份子的工作，要分工合作，做合理的分配，相互配合，方可趨進步。

　　今天雨仍落著，山洪暴發，水位增高，河水沖堤，泛濫到村裡來了，臨窗一看，其勢洶湧，附近幾個村子全浸了水，屋子、樹、牌坊、塔都只剩了半截在外面，團部及各營都上了樓，大樓船也在田野橫跑起來，四周一片汪洋，大水把我們圍困住了，我處地基尚高，但到下午，水由天井溢出，最後竟破門而入，徐徐漸漲，先入堂前，再進內房，一忽我們的房間水已過足了，真也有趣！如坐水牢般，都坐在高凳上，每個人都不能著鞋襪了，都是捲起褲管，無論男女都在水裡跑來跑去，這樣的情形，我還是第一次遭遇哩！哈哈！

　　伙食成了問題，因水深與迫砲連失聯絡，客氣的房東周老太，喊我與老吳在她家吃，沒法，只好厚厚臉皮。

　　至夜晚水又漲了，房間不能住，房東和我們都搬到了樓上，樓上很好，沒有蚊子蒼蠅。

## 28　讀沈從文、謝冰瑩日記，寒星山居日記

**提注：一、樓下淹水，夜宿房東家樓上，共住一個大房間，祇用一條被單相隔，十分尷尬耳！**
**二、閱謝冰瑩從軍日記、寒星山居日記**

六月九日　星期四　氣候雨　高塘墟 213D、638 團部

　　昨夜睡的倒也舒適，沒有風也不冷，更無蚊蚋的叮咬，不過有些擔心，水會漲大把樓下淹沒，故夜間起三次，先兩次見水微漲，心中兀兀！第三次在早上五時，見水已退，乃放心大睡，八點多鐘才起床，院內、房內、堂前之水全退盡矣！心中好不暢快！不過昨夜有點彆扭，房東她們鶯鶯燕燕的一群也在上面，沒有房間門戶隔住，她們雖信任我們，大大方方的，但自己心中總是說不出的尷尬，尤其這兩天沒上迫砲連，全在她家吃飯，故太感難為情，但水深過不去又怎奈何呢？

　　午後續寫「憶」。

　　下午水漸退，不過村外水尚盈膝，晚飯後到團部及迫砲連看看，人們都登樓，樓下仍有水，逃水難，坐水牢，這情形也挺好玩！到高塘墟去見民家都在打掃泥汙，買不到蚊香，心中突感愁悶，二兩老酒一澆，管他的！麻醉麻醉。

　　晚閱「日記文作法」謝冰瑩的從軍日記寫得天真、大膽、蠻有生趣，筆法頗生動，「寒星山居日記」太好了，文筆簡練，而寫景細膩入微，對事物的理解力強，有不少特出的妙句子，如「啄木鳥呢呢飛去，其聲似含水分極多。」可想到那時他的心境，外其日記分段分節均妥適，惜不知它的真實姓名為何？令人羨煞！

**提注：閱讀沈從文日記，生動、真實。**

　　　　六月十日　星期五　氣候細雨　高塘墟 213D、638R 團部

　　「決計不發牢騷了。預備穩定、落實、刻苦做人。」這是沈從文先生日記的第一句。我也應當這樣做，本來發牢騷、不滿現狀，都是無補於事，太愚笨。以後要咬緊牙關，忍受一切！

　　沈從文先生的文章別樹一幟，看來十分有趣，老早我就很崇拜他。他的描寫出神入化，寫生活及言語行動也十分真實、落拓、有趣。他的腦子真是與別人的組織不同。

　　不勞動也很苦悶，一天須要找件事做做，出出汗才舒服。午後寫書「憶」，下象棋。

　　由於此處地形低，團長要叫遷移，聽說在鳳凰墟一帶，想進城辦事，又恐搬家。

**提注：去師部看同學。夜間周老太太以蒸餃餞行。**

　　　　六月十一日　星期六　氣候曇　高塘墟 213D、638R 團部

黃梅天氣著實惱人！從上月十四晴了一天，至今總是雨、陰、曇，沒好好的晴過一天。

今天很早起身，欲乘昨天來此裝米的船到吉安，無奈等到飯後船亦未開，乃決定到師部一行。鄭頭也曾上了水，房子挺凌亂，找了一個多鐘頭才找到胡大砲、陳應寬、張子麟、龔節志等，茶館小坐，談談說說又是近乎不滿、牢騷，最後還是一陣苦笑！哈哈！

在參謀處吃飯，遇張賀光又談一下子，五時欲行，見何志高等由吉安來報到，我乃領他們到師部、公文辦妥，七時方返，到達高塘墟已入夜，聽說明天十時出發，目的地是距此十里地之鳳凰墟。

夜晚周老太太招待我們吃蒸餃，很可口！

**提注：高塘墟移防鳳凰墟，因高塘墟地形太低。**

六月十二日　星期日　氣候陰　由高塘墟至鳳凰墟十里

六時許起身，一個跑步到街上，買了兩斤白糖一斤糕餅，送兩個房東，九時開飯，回來收拾行李，她寫下了名字和地址，不肯題字，那種徨然若失之態，令人不解，這時吾心中有些亂，也若有所失！

十時集合隊伍，隨團部，十一時出發，百姓放鞭炮劈劈啪啪的歡送，一聲前進號，拔腿就走，最後一偏頭的剎那，她（靈）神祕的抿嘴一笑，帶著費猜的各種含意，而我也報之一笑，頭也不回的大踏步走了。

經橫江渡，約十里到達楊家村 —— 十二時一刻，此距鳳

凰墟三里，水上村子，只住迫砲連和教育隊，房子亦受水淹過，十分潮濕，騷氣、臭氣、霉氣把人薰得要嘔吐，洗掃一個多鐘頭，下午二時方把房間整好。

今天雖十里路程，因挑擔故感疲乏。

晚飯後，村前村後散步，見四周大村，大半是紅牆或粉牆，以前都是兵舍。「休息就是準備」，住在這大自然的青山綠水間，也很清幽，藉此機養精蓄銳，練熟術科，研究學科，以備不時為國所用。

　　　　　六月十三日　星期一　陰、小雨　鳳凰墟教育隊 638R

昨天心緒凌亂，行軍、休息、散步、睡覺…腦子總沒休息過，一會兒想這，一會兒想那，自尋煩惱！

夜間床板太硬挺人，蚊子又多，睡得不舒服，八點多才起，梳洗一下，擦油、蚊子咬的紅斑累累，塗上花露水來消毒。

飯後、午前、閱「文作法」但心緒仍亂，看書也只是解悶。

## 29　讀魯迅、郁達夫、沈從文、郭沫若等作品

**提注：一、讀魯迅、郁達夫、沈從文、郭沫若、周作人等作品。**
**　　　二、又是噩夢。**
**　　　三、梅雨季節已臨欲赴吉安，遇大水受阻。**

　　　　　六月十四日　星期二　氣候曇、雨　鳳凰墟教育隊 638R

日記文範中，魯迅字簡練、意深刻、滑稽、諷刺、深入人生，真不愧文化戰士！郁達夫其名如其人，大膽、放蕩無羈，豁達。周作人平和、沖淡，郭沫若有趣、沈從文消極。

　　昨天一日都是看書、寫信，除談話外，沒有休息、閒玩。夜來更是亂想心事，為了行李攜帶不便而發愁，吉安存一個箱子亦是累贅，拿來吧！行軍不方便，丟掉又可惜！實在左右為難。

　　夜來又是驚險的夢！每夜作夢，乃是心臟衰弱神經衰弱之表現麼？夢中兩次遇小方，又演全武行，砲彈片擊傷吾肺部。

　　這樣的許多麻煩找著我，真比郁達夫窮冬日記那時的心情還亂，比沈從文的處境更壞，唉！

　　今天想往吉安，辦些瑣事，訪幾個同學，早飯後往鳳凰墟等車，詎知因路上水仍大，不能開車，等到下午還是無車，五時許陰雲密佈，雷聲大作，竟落起傾盆大雨來了，一時馬路成了小池，茶館屋裡也漏得挺厲害。

　　七時，雨停住了，等車子已絕望，乃敗興而返。

**提注：水患沒船、沒車，步行二十五里去吉安。**

六月十五日　星期三　氣候曇　鳳凰墟步行吉安宿青塘黃思冬家

　　每每想往那裏去，但每每又怕去，因為處處見聞都是刺激，愈接觸的人多，聽睹的事物多，就更增加煩惱！

　　今天又想進城，早起腹痛，想是昨天吃冷水、冷飯所致。

　　早飯後捆好行李，帶著鞋襪洗面具，偕何、吳至橫江渡，不巧沒趕上船，乃至高塘墟更無船，在郵局看一下報，欲回也是十多里，到城只二十五里了，不如步行去吧！

　　雖是腿痠，勉強前進，一路盡是水坑當道，馬路一段段

被淹沒，水有過膝的，至胯的，到何步橋乘小船過河，本軍正在那裏釘大木，搭船製浮橋。下午五時到了吉安。

休息後吃飯，同吳昇平在街上逛了一趟，碰見幾個熟人，買了一些仁丹，檸檬精。

到 632 團書記室候何，半晌未見，吾一人到街上替鄧道明買些零物，老二已赴八都，吾乃往青塘黃家休息、沐浴、就寢。

夜半不知誰高叫對面的門，吵得不能安睡，同時老鼠挺多、打架，鬧得翻天！

**提注：一、又有夢同父母親、灝兄拍全家福照。**
**　　　二、巡視吉安市面已恢復繁榮。**

六月十六日　星期四　氣候晴　吉安軍部通訊隊

晨起已八時。

昨夜薄毯頗冷，入眠很遲。夜來又是離奇怪夢！小方又找我麻煩，同時夢在很暗的光線下，同父母灝兄等照全家福相，醒來驚訝不已！此想皆是「心理作用」。

九時進餐，出街遇吳，同到通訊隊王克貞那兒談談，吳出去後，吾寫了四封信，一、高塘墟靈。二、醪橋梁廷芳。三、太和子麟。四、吉安王光龍、劉勝漢。覺得很倦乃入睡。

午睡後二時起，到文山路發信，到二營覓炳文未見，歸途遇安學明談了幾句。

四時回通訊隊晚餐，休息後五時去復興觀劇，仍是特勤署演的，「黃鶴樓」和「紅娘」，紅娘扮演得很妙，張君瑞

書僮亦不差，做功，道白，蠻好，很有苗頭令人發噱！尤以拿棋盤、梳頭最為精彩，拷紅及夕會時，紅娘唱做表情恰到好處，這一對痴男怨女不知道到底成雙否？

　　── 這封建制度下的犧牲者多可憐！

　　戲院見了楊永俊，還是齊梁村同渠分手，他在九四五團，由南昌來此。

　　街上逛了一趟，吉安市面已恢復繁榮，金元券絕了跡，一片叮噹之聲，大小商店均已開張營業，不似兩旬前那樣恐慌局面，在斯時好像暴風雨馬上來臨，誰料到會支持到今天？

　　而現在市面竟安如往昔，我想這不過是「迴光返照」、「曇花一現」，暴風雨的前夕，如此局面誰會料到能支撐多久！

　　街上地攤大減，物價因來源枯竭，致漲數成，銅元降了價。

　　蹓到車站見龔節志，茶鋪小坐，發了成篇的牢騷。云及在太和見了王光龍、劉勝漢對吾之事頗有悔意！這就是「路遙知馬力，事久見人心」。以至誠來感化人，總比爭辯多說有效，同時事實勝於雄辯，別人之撥弄離間，終久會被事實來戳破。他們對我之魯莽，我並不怪，我很能了解，也希望他們更進一步來了解我，這夢似的人生，浮漚似的社會，渺小的我們，爭奪什麼？

　　知足常樂，能忍自安。

　　談及劉智勇、李定祥的「開小差」頗以為憾！他們學術能力均強，精明有為，何竟做出這糊塗事來？可惜！可嗟！

　　今晚洗了一個痛快的澡，住於通訊隊，惟以時間過晚，

沒有理髮。

## 30 最新局勢概述

**補記一**

　　民國三十八年六月十六日　星期四　氣候晴　吉安軍部通訊隊

　　一、湘贛戰事無大接觸，似在密雲不雨之中。

　　二、林彪、劉伯承二匪酋，正在運補給養，大徵壯丁，捉歸俘，浙贛、湘贛線上將會醞釀大戰。

　　三、西北戰線打得漂亮，隴東、寧夏幾大兵團鐵騎齊出，包圍咸陽，進逼西安城郊。

　　四、閻錫山確定組閣，胡適博士出長外交部長與否？尚在考慮中。

　　五、中央政府有遷渝之說，各部院在渝設辦事處，但發言人鮑靜安對遷都之事予以否認。

　　六、劉安琪兵團，由青島開來，駐廣州、海南島。

　　七、聞陳納德將軍，再組飛虎隊，來華助戰，目前正在募集戰機，將會募到百架戰機。

　　八、632 團在吉水，槍決一個排長，據云與三營營長叛變有關，軍法如山，戰地不容叛離者。

## 31 團教育隊任教官，專教輕機槍

**提注：一、副團長兼教育隊隊長。**

　　　　**二、教育隊任教官，專教輕機槍、體操、軍歌。**

　　　　　　六月十七日　星期五　氣候晴　吉安返鳳凰圩

　　六時起床，急赴青塘取箱子，洗面後趕到車站，正巧爬上了車子，七時許開，到何步橋過河，見浮橋口將搭好，631R三營正在做工事。車行半路因前車拋錨耽擱，近九時才抵鳳凰圩。云襲來亦未見。

　　休息後，十時返教育隊，學兵已來報到，有百餘人，昨下午編為三個區隊，一個區隊住一幢房子。我原住寢室讓給一個區隊，我搬到三區隊，當教官。

　　吃飯後報告隊長—副團長，及區隊長消假。劃分我的房間太陰暗而潮濕，毫無陽光和空氣，乃在後廊覓一席之地，空氣較新鮮。掃洗、整理、收拾了兩三小時，才把鋪位弄好。

　　搬來搬去，東西弄得亂七八糟，心也挺亂！下午二時倦極入睡，四時許起床，五時開飯。

　　飯後副團長命我教軍歌，教了一個「軍號聲」。八時集合官長，副團長研究討論關於教育問題，昨今兩天都是整理環境，明天準備點名動作，二十號開始教育，職責任務劃分，吾擔任輕機槍教練，及體操教練，副團長給我們鼓勵備至，打了很多氣。

　　今團部會報規定(一)準備點名，官兵一律剃光頭，(二)每人須製背包架，(三)六三七團開小差三個槍兵，夜間須注意。

　　青年人沒事做，總是苦悶，又帶兵了，心中好興奮！


**提注：**一、開始教輕機槍。

　　　　二、副團長要求剃光頭。

　　　　六月十八日　星期六　氣候晴　鳳凰圩 638R 教育隊

只睡五小時，又得爬起。

晨操，基本教練，並點名動作，聞明天下午聯勤部點名發餉，又云是監察組，又云係第三編練部，以吾推之，大概還是軍部那個監察組。

早飯後，烈日可畏，帶領學兵挖沙坑，修理器械操場，幫他們做工，累得一身大汗，十二時方休息午睡。

下午二時集合擦槍，晚飯後出操，輕機槍基本教練，此槍操典本無，只好以捷克式準之。

七時又集合，教「軍號聲」，覺得他們比樂安的兵還笨些，我的嗓子也喊啞了。

要剃光頭，從新受戒，記得十五歲剃光過，十八歲入伍受訓、剃光，此處算是第三次修行了，頭髮是保護腦筋為啥要弄光？一頭烏純之髮怪有點難捨，沒法，只能留過夜，我有些著急了！

精神差多了，怎麼一天的疲勞都覺吃不消呢？倦極！四肢無力，同時意志、事業心都跟著消沉！

明天想去太和，又以點名，奈何！

龔節志言而無信，怎麼今天仍未來？

## 32　第四兵團司令沈發藻訓話

**提注：一、第四兵團沈發藻司令視導訓話，分析當前情勢，鼓舞士氣。**

**二、在通信連剃光頭。**

**三、在樟樹、南昌線共軍集結數十萬，正整補欲動。**

六月十九日　星期日　氣候晴　鳳凰墟教育隊

　　五時起，運動後，洗面、休息、寫文。

　　九時早餐，十時到團集合場，烈日可畏，本隊最先到，須臾、各營才陸續到齊，我見副團長及同事們頭都成了和尚，就是潘敦道同我沒剪，有些不好意思，乃同他到通信連去，未消幾分鐘，對鏡一照，已是童山濯濯，一個小和尚了，哈哈！

　　頭髮弄光，帽子也大了，晃而晃的，到集合場部隊已齊，點驗官仍未來，聞尚在太和，副團長乃命隊伍帶回開飯，下午四時再集合，我同吳偷懶，免得來回跑路，在通信連，有好幾個指導員、及主任與幹事在那兒吃酒，我也藉酒來麻醉，好厲害的燒酒，我吃了不少。

　　吃過飯四時到操場，四時半沈司令車到，簡單說了話，鼓勵士兵，次即集合官長訓話，對防諜、保密、宿營均有詳細指示，並提高警覺，云南昌、樟樹、臨川之線匪集結數十萬大軍，正整補欲動，須時刻注意，不可疏忽。講了時許才解散。

六月二十日　星期一　氣候晴　鳳凰墟教育隊

　　今天開始正式操課，晨間三小時術科後才吃早餐，今天沒我的講堂。

　　下午一覺睡了三小時，太久了頭有點昏。

　　晚飯後，帶學兵們繼續挖沙坑，弄了三四個小時總算完成了。

**提注：四、五、六三個月未發餉，人人都叫窮。第一營軍官涉嚴重軍紀問題。**

六月二十一日　星期二　氣候晴　638R 鳳凰墟教育隊

昨夜、今早，涼風習習，猶若仲秋，夜間需蓋棉被，而至午，則酷日蒸炎，〝知了〞喊個不休，氣候如此多變，起居需要當心。

四月份薪餉至今糾拖不清，而五月份亦杳如黃鶴，現已六月將盡矣！同事們莫不喊窮，蓋最簡單的衣物，亦已在吉安變賣零用，狀至慘也，現聞五月份薪最近國防部某人點名後即可發放，尉官五元、校官八元、上士三元，中下士二元，列兵一元。

下午，一二區隊做工，三區隊出操，射擊預習。晚飯後，團長來此訓話，鼓勵學兵，次集合官長談話，謂吾們勿誤疑未下連之問題，只要肯幹，為團體努力，決有保障，實職不成問題，不要飯桶，不要苟安之人。並謂639團派下人員多不協調，這種觀念是錯誤的，吾們來此係幫忙練兵，把團體搞好…。講歷數十分鐘。

聞前天第一營營長及兩個排長，被扣押於三營，事因該營長拐帶、誘姦、橫江渡五香園茶社之少女，被三個指導員報告軍長而致。我想其中情形必不簡單：（一）茶園主任江西人，少女湖南人，（二）少女係情願自去，並非強迫也。

**提注：一、國防部來團點名，耗大半天時間。**
**　　　二、湘贛戰線無變化。**
**　　　三、又有荒誕噩夢連連。**

六月二十二日 星期三 氣候陰 鳳墟教育隊 638R

聽說國防部人員將來團點名，為此，今天預演，七時半

到團集合場，整理隊伍後，團長親自點驗，先由直屬隊再至各營，教育隊點過了吾即至街，查詢並無信件，至總機打電話給張子麟、龔節志，他兩要我到那兒去，但又以教育緊張請假未必准，而不去呢？又有許多事需要面商，真叫人左右為難！想想還是請假去。

下午一點半才點完名，何苦耽擱許多時間，來做這形式上無謂消耗？在此緊張時期中，部隊應一切要為作戰打算，有這大半天時間，可以操課，無謂消耗在形式上實屬可惜！

今天看到 21 號報，蔣總裁廣播四個月收復上海，政府將發銀元券，以白銀為基金。湘贛戰事無變化，關中戰事仍順利進行中。政府封鎖海口。現共區生產停滯，工廠缺乏原料，勞資糾紛不已，紙幣失信，通貨膨脹，經濟瀕絕境，且共區地大難以控制，反共勢力日增，政府正臨有利關鍵，設若改革政治，加緊生產，必可獲最後之勝利也。

昨夜又有噩夢幻境怪出，怎麼殺虎！捉游！遇長灝兄！且遇到許多想不到的故友！

**提注：畫輕機槍靶圖、後天實彈射擊。**

六月二十三日　星期四　氣候雨　鳳凰墟教育隊 638R

只晴了六天，怎麼又滴答的落起雨來了，枯燥機械的生活中，更增加一種愁悶不快之感。

今晨因地濕沒出操，只唱唱軍歌。

早飯前整理日記，看看並無進步，怎麼越寫越難看，越不成樣子，沒有用心去寫簡直是敷衍，這樣寫日記有啥意思

呢？

　　午前畫了一個輕機槍靶圖樣呈於副團長，交迫砲連製作，因後天就要實彈射擊，我以為太快一些，因他們基本動作尚不熟，射擊預習、瞄準、等動作均未操練，進度未免快一點。

　　午睡起床同鄧等去偵查靶場，在團集合場附近高地可以利用。

　　今下午，副團長加菜，有豬肉、酒，哈哈！營養！營養！晚飯後出操，輕機槍射擊姿勢，各種動作之習練，以為後天應用。

**提注：積極準備明天打靶。**

　　　　　六月二十四日　星期五　氣候曇　鳳凰墟教育隊 638R

　　昨夜又是離奇的夢，不得了！

　　為了明天打靶，今天積極準備，早晨操臥射預備，午前研究口令詞，及輕機槍射擊各種動作，蒐集參考。午後仍是兩小時射擊預習。

　　晚飯後，帶人去修靶場，做射擊位置，僅簡單的做做掩體就好。

　　電話也打不通到太和，近亦無吾之信件，各方失去聯繫，心中殊十分焦急。

# 33　輕重機槍、迫擊砲實彈射擊

**提注：一、輕重機槍、迫擊砲實彈射擊首日，獲益甚大，有許多心得。**

**二、懶人的誠實檢討。**

六月二十五日　星期六　氣候晴（下午小雨）鳳凰墟教育隊 638R

「平時不燒香，聞雷抱佛腳」墮性極深的我，就是這個樣子，在幹訓班迫砲隊時，教官、助教詳細講解、示範，而不用心學習，現在呢？自己當教官，一切有些失措，一面和麵、切餡子，一面包、蒸、一面就出售，真是為難！上操之前研究，找參考、試做，可謂真的「現蒸現賣」好不苦也！故以後再任教育機關，應留心隨時學習不可偷懶，以致自誤誤人，追悔何及！

六時起床，點名、運動後，即開飯，準備器材—旗、靶、標桿、蓆子、計分表等。八時出發全副武裝到靶場集合、釘靶、準備、講解，九時開始射擊，我仍指揮輕機槍，分三組，射擊情形大半良好，只少數膽小的，恐懼、失措、手發抖、頭也偏，令人好笑！回想三十五年的今天，還不是如此的我……！

我自己射擊七發，中十二分 —— 及格，重機亦射五發，中四分 —— 及格，步槍三發，五分 —— 及格，重機很好，輕機後座力大，步槍後座力亦不小。

十一時許射擊完畢，隊伍集合到操場休息，參觀六〇迫砲射擊，共六發，一彈未發響，十二時許隊伍回，吾為研究

砲彈威力究如何，乃到目標附近觀彈著，約三十公尺之半徑殺傷力。

下午二時回隊，洗澡、休息，小鬼燒了一大碗田螺，此物吾向未吃過，今天第一次嚐試，特以燒酒來慶祝它！晚飯後覺疲倦，乃入睡。

**提注：一、請假去太和訪張子麟、龔節志。**
**　　　二、同仁中都對現實不滿意。**
**　　　三、逛太和大街。**

　　　　　　六月二十六日　星期日氣候曇　鳳凰墟至太和

六時許起床，欲往太和、吉安、寫了一張假條，叫學兵送團長那兒批，幸而准了，飯後，捆好行李，偕吳至鳳凰墟，路遇何志高、吳禮和來訪，茶館聊天，須臾車至，乃攀上，人太擠，車蓬低，弄得透不過氣，車廂裡的熱度可至四十度以上，全係炭酸、汗臭，沒有一點氧氣成分，真是活受罪！

半路車拋兩次錨，下午一點才到太和，巧在車站遇子麟，乃同到副官處，見彭、劉、李等，休息後至街上喝茶，談話的中心由生活，而事業前途，及目前環境，大都當然不滿，同聲一嘆！現在好多同學想跳，到 XX 部隊，不過以我之眼光看來，須要考慮：（一）X 部亦係江西新成立部隊，是否那兒環境比此處好呢？如一樣又何必？就生不如就熟，須知一樣的新環境，無背景，人事，還不如在這兒好。（二）X 部係募兵，無兵，跑去做空桿官嗎？即有兵亦人家招募而來，豈有現成好事！

約四時回張處休息,晚飯後出街,想購些西藥、零物,都沒賣的,只有一個十字街較有生意,與永豐相似,商店裝飾及建築物,都像吉安中文山路一帶,也有地攤,大半交易都帶村鎮樸實之態。

到車站逛一圈,有二部車明天開吉安。

租了一部腳踏車,騎數十分鐘,長久不練,技術差遠了,帶著一身大汗。

傍晚回到住處,沐浴、納涼,與張子麟、龔節志、陳國棟等談及局勢,及目前環境,所見略同─另專文。

談得興起,至十一時許方倦極入睡。

**提注:一、太和乘公車去吉安、訪友購物市區遇陶炳文。**

　　**二、交友的體驗。**

六月二十七日　星期一　氣候曇、雨　太和至吉安　南洲旅社

號角驚醒甜夢,正是曉色朦朧,急起著衣,來不及同龔談話,乃丟一字簡,陳應寬之鞋亦托張代轉交。

奔到車站剛六時,車未開,洗面,吃點心,緊候著,近九時方開,攀車的老爺們太多,當然都是 ── 揩油。

車行不遠落雨了,今天我倒舒適,坐前面,我最愛雨天行車,情調別具,車子像瘋牛般狂跑,穿過街心、田野、山林,驚走了還在路邊覓食的飛禽們!

　　到鳳凰墟想下車，又想去吉安，乃決去吉。到禾埠橋檢查站時，見了吳昇平、胡文斗、劉勝漢等，吾也僅應付他們兩句話。我現在也確實覺悟了，表面春風的朋友、同學，只是點頭寒暄而已，不能同患難，策勵事業的。

　　故有人云「朋友者，只是利害關係而已」。先有利害，關係才從中建立，有些是片面的。由吉安小方對吾之舉即可見一斑，故吾從今起，以後交友要選擇，不可濫交，不忠實的人，不可推心置腹，只要能不得罪人就行。話更不必多說，以後要改變態度，再不要孩子氣，嘻嘻哈哈，張三也好李四也好，結果還是上人當！吃人虧！

　　這是我吃過虧，才有此經驗、見解。

　　過了禾埠橋到吉安已十一時，先至幹訓班領餉，軍需云已發在團內，而軍部發放已數日，為何團與軍竟有如許差別！唉！

　　到王華育、別廷銘那兒坐了一會，乃到江蘇館吃飯，家鄉麵、小籠包、花捲，吃得很適胃口。

　　飯罷到戲院，今天是 315 募捐，欲看票又貴 —— 一元七角太驚人！只得向後轉。在街上逛了一圈，也沒有什麼意中之物，—— 乾脆是錢不多 —— 〝力力維他〞要兩元，買不起！買不起！

　　在商店遇見了陶炳文，別後一月未見，乃陪同他去購物，他挨戶買了很多日用品 —— 替別人帶的。時雨落正緊，他三人亦不便回禾埠，我們遂一齊去找旅館住，在車站〝南州〞開了兩個房間，休息後，叫了四個客飯，陶又買瓶甜酒釀，吃了有些頭昏，飯後老王 —— 浙江人 —— 同我們談一些青樓經，大家勉強附和，順水推舟，不拂逆人家的意思。

　　八點出去，先至黃思冬家，喜見梁廷芳來信，我給他信沒收到，他寄〝中外名人書信〞我亦沒收到，真惱人！郵局人們只知要錢，不忠於職務，太可恨！

　　到幹訓班也沒見到熟人，一片混亂，又陪陶至街，他又購物，因各物漲價，他太猶豫，無決斷，嚕嚕囌囌令人發急！

　　渴極！小茶鋪內慢品，寫回信與廷芳，十一時許回旅館，洗面後就寢，蚊子、臭蟲太多，簡直是欺侮人。

　　臭蟲、蚊蚋侵擾，睡不熟，沉思 —— 冥想 —— 今天的談話只記一句，陶說的：「廣州及重慶，預幹局仍收容失業青年…」。近一時方入睡。

## 提注：副團長召見，個別談話

六月二十八日　星期二　氣候雨　吉安至鳳凰墟

　　七時起，洗面，適聞馬達發動聲，急奔車站，攀上車。

　　車行至禾埠，陶下，同老安（安學明）談幾句話，也來不及到二營去看同學們。九時到鳳凰墟，團長正集合隊伍點名，下車隊伍已解散帶回，我看他們背包整齊，以為是出發哩！郵局又無我信，真怪！電話也懶打，乃返隊。

　　飯後打掃，整理寢室，弄好床鋪，沐浴、換衣。

　　副座喊吾談話，問個人情況與各節，我以所知相告，並發表一些見解與感觸，吾對國際、國內局勢，談起就大有興趣！渠以為我幹過政工，我乃幹一年半的排長，詢及吾對環境之感想，我以下級幹部無何意見，只是服從長官幹，部隊好，大家都有前途。若當主官，當另有一套作風！

午後還未及休息，兩小時兵器教練，輕機槍分解結合。禮和兄來晤談，晚飯後又返連。

晚飯後一直是多找自己腦子的麻煩！胡思亂想心情煩躁已極！

明天派我設營，到源溪渡，部隊出發期未定。

**提注：一、行軍沿溪渡途中，大雨傾盆，全身已濕透透，一路上，我自己高歌自娛，用歌聲來激勵自己。**

**二、大雨中行軍很不自在，忽回憶去年此時，在歙縣潛口村的生活點點滴滴。**

六月二十九日 星期三 氣候雨 鳳凰壚至沿（源）溪渡 湖溪村－設營

七點，何把我喊醒，覺未恢復疲勞，今天各單位派官兵前站設營，教育隊派吾帶兵三名前往。洗面畢，行李收拾妥，砲連領了主副食，向副團長問明目的地及任務，九時動身，今天出發的心情與前幾天大不同，沒有什麼留戀與徬徨，毫無猶豫地走了。同離開那僻寂枯燥的吉水一樣。

天又作怪，大雨不止，到鳳凰壚見各單位均未來，車也空著，吾至團部再問究竟，團長叫病兵、器械、裝車，前站人員，由鍾副官率領前去，目的地是三十五里之沿溪渡，至十一時各單位方來齊，吾叫華生挑行李隨鄧孟乘車，吾率槍兵先行，一路大雨不停，我一路高歌自娛，激勵自己，也追憶些往事 ── 潛口，總是映上腦際。

休息三次，下午四時到目的地 ── 山東下族。這是團部及直屬連住此，各營皆在外圍各村，皆距沿溪渡有三里之遙。

看看指定教育隊的房子 —— 如淵公祠。太髒了，又狹，板、桌無法覓，由王保長之引，又到沿溪街後背之湖溪村看看，繞了幾圈，蠻好，比以上的房子都好，共五個祠堂，兩個太小，一個太漏，其餘二祠可住教育隊及迫砲連，且以前江西公路局機器廠，及南京勵志中學在此，板、櫈、桌、用具可不成問題，且教室、黑板、操場、集合場都有，球場也有，井、塘又多，洗衣、澡皆便，上街又近，此處真合理想了。

四點跑到六點多，七時才吃飯，澆了些燒酒，同村內一位退伍士兵蕭志吉同志去街吃茶，談了些湖溪村情形、歷史、沿革、人物及沿溪一切，薄暮回，又談些軍旅之事，他很熱情，一見如故，無所不談，亦一爽快之青年也。

晚上沐浴後，池塘邊納涼，同老表們談些湖溪之事，他們都說普通話，好懂，指導員之事我替他做了！

**提注：在湖溪村為本團覓營地，繪製要圖。**

六月三十日　星期四　氣候暴雨　湖溪村

蚊蟲欺人太甚攻勢凌厲！兩條腿都被咬腫了，但也莫之奈何！

挺硬的床板，不易恢復疲勞。

近八時才起身，淨面後跑去運動、練練嗓子，在村內跑了一圈，拜訪一位蕭老先生，並催請保長趕緊收集床板、桌子。

繼之，在村前左右，偵查地形、方向、腹擬一個要圖，及全團駐地分配圖。

十點鐘才吃飯，餐畢，往沿溪渡泡茶，在一家「義記信

託社」結識一位鄭平先生，談了一番話，覺此人不俗，見多識廣，對於國內外的局勢，也有獨特的看法；我們相談十分投機。

在茶舖裏，借文具寫了一封信給梁廷芳，並在街上寄掉，繼草繪一張「湖溪村附近略圖」，派張、王二位弟兄，到團部去接汽車與行李，我同小唐到市集買些豬肉、蝦子、蔬菜等，今天是逢集，買賣商人極多，十分熱鬧。

十二時許才回湖溪村，把汗臭的衣服雇人來洗，又去催促保長速派人搬運床板、桌子，以備部隊到達時使用。

去蕭耀棟家，借紙張、文具，繪製兩張「湖溪村附近要圖」，費了兩個小時。忙了大半天，覺得有些累，下午三時許想午休，但鄰居小孩哭鬧，總是無法入睡。

下午四時許到外面看看，第二營正在到處覓床板，此村已搬走不少，保長未露面，好不容易找到保長，請其派人將床板、桌子都搬到「相國第」，結果，很費功夫找到幾位娘姨，我也領頭去搬呀、抬呀，一面又得打掃寢室，另外，也發動一批青少年，小朋友們來幫忙，搬呀！抬呀！嘻嘻！哈哈！很起勁的忙著，效率很高，八時許，快要搬完，不料天公不作美，大暴雨突然降落，只好停工吧！未完的工作，明天再做吧！

洗手、吃晚飯，今晚有些葷菜，又澆些燒酒，來慰勞辛苦的弟兄們，沐浴後，在池塘邊沉思許久，涼透了，方入室就寢。

**本月大事小計：**

（一）六月一日由幹訓班分發 213D638R，三號到差。

（二）分發到 638R 後，一直未分發到連上，而分到教育隊，
　　　擔任教官，專教輕機槍，作戰綱要。

閻錫山：臨危受命即將籌組戰鬥內閣的閻錫山將軍。

**提注：一、在湖溪村內多方接觸瞭解，拜訪長者、鎮公所蕭隊**
**附、保長等人。**
**二、湖溪村環境美好，有池塘、古井、村後有樹林，適**
**合住居。**

七月一日 星期五 氣候晴、暴雨 （源溪渡）湖溪村設營

蚊子太可惡，拂曉攻擊實在勇猛！醒時已七時，在床上十分鐘的沉思後，即起身著衣、洗面、運動。

路上遇鍾副官，同到機器廠坐了一下，談及派人到鳳凰壚之事，吾即至民家借筆墨，寫報告與副團長，並寫信與鄧道明及志高等，吃飯後已十時許，派小唐攜報告，地圖及信往鳳凰壚接隊伍。

吾獨往沿溪街上，同鄭平先生談了近兩小時的話，凡局勢及國際國內諸問題，都談得興致勃勃，很投機。

回湖溪，仍繼續把板、桌扛好，整理寢室，覺很疲勞，欲午睡，本來今天預計至太和接行李，精神欠佳，暫待數日再說。

下午四時一刻睡醒了，睡了一個半小時，又沉思十分鐘方起身，最近吾成了習慣，每睡醒必沉思片刻，因此刻頭腦最清爽，欲思什麼，一索即得。

在村內又繞行一圈，此村環境太佳，風景太美了，村左村後喬木蔭森，惜軍隊行蹤不定，若常居此地真乃天賜幸福也。

見了幾位長者，在保長家談一會兒，又同小朋友們談談唱唱，這生活太有意味了，哈哈！

晚飯後約志吉出街，到鎮公所，同蕭隊附談了些關於情報之事，請他各地多設耳目，雙方多聯絡，部隊駐地，組織一定須嚴密，使匪諜不易活動。

## 34　教育隊、迫砲連移防湖溪村

**提注：一、教育隊、迫砲連，天明到達湖溪村駐下。**

**　　　二、引導部隊進入駐地、協助教育隊整理寢室及環境。**

七月二日　星期六　氣候晴、曇　湖溪村教育隊

夜半迫砲連特務長來，率伙伕先到，云隊伍天明可到，詢及小鬼與物件，云已在前天由汽車運太和，為何三天竟不見來？太和十五里之隔難道天邊？有何變故不成？殊令人焦急也！

回到床上輾轉不能入眠：（一）物、人不見音信，（二）聞隊上又有逃亡令人洩氣，（三）不能發揮自己長才，想來想去越想越急。

醒時已七點鐘，即起身洗面畢，派張班長燒水，適隊伍已到，引他們進入駐地，引副團長至一民房，該處很清雅、潔淨、空氣又好，前為勵志中學教職員住，樓下四個房，副座一、勤座一、副官一、餘一吾住，落得清靜 —— 修心養性。

同何志高至街吃茶，回來正趕上早飯，飯後吾集合隊伍規定他們幾點事，並鼓勵一番，人數是少了。

囉嗦事盡是找我，我變成副官和指導員了，又招呼他們整理寢室。

十二時許倦極欲睏，但憂思又從中來，心中時刻在糾結，

有些事令人灰心，致使理想與打算化成泡影。

下午繼續搬桌子、鋪板。

晚飯後為了吃水衛生，自己率人打掃水井，天黑方罷。這幾天太困乏，全身和兩腿都是酸的。

**提注：一、擬定全團學術科配當表。**
　　　　**二、擬定教育隊課目配當表。**
　　　　**三、孫蘭洲指導員調來教育隊。**

　　　　　　七月三日　星期日　氣候晴　湖溪教育隊

七點才起，隊伍已開始做工事，風很大，覺精神不舒服，運動後到街上買十粒奎寧丸，每天服用以預防瘧疾來侵。

老孫又由三連調來，將來對於京戲，予我不少助益，今天早飯後我又練習了幾段。

副座命吾擬了一份課目配當表，送到團部，並領五月份薪，到團部繳上課目表，到軍需室財務組去領薪，又云須迫砲連長來方可，還要查查有無其人，官樣文章真豈有此理！

在政工室張幹事處坐了時許，乃憤憤地回到隊上睡覺。一路上越想越惱火，領薪還如此周折！

一覺醒來已快開晚飯，一肚子氣也睡消了，想想這又何必？不是自尋煩惱嗎？

今晚每人一角錢加菜，菜弄得蠻好。

飯後又擬了一份〝全團學術科配當表〞。

傍晚陪同何志高、吳昇平、王光亞及蕭志吉等江邊吃茶。

## 補記二

瀏覽這兩天的報紙，所得要聞如下：

一、六月二十八日夜間，八都一度被共軍偷襲，於三十日又被國軍克復。

二、閻錫山內閣上台後，有幾種措施，的確大快人心：

（一）宣布封閉各海口、港口，雖遭英美不承認，但仍執行不怠。

（二）空軍每天轟炸京滬及各大城市、火車站、倉庫、共軍營舍。

（三）改革幣制：以銀圓為本位，銀圓券與銀圓同時發行，同時在澳洲訂購銀圓。

（四）台灣金銀五十大箱運來廣州。

（五）孔祥熙、宋子文、共出美金一億，做改革貨幣基金。

（六）七月二日官方消息：樟樹鎮確已為清江出擊之國軍克復。

八都、峽江，穩定如故。

**提注：一、往太和車站取回行李。**

**二、回憶潛口往事，夜半失眠。**

七月四日 星期一 氣候晴 湖溪至太和又回

昨晚睏得並不早，怎麼老是不能入眠，胡思亂想，看現

在而嚮往那如煙的往事：潛口小鎮的點點滴滴……。

　　蚊子又咬，更加睡不著，翻起身來，點著燈，看書，閱報，來疲勞麻痺腦子和神經，三時許方就寢，這一次的失眠，時間太長了。

　　五時許，老何喊醒我，即起身帶一學兵，一個急行軍跑到太和，見鄧等住車站，行李均在，乃至師部覓子麟，未見，至街購零物，各物皆漲幾成。

　　回車站吃飯後，將行李搬上團部專車，叫小鬼招呼行李，吾與鄧步行，買份報，茶館休息後，即仍由小路走回，天氣太亢熱了，如在火爐內。

　　至隊部車亦到，率人到團部挑回行李，副座怨吾未報告，云團部有人送，勿須多操心，這樣的不瞭解，令部下有何法子呢？只有默然。

　　頭昏、發熱，再加上刺激，更叫人難受，睡到下午六時，飯也吃不下，只吃半瓶濟眾水。

　　整好床鋪，洗洗澡，仍覺頭昏了不得。九時許，副官為了李教官打兵而集合官長訓了一頓，兩小時爭辯此事。臨睡渴極，吃些井水，覺很涼。


提注：一、團長點名訓話。
　　　　二、團長召見聶宜爽、鄧道明、和我等四人，要我們下
　　　　　　連工作。
　　　　　　　　　七月五日　星期二　氣候晴　湖溪村教育隊


　　前天只睡兩小時，昨夜總算舒適的睡了一夜，起床後到

團部集合朝會。團長親自點名後，訓了一小時的話，方各營帶回。

剛想作文，團長又電召，聶、鄧、王、及吾四人至團部，團長命吾等下連，吾在團部連，我請求團長再給予幾天時間以詳細研究各種兵器，渠已准。

天氣太亢熱了，到街上吃茶，吃些包子及點心，此地點心蠻好，太和等地也趕不上。近四時方回隊部，休息後剛開晚飯。

副團長不兼教育隊長了，今下午回團部，另有專人來此主持。

晚點後，冒蚊蟲之攻擊，寫文。〝憶〞

**提注：一、師長蒞團訓話，要求加緊訓練，戰備。**
　　　　**二、突然喜歡唱歌，覺得唱歌可以陶冶人之性情。**

七月六日　星期三　氣候晴　湖溪村教育隊

早起村後樹林漫步，呼吸新鮮空氣，太有助益於身心，胸襟為之舒暢不少。

八時開飯，本云九時師長訓話，又來電云停止待命，打好背包等候著。

至十二時來電話，隊伍帶到團集合場，剛整好隊伍，師長車到，下車即訓話，副師長亦訓話，皆是要叫加緊訓練，以應不久將負之艱巨任務，並加許多鼓勵。

一時許隊伍帶回，好亢熱的天氣，一點涼風也沒有，回到隊上見吳已回，緣渠因出操無故不到，致副座怒，而將其

處禁閉兩天，由同事幾次力保方釋回隊服務，今下午特備酒菜，款待本隊同事，及衛生連賈連長、張幹事等，菜辦好，由下午三時吃喝到五時，十幾人相互猜拳，很有興致，吾因天熱，及腳有瘡故未吃酒，只陪著他們吃菜。

晚飯後，同鄧道明、盧副營長研究唱幾隻歌曲，很有興趣，這也是舒減壓力之一法，減去吾好多憂煩，音樂確能陶冶人的性情，變化人的氣質，以後應多留心，隨時學習。

今天氣候太亢熱了，房內同蒸籠一般，一點風也沒有，悶得人簡直頭昏！

**提注：一、盧溝橋抗戰十一周年。**
**二、練習騎馬。**

七月七日　星期四　氣候晴（638R）湖溪村教育隊

今天是「七七」抗戰紀念日 ── 先為陸軍節，後改「軍人節」 ── 這個有歷史意義的一天 ── 偉大的抗日禦辱日子，竟這樣平淡的過去了。事過十一年，現又臨支離殘破局面，國人猶未知警覺！

晨起深呼吸後，即讀「情書描寫辭典」該書乃民二十一年出版，已過時代，句子太陳舊，太俚俗了，大半已用不著，這日新月異的原子時代，一切都在賽跑，談戀愛的技術，當然也在翻新。

天氣亢熱得太厲害，早飯以後就簡直不能出去，悶得坐臥不寧。

乘小馬跑了一圈。（一年前在潛口鎮，四年前在河南馬

老莊也騎過）

今晚加菜，飯後跑到大樹下看小孩游泳，我太慚愧！這樣人長樹大還不會。到君家借硯，無言可語。

渴極！約蕭志吉、鄧道明、吳昇平街上吃茶，薄暮方返。

晚上，在月光下茶會─音樂座，練、唱了數小時，太熱，不如早睡。

## 35　軍長訓話勉加緊訓練

**提注：一、軍長劉仲荻早上來訓話，勉加緊訓練。**

　　　**二、腳部長瘡，很煩人。**

七月八日　星期五　氣候晴　湖溪村教育隊

昨夜睡太遲，今又起早，六時半隊伍到團集合場，等候軍長前來訓話，等到八點半才來。何苦空勞兵力，浪費時間呢？

先來個閱兵式，後即訓話，還是要叫加緊訓練，鼓勵備至。

解散後，至衛生連換瘡藥，在那兒吃的早飯，同劉及張醫官談了些醫藥常識，十時許返隊。

送兩朵荷花到清家，借看了兩本〝春雷〞及〝蠱惑〞劇本，春雷太老了，反映北伐前後的上海情形。

蠱惑的題材很好，與春雷差不多，又名〝真情假愛〞描寫一軍官，為愛情沉醉上了人的當，然卒至醒悟，有不少緊張鏡頭，然有些句子未免過於肉麻，技術稍差，稍加修飾，可適合現在環境上演之佳劇也。

　　午後，志清做〝涼粉〞吾同何去吃，真是幸運！桌上的擺設、荷花…就如飲冰室，沒事的時間過得特別快！怎麼散散步、談談心就弄到十一點才寢。

**提注：用歌聲來唱出心中愁悶。**

　　　　七月九日　星期六　氣候晴、晚雨　湖溪教育隊（638R）

　　早晨的空氣太好，遠郊景物宜人。

　　午睡起床後，整理箱內書籍並逐一登記下來，以便查索。

　　今下午研究了「新蓮花落」、「萬善俱樂部之歌」、「相見不恨晚」幾首歌，尤其蓮花落真夠人尋味，我最愛它的活潑。

　　人的生活、願望、感情，需要歌聲來表達，人生需要歌聲來讚美，歌曲就是歌頌一個時代，啟示著人的迷途……。

　　故以後我要以歌聲來吐出我的憂煩、愁悶。

　　更要以音樂來使我精神得到真正的解脫！寄託！

　　唱吧！高歌吧！如某位蘇聯音樂家說的：「假如我們不歌唱，我們將如何過活？」

# 36　同鄧道明同學談文學與哲學

**提注：一、同鄧道明君談文學、文藝、哲學諸問題。**
**　　　二、華中、江南局勢暫穩。**

　　　　七月十日　星期日　氣候晴　湖溪教育隊（638R）

　　晨起寫一封信與光亞兄帶給梁廷芳。運動後，回來看了

一段〝真善美雜誌〞，中有魯迅先生短文，讀之如吃冰淇淋，他的敢說敢寫之勇，及獨到之見解，世所難匹，現在的中國，竟變成了〝無聲的中國〞一嘆！

午前同鄧道明談了些文學、文藝、哲學、理論諸問題，本來一個人在一日之內非要說一句有益的話，做一件有價值之事，方不辜負這寶貴的人生。。

午後續閱〝真善美〞，鄧買了隻腳魚燉豬蹄，不過我因不常吃此物，故感覺有些噁心！

晚飯後林間散步，並到街上看報，消息很佳，八都、樟樹、峽江一帶穩定，華中、關中、東南均無大接觸。

以軍事眼光看來，這青黃不接的酷夏，可能是休息整補時期，大戰或在秋收後，暫時的太和、吉安或可偏安一下。

# 37　為晨鐘壁報寫稿

提注：一、為晨鐘壁報寫稿。
　　　二、西北華中戰況。

七月十一日　星期一　氣候晴　湖溪教育隊

因足痛幾天沒到操，今早因王光亞赴吉安，吾只好往操場教練。

午前上了一堂課 —— 兵器學。

午後寫了幾篇短稿，預為〝晨鐘〞壁報充數。

近來西北及關中戰場打得挺漂亮，隴東、隴西、陝南、寧夏，諸兵團竭力殲匪，使徐向前，彭德懷兩匪垮光了，幾個大軍全就殲或被俘，彭僅以身免。設或東南戰場再打出幾

個漂亮仗，共匪就一衝而垮，立腳不穩了。

東南、華中戰場無大變化，蓋青黃不接，爭取無何價值，現八都我軍已推進王家園。

林彪匪增援西北。

聞 211D 又拖走了一個連，現 631R 配合去追捕，不知如何？

**提注：到團部集合做朝會。吉安帶來墨水。**

七月十二日　星期二　氣候晴　湖溪教育隊 638R

又是朝會，老一套的訓話、點名，六點半搞到八點半，還是要叫加緊學習！

九時隊伍解散了，吳禮和、何志高約吾到他那兒去，意不能卻，跑了幾里路，吳八連在前哨，公路那邊，吃了些豬肉、雞蛋、麵條，又看了些書，待了三個鐘頭，總算避去煩惱，偷了閒。

何、吳皆有些小恙，十二時許同到團部衛生連去診斷，一路談著往事，吳是水產學校畢業，很有文學素養。在這惡劣的環境，枯燥的生活裡，只有友情的互慰，是難得的清涼劑，故我始終覺得友情是可貴的。

王光亞、鄧道明已自吉安回來，帶來了墨水與練習簿，今後吾的精力當須消耗在筆尖與書本上。

下午看了好幾張報，九至十二號的，對國內外形勢又瞭解一部份。

**提注：實彈射擊，上午：步、機槍；下午：槍榴彈、火箭筒、**
　　　　**60 迫砲。**

七月十三日　星期三　氣候晴　湖溪教育隊

今天實彈射擊，五時就起床，天尚朦朧，六時開飯，七時到達射擊場 ── 距約四里，佈設妥後八時許方開始射擊，上午只輕機槍、步槍距離五十公尺，成績尚佳，吾射擊了十一發，步槍精度較差，對輕機槍我是有興趣而有把握的。

十一時許完畢，回隊，午餐吃不下，同往靶場參觀之蕭氏兄弟 ── 耀華、耀棟，應他們的母親之請，在他家吃飯，覺得有些不好意思！

休息未久，即於三時許開飯，四時許，隊伍又到射擊場集合，本隊最先到，候到六時，各單位方繼續來齊，參觀槍榴彈，六〇炮、火箭筒之射擊，事先並由各教官講解。

槍榴彈因無後座力吸收墊套、及瞄準具，故高低偏差均大，不過很簡單，不麻煩，射擊最舒服，但是瞄準很難，取角度須以射擊經驗，看射擊之偏差高低。

迫砲已是第二次看，此次很佳；火箭筒是吳禮和、何懷旭兩人射擊，偏差太大，因瞄準具壞了，不過他的程序亦簡便，無何震動，響聲並不大，後面冒火數公尺。七時許射擊完畢，各連帶回，今天又算有不少新收穫！很使我興奮不已。

**提注：一、孫蘭洲臨別贈言。**
　　　　**二、何志高邀我去迫砲連未准。**

七月十四日　星期四　氣候曇　湖溪教育隊

「你做人有點孤芳自賞,唯我獨尊,個性強烈…」── 這是孫蘭洲臨別贈言,與方遠拔口吻相似,針對我的毛病,吾應虛心接受批評,盡量把缺點改刪掉!

今早起太遲,已八時,運動後看了一段「文學革命」。

青年人好奇!而具有神經質似的,早晨民家放爆竹,我們正吃飯,竟狂跳,大笑,一齊跑出去,看看也沒什麼,莫名其妙!

團長叫何志高接迫砲連,因有許多技術問題 ── 人事,未調妥,故渠遲疑,我為他下決心!渠欲邀吾去砲連,報告副團長又不准,一定要叫去團部連,違拗我的志願令人難受。

討厭的蚊子實在可恨!把腳叮破,到現在未癒,副團長還以為我偷懶不去到差。

晚飯後上街,買了一對電池,看看報,在義記同鄭平談了幾十分鐘局勢問題。回來又到清那兒聊了一陣子,君宜也在那兒,聚精會神的聽著哩!

檢討今日一天,除閒談外,一點事沒做。

**提注:一、同仁歡送聶宜爽、孫蘭洲、何志高等。**
**　　　二、暫停去團部連仍留在教育隊。**
**　　　三、草擬〝搶救青年文告〞呈給團長。**

七月十五日 星期五 氣候曇 湖溪教育隊

今晨天剛黎明即起,等候做朝會,詎知電話來叫停止,吾一人拿了籃球到球場運動幾十分鐘,雖累一身大汗,身上卻舒服好多了。

今早蒙各同事備酒菜歡送孫指座、何連長及聶、王、鄧、吾等六人調職，慚愧得很！小小的分隊長調連附有什麼了不起！不過上面認為很隆重，很器重似的。

飯後送走孫蘭洲 —— 到太和 —— 回來收拾行李，莫名的情緒衝擊吾的心靈，憂愁又從中來：

（一）箱子不帶丟之可惜，帶了行走又不便，因許多書籍隨時需用，（二）熟環境乍到生環境許多不便，緊之鬆之均不宜，不能發揮長才，要放手幹一下又不允許，而欲調迫砌連硬不准，休息了幾十分鐘，乃毅然拖著沉重心情，沉重腳步走向團部連去報到。

一路計畫工作，正遇副團長又叫轉來，見了傅玉華隊附，云為了適應情況，人事略有調整，怎麼竟峰迴路轉，第一區隊附盧子甫副營長回二營，命吾代理第一區隊長，真是出人意表，竟留住我了，但團部要調教育隊去附近，以增加實力，明天搬家，又是美中不足，這可愛的湖溪村只能再待一夜了！

「搶救青年」這該是我們部隊的當務之急，可是我部卻未顧到此處，須知這一批青年如不搶救，被匪利用，豈不是多增幾個敵人？可惜國家又窮，當局者又迷，我儕小兵心有餘而力不足。

下午我的思潮湧起，高興之下，做了一篇文告，針對〝搶救青年〞下藥方。

吃了飯，欲往團部換藥，因沒精神，只好又作罷。

## 38 太和城一片兵荒馬亂景象

**提注：一、太和城一片兵荒馬亂景象。**

**二、師部政工隊允收容蕭志清等。**

**三、教育隊會議，我仍教輕機槍，加作戰綱要。**

**四、不用衣物書箱暫存根宜家。**

**五、中午別了湖溪，晚上又訪湖溪村。**

七月十六日 星期六 氣候曇 赴太和回湖溪邁山東上族

一早被何志高叫醒，何託吾往太和師部政工隊，為安插清及君、根等事，我本想派人持信詢問即可，因要遷移，移交傢具，同時又要與老盧辦交代，還有些瑣事，但何責吾墮性太重，再三催促乃起身淨面，報告隊附請假，並呈〝搶救青年〞之文告與稿。丟張卡片至君家，並向老盧說了一聲。

騎上醫官劉的腳踏車，六點十分出發，將近一年未騎長途車子了，迎著晨風倒也清涼舒適，高歌吧！放聲的高歌吧！

公路長久未行車，亦未修，凹凸不平，石子又多不好行，尤其大坡很有幾個，很吃力。

七點一刻到太和，進入市區觸目盡是兵荒馬亂的混亂景象，車站擠滿了車子和行李、人，揹包袱、扛行李來往的人很多，尤其各種不同番號的部隊很多，每人臉上的表情，都是那樣緊張，行色也匆忙、說話也神秘。軍用卡車呼呼地跑，令人揣東測西，大商店關了門，貨也不見了，代之的是些地攤小販。

報紙略看一下，跑到副官處見了張子麟，同至政工處，

處長王及鄧隊長、陳隊附，說明來意，請示是否可以收容志清等，處長答以只要思想純正可無問題，這算圓滿了。同張到豆腐攤吃些點心，到醫務組拿藥，無人，購藥又無零錢，只好作罷。見了許多同學，說說話致耽擱了時間，八時許方出發，因跑錯幾里，至九時許才回到湖溪。

在君宜處吃飯，母不在，君宜無主張，根宜云不願去，到志清家，其母又固執不肯，志清似願意。

到房內收拾東西，又是莫名心緒衝擊，這唯一漂亮的房間，惜只睡了十七夜就得離開，不但留戀這一間，這一幢房子吾都捨不得，巡梭幾趟，也不知是何意識？

這一次十七天的居住，離開時又比在高塘壜更難說出那種心……，收拾妥行李，厭其太多，把無用衣襪及面盆存君家，雜誌、國文、棉花也送根家，十一時許好像很難捨似的離開湖溪，不過這很近，隨時可來，而時間與局勢又是否能允許呢？恐怕驚人的演變還在後面哩！

〝山東上族〞的營房 ── 祠堂。倒也開朗，不過用具空空如也，又得搬取，用水不潔，吃水更不用說，環境那有湖溪優美？也沒球場、操場，多麼彆扭！又何必搬？

下午開教育隊會議，歷時許，討論教育方法，並分配課目，我還是教輕機槍，可是又加了作戰綱要。

吃了晚飯已六時，拿籃球到湖溪去打，見了志吉，同覓笑林未見，乃至漢興處談談，他仍是徬徨不定，至志清處，見志清憔悴多了，君宜之母已回，他們商量半天，認為走是不妥，因根宜固執不肯走，君倒願意，不過一木焉能擎天？聞她哭了幾場。不過在此千鈞一髮，自己未來榮辱在於一念

之間，任何人不可勉強，吾站在道義立場上，應該苦口婆心向其說明，聽不聽則由她們自己了。

近八時回隊，志修隨吾到迫砲連轉住何志高處，志清雖肯走，可是母不願。

**提注：將箱子存放耀華家。下午揮別湖溪。**

七月十七日　星期日　氣候曇　由山東轉進

今天禮拜，只看看陣地，挖挖工事完成了一天工作。且得隨時準備行動，聽號音集合。

晨起沒有像湖溪那樣的環境，讓我散步，運動、深呼吸，硬是彆扭！

飯後本欲往湖溪，因自行車未借著，腳痛又兼路遠，倘馬上集合行動，趕不上豈不是糟了？乃止。今天又撥 20 多兵員到砲連，回連十幾位，教育隊只剩下 2 員大將了，槍多人少，一個空架子，倘生情況，奈何？

玩了幾十分鐘籃球，十二時午睡，二時被嘈雜聲吵醒，自鳳凰圩至今，沒有一天充足了睡眠。

午後換了藥，開飯後行動，行李太多，隨軍戰鬥實不易攜帶，乃決將箱子親送湖溪耀華處存，母在，根、君均赴外婆處，根宜太固執，君宜欲來而未果，她們不聽忠告，為了人言可畏，同時或又誤會吾等好意為惡意，

站在知識青年立場，和道義上，吾當說明，聽與不聽，意志是她自己的，任何人不能勉強，她們的未來，好壞皆由她們一念之間。

東西存好，在村內又繞了一圈，好似這臨別一剎那猶有餘戀，村裏識吾者多，臨行的一揮手、善良的眼睛…耀華難受的表情……唉！小孩子也有所感的啊！

**提注：211D 突圍部隊夾雜同行。**

七月十八日　星期一　氣候晴　由山東上族轉進南康村

昨晚七點多鐘，本團除三營尚在三十里之盧家墟外，各單位均在團部集合，預遷往距山東五里，沿公路之溫前村，到了指定地點，見房子髒又狹小，看看地形，剛把環境打掃好、沐浴，欲入睡，因情況有變，乃至團部集合，十一時出發，到太和，休息了兩個小時，又繼續走，下半夜月明如晝，倒也涼爽，不過因一路 211D 的零星隊伍在中夾雜，致把行軍序列弄亂。　前方突圍的 211D 大半沒了帽子，每人又黑又瘦，只見了曹家麟、老黃等，狀至狼狽！我們天亮到了馬家洲，又由小路向北前進，一路勤休息，因天太熱，途中只吃餐稀飯，十二時許到了指定地點—南康村，計算起一夜和一上午，最少走了五六十華里，一夜未眠，人多疲勞！

**提注：教育隊解散，官兵都下連。**

七月十九日　星期二　氣候晴　南康村

疲勞後的睡眠是甜蜜的，僅夜半涼極而醒，此外零星槍聲都沒聽到，睡得好甜啊！

早起村前後跑了一圈，見地形很複雜，村內好多漂亮房

子沒人住，早飯以一百三十銅元吃一隻大肥雞，清親自燒的，味道很好！

飯後同孟談談往事，剛欲入睡，聞情況有變，八連在此四里外已接觸，我們都打起行李，隨時準備行動，但由十二時到天黑仍無消息，大概情況好轉了。

教育隊今天解散，因各連人太少，要求士兵回連，迫砲連又需兵，故不得已解散，軍官除下連的外，都到團部作戰室聽候差遣。

#### 七月二十日　星期三　氣候晴　南康村

夜間背包不便打開睏，恐行動，但到半夜又被凍醒，夜間清晰的槍聲，劃破了夜空。

今早起遲了，洗過臉七時就吃早飯，飯後跑遍全村，我買了一隻母雞，叫號兵去清燉，午睡後去吃，孟繼仁、何、清一起吃，這維他命製造者確是好吃！午後同孟、鄧、銳等談及君事，往事不必再提啦！

到衛生連去，趕上了晚飯，燒雞、燉雞，哈哈！我的口福太好了！

**提注：一、由教育隊到團部連，還是** 638R。

**二、防地交** 211D。

七月二十一日　星期四　氣候晴　由南康村到羅家村、樂港　團部連

在迫砲連休息兩天，今日算是下連了一團部連，蒙謝連長頗垂青眼，惟其他或有不滿者，這是部隊之常事耳！今天

第二次下連，還是 638R，將來做人做事，要如何慎重謙恭才是，缺點絕對要改，不要固步自封。

生活在這所謂〝第一線的前方〞也就不過如此，除隨時應付敵人外，生活簡單算是類似原始，日夜不敢打開背包，除了看書閒談外，就是一個睏覺。

早飯後就準備行動，我團的防地交給 211D，午睡後，下午二時出發，到四里之羅家村，該村年青人跑光了，聽說是受 XX 部隊騷擾所致。


七月二十二日　星期五　氣候晴　樂港村

這村子雞被捉去很多隻，聽說米、油、鹽還被 XX 部拿走，物品一掃而空，無軍紀即無戰鬥力，如此部隊還能打仗嗎？

王道還是要較霸道來得漂亮！收效也大，我團的軍紀好，民眾跟隨逃難，今天還送許多雞與肉，各單位分配，自到南康至今，差不多每天不是吃雞就是吃肉，營養倒蠻夠的。

我也不懂，怎麼一般人那樣俗不可耐！我們所謂官長的房間，整天就同茶館一樣，吵鬧不休，糾纏得厭人！他們也不顧到別人休息與工作，太不禮貌！豈有此理！使我一向修煉的〝好靜〞與〝避繁方法〞至此亦束手。


**提注：一、蕭志吉來探訪。**

**　　　二、蕭志清母親來覓其姊弟回家。**

**　　　三、行軍途中幻想反攻江北。**

七月二十三日　星期六　氣候晴　樂港到十三景，團部連

　　何志高的喜劇又串演出一段插曲，昨晚志清的母親來覓她姊弟二人回家，因修叔已由湘歸，見家中突少兩人，當然頗不滿意，大發雷霆是意中事，並叫其母來覓，但清又依依難捨，而又怕母回家難覆命，良心與情感交織，使她脆弱的心靈竟哭起來，昨傍晚在田畔，其母、弟先行，何與清正在演那最纏綿的鏡頭，當此千鈞一髮，吾適聞訊，為了盡朋友之道，也不管泥濘，一口氣跑去，說了幾句緊要話：（一）你要顧慮到回去的日子怎麼過？── 人言可畏，多麼難堪？（二）湖溪太和雖繁榮無匪，亦不過暴風雨前夕，回去恐將一失足成千古恨，她很以吾語為然！竟叫吾三言兩句而改變心意，慢慢又踱回了營房。── 在良心上我總算對得起朋友！

　　今天又出發，五時起，六時食，七時許全團集合，早晨的空氣很好，涼爽，我一路幻想著…未來，回家的一幕，反攻到江北、河北…，種種構思湧入腦際，今天行程只三十里，因彎了十多里，又以渡河太慢，致行四十多里，到下午四時許才到，人也很疲乏了，天氣太炎熱！

　　此處前住 315D、944R 軍紀欠佳，雞子算是抓完了。

**提注：一、生活檢討：現在，未來。**

　　　　**二、理想變幻想。**

　　七月二十四日　星期日　氣候晴　十三景團部連，轉進窗廈

　　以前的一切理想，都成了幻想，現在，就果在意料中過著這種生活（原始的、戰鬥的），今後，我沒有更遠大的希冀，只有腳踏實地去幹，多在戰鬥中練習一切，願以肉體去

多吃苦頭，苟安的念頭快打消吧。

　　這原始式的生活，過得也有些寂聊，今天整日都是看劍俠小說「獅頭怪俠」，看完了，又看「武當豪俠」，總不外一些牢騷，打貪官，殺汙吏，淫僧、歹尼，賊盜害人，俠士遇艷……。

　　今下午四時半，又遷二里外山坡之小村 ── 窗廈。地勢較佳而有利。

**提注：窗廈小村十室十空，補給困難。**
　　　　　　　七月二十五日　星期一　氣候晴　窗廈團部連

　　昨夜已睡著，錢華林來覓吾，渠在 639R 到此與吾團取聯絡的，別後月餘，想不到會在此僻地相遇，我兩敘著別後經歷，直談到午夜後倦極方眠。

　　此村很小，然十室十空，絕無僅有幾個老太婆在家守門。此處蚊子很多，而且是啞蚊，不來通知，就咬你一口，好屬害！

　　這幾天補給不易，主副食恐慌，尤其沒處買油、塩和菜，日用品和香菸更缺，有錢買不到任何東西，十分彆扭！但我倒覺沒多大影響！只是癮君子天天〝扛菸皮〞，叫苦！

# 39　深山幽谷中行軍，想起曾國藩、胡大川名言

**提注：一、在困境中想到曾國藩，胡大川之名言。**
　　　　**二、在深山幽谷中行軍。**
　　　　　　　七月二十六日　星期二　氣候晴　窗廈到水北

　　眼見著一般人往往總是叫苦，無病呻吟，十分可議！我覺得現在的生活，一切並不苦，而且非常有意味，要以藝術眼光，來體會它的妙處，那你的生活就不覺苦了。

　　曾國藩說過：「越在此緊張環境，須具一種沖淡豁達之氣方可」，我現在也正要效尤，想學〝靜功〞盡量修養，雖然煉不到爐火純青，把一顆心煉得像古井那樣一波不動 ── 那非一日之功 ── 但起碼也要和得上胡大川先生那兩句「但願百年無病苦，不教一息有愁魔」幻想詩，越是這樣艱難困苦，越是要達觀！胸無點愁。

　　本來是今天六時出發，本連天甫亮就吃了飯，約在幾里以外，聽到機槍聲和砲聲，約九時才開始行進，都是在深山窮谷樹林裡走，有時沿著峭壁，靠著小溪，一片詩情畫意盡在眼前，十分有趣。

　　約走十七八里，經湛口到水北住下，639R 住湛口附近，見了錢華林和王慶武。

　　審視地形靠近小河，原來前天由樂港經此到十三景的，剛好打了數十里的一個大圈子。

　　今天口福太好！吃了四餐，三次雞子，一次在志高那兒吃肉。

**提注：一、成天在山區轉圈子，沒有接戰決心。**
**　　　二、到了湛口，見百姓逃光，垃圾成堆。**

七月二十七日　星期三　氣候晴　水北─湛口

　　夜來一緊一密的槍聲把我驚醒了，細聞之又不響了，今

早卻更清晰，原來是抓逃兵，弄得大驚小怪，人們都緊張起來，結果還是虛驚。

真是，天下本無事，庸人自擾之了。

今天見了聶宜爽等，怎麼都說我瘦了！好像大病初癒一樣，這也怪了！最近營養不錯啊！差不多每天不斷葷，並且雖勞力並不怎樣勞心，為何會瘦哩？我想大半仍是心頭憂煩太多，心情太不寧了，我不應該把寶貴腦筋花費在無謂的思索上，前慮後顧，憂愁過度也是傷神，吾儕在軍中有職責，雖不能像隱士那樣笑傲風月，悠然自樂，但應該要達觀些，何必太憂慮呢？

今天又要搬家，只有三里之湛口，接 639R 防地，我覺得有些煩了！也不打硬仗，只躲躲閃閃，一天行三里五里，只是在山裡打圈子，也不像打游擊，只是空勞兵力，且每至友軍住過之處，物資都已一掃光，副食沒法補給，日用品沒法買。

上午十二時到湛口，過渡很費事，到了駐地一看，可真令人作嘔，透不過氣來！因百姓逃得一個也沒，雞、豬、蔬菜一掃光，環境太髒，到處大便滿地，垃圾成堆，他們都是豬嗎？打掃了幾小時，還是臭氣沖天，聞不得也。

## 40　315 師、211 師在馬家洲一帶迎戰

**提注：**一、315D、211D、213D、637R 已在馬家洲一帶迎戰。
　　　　二、六月份薪餉點名發給、尉級仍是五元。

七月二十八日　星期四　氣候晴　湛口團部連

　　前天謝連長出差到師部領款，昨午後已將六月份餉領來，今天點名發餉，只聽軍師部點名發餉，未聞團部也來這一套。

　　每次發餉都是弊端叢生，聽說六月份薪在本月初就領到了，軍部還要跑兩趟生意哩！月底才下來，這是明明〝揩油〞你能奈何他麼？

　　見報紙上云五月份起按級發薪，少尉十二元，可是本月仍是五塊錢，而且裡面還夾有雜洋，葫蘆裡不知賣的什麼藥！

　　這裡環境，實非筆墨所可形容，夜來蚊子特多，為了減少麻煩爭取時間，我好幾夜沒有掛帳子了，昨夜非掛不可，不然可真給蚊子抬跑。

　　下午聞砲聲與槍聲漸密了，315O 及 211D 在蘇溪，白士街 ── 馬家洲附近激戰正烈，我師部及 637R 亦已接觸。

　　吃過晚餐就打好行李準備行動，夜十時，師司令部直屬隊，及 637 第一營由此經過，到白馬洲去，直過到十二時方完。

　　今天被俗夫們把頭也鬧昏了，房子裡喋喋不休，真夠厭煩！

**提注：一、夜間冷得古怪，迫砲連住破祠堂內，湮亂、陰森。**
**　　　二、何志高、蕭志清二人睏在大木桶內，真狼狽矣！**

七月二十九日　星期五　氣候晴　湛口團部連

　　夜來恐行動，故沒打開背包，更未吊蚊帳，蚊子又多，而天氣又冷得古怪！可把我凍很了，今早人們都說昨夜實在

冷哩！

今天的精神好像爽快得多，早起跑到林間散步，見到處糞便，臭氣薰人，我連的四個班住在河邊。搭蓆為蓬。

飯後看看周遭地形，順便到浮橋那邊迫砲連去看看，他們的駐地，是多年無人煙的破祠堂與破房子，那院內外蒿草數尺，草遮路徑，屋內更是狼狽得不可形容，木器腐朽，屋角霉氣侵人，地且濕，房間簡直陰森得怕人，老何和志清，睏在一隻大摔稻子的木方桶裡，看此情此景，令人感觸萬千，猶如那偵探小說〝古屋奇案〞相仿，宋丹萍先生如果臨到此境，亦必大吼其——〝夜半歌聲〞了。由於主副食恐慌，他們吃稀飯，有菜，無塩，生活之苦可真到到山窮水盡地步了，且日用品無處買用，癮君子大大叫苦！

由何處回來，洗了一個痛快的熱水澡，繼與文書下了兩盤象棋，一時半午睡，三時一刻方起。

吃了晚飯已五時許，覺腿根淋巴腺有些發炎，怪驚人的！又跑了一圈子，回時已黃昏，這一天日子太易過了，一點事也沒做！

**提注：一、637R 接戰三天，最後放棄了。**
**　　　二、人工水車自動輸水。**
**　　　三、行軍紀律差。**

七月三十日　星期六　氣候晴　湛口—上平

637R 已接戰三天了，每天砲聲隆隆可聞，本來要本團去支援，但又終止，決定放棄該處，因匪已左右包圍，不能久

困此處了，昨天一天我們都在準備，今一早果然又走了，途中休息間，聞及第八連開溜，連長把隊伍於昨夜就拖走了，真是一件不幸的事！我卻擔心著，忠實的吳禮和兄會遭受意外，因為他是外鄉人。

途中見一種水車很奇妙，利用水的衝力而轉動，輪緣綁上竹筒，自然地把水裝上，當下傾的時候，水就傾倒在竹製的流水槽內，再轉輸到田內，輪上的竹筒，一個連一個的，把水倒在槽內流向他處，看來太科學了，這種半人工半自然的自來水管太偉大了。

天氣太熱，太陽像一把火傘高張著，因此隊伍一拖就散了，三五、七八成群的，或一二單獨的，各不相顧向前走去，如此不遵行軍紀律，處此備戰狀態中，如遭遇敵人奈何？我真擔心！預定今天到衙前宿營，因上午走得過急，下午隊伍走得鬆散，走了六十里天已黑了，就住在〝上平〞附近各村子，今晚買了很多雞鴨，因為沒蔬菜之故。

## 41 315師、211師在高坡、蘇溪之線，已接戰二日

**提注：一、副團長言：三營八連李連長帶部隊上山，不知下落，**
**　　　　　另外第一營營長也帶人槍回家了，真不幸也。**

**　　　二、山路難行，部隊走得零零落落，東倒西歪，十分零**
**　　　　　散又無秩序。**

**　　　三、315D、211D 在高坡、蘇溪之線已接戰二日。**

**　　　四、吳禮和兄由八連脫險歸來。**

七月三十一日　星期日　氣候晴　上平 —— 衙前

　　夜來蚊子較少，可是依舊寒冷，睡眠倒也充足，可是疲勞仍未恢復，足仍痛。

　　五時四十分起床，洗面整好行李，稀飯已煮好，太熱了，吃不進，嘴巴燙得亂歪，舌頭也麻了，只吃半碗，已吹前進號，只好割捨就道。

　　六時四十五分出發，翻過兩座大嶺，後一個嶺好大，約行二十餘里，九時半到橋頭休息，637R 正吃飯，我飢極了，在龔節志、吳月平那兒吃了兩碗飯，頓覺精神飽滿，小腿上好似加了油。

　　天氣委實太炎熱了，一路吃了很多冷水，隊伍只奔跑，沒有命令休息，士兵都覺吃不消，走得東倒西歪，隊伍零零亂亂，三五成群，走的走，休息的休息，至村內到處抓雞找飯，弄得烏煙瘴氣，軍紀沒法維持。

　　今天行軍太無計畫，逃者不少，設若遇敵那可真不堪設想！途中聽副團長言及，第三營八連李連長把隊伍在前天拖上了山，不知下落，我倒替忠實的吳禮和兄著急，他為人篤實，或可不致有意外，另聞第一營長亦帶少數人、槍回家，不悉是何用意？

　　總之，隊伍像如此拖下去，令人沒興趣幹，同時部隊哪有前途！

　　橋頭到衙前這二十里可真不小，盡是小碎石子的羊腸小徑，彎彎曲曲，高高低低，又梗足，太陽如火傘，汗流似泉湧，邊走邊休息，翻了兩座絕嶺，高可七八百公尺以上，上得嶺顛，群山低頭失色，再無比此山高者，望山下家屋，如小土地廟，行人如螞蟻，一幅天然畫，美妙不可勝收。

　　下午四時才到衙前，街很大，可惜人已跑光，除小菜、零食，買不著日用品。

　　315D 與 211D 在高坡，蘇溪之線，激戰了二日，現 211D 安全轉進，315D 之 944R 一部失聯絡，這還算好的哩！

　　到駐地未久見吳等已回，吾喜極，乃將禮和兄情形告知志高，介紹到渠連去，聽他言及脫險經過，令人咋舌！

　　六時師部前進，想我團休息亦不會久。

　　在山區打轉日久，基層官兵不知道上級指揮者之意圖，官兵亦不知道自己的目標是甚麼？再者，地方上招募的士兵，訓練不足，軍官都是鄉鎮長，保甲長，統御部隊有問題，而且對國家忠誠度不夠，以致有個人逃亡者，也有全連隊集體叛逃者，不但影響本單位戰力，更對大團體的士氣有重大影響。

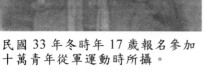

民國 33 年冬時年 17 歲報名參加十萬青年從軍運動時所攝。

民國 37 年秋天在安徽歙縣保警隊

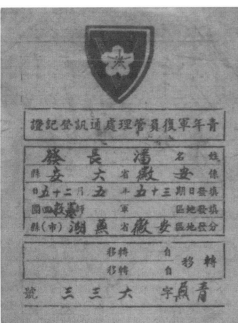

三十五年五月青年軍在蕪湖復員。

三十五年五月青年軍在蕪湖復員。

## 42　山地夜行軍，至黃景坳佔領陣地

**提注：昨夜十二時出發，整夜山地行軍，天明到橫嶺，白莊設營後，夜八時再出發，至黃景坳佔領陣地。**

八月一日　星期一　氣候晴　衙前 ── 橫嶺、白莊、黃景坳

　　昨晚看情形似是不走了，洗過澡同吳禮和兄正聊天，突聞槍聲自遠而近，越來越密了，機槍聲、砲聲也更清晰，急跑回連，集合隊伍就射擊位置，只見 637R 的官兵飛跑而過，詢之云橋頭高地為敵佔領，該團後撤；繼之本團亦預退計，準備妥在十二時出發，無月色，星光稀疏，雖不稱〝伸手不見掌〞可是張開口也看不見牙齒。羊腸似的碎石路高低不平，且梗足，吾疲倦且足痛，強振精神前進，一路沿河而行，傍山小道，上下彎曲奇特，一人跟一人，雖未跌跤，可也打了幾個踉蹌，翻了三座嶺，硬走一夜只休息一次，途中也站著打盹。天光到橫嶺街燒早飯，睡了幾十分鐘，算起路程，可算走了五十里路。

　　約八時許，整隊前進，翻了十多里上下的一個絕嶺，彎曲到達頂端，汗流如雨，心悸亢進，四顧群山失色，如萬峯來朝之勢，左右甚少匹比之嶺，比起昨前兩天之嶺，又是大巫與小巫之別了，山頂雖有屋，惜無水可飲。

　　由橫嶺又走二十餘里，於午前抵白莊設營，944R 下午離該莊，打掃好久，剛把衣洗過，鋪弄好，突來命令，開飯後前進，匆匆吃過飯，約八時出發（晚上）行約數里，到黃景坳佔領陣地，佈開防線，警戒置好後，隊伍皆露營坳內路旁。

# 43　638 團掩護全軍各師轉進

提注：一、九時一刻，本團第二營在正面與敵人接觸，激戰到
　　　　中午，12：20 二營三營交互撤退。
　　　二、軍部及 211D、315D 本師各團，均在午前撤退，638R
　　　　為全軍最後一個團、負責掩護，在 12：20，二、三
　　　　營交互掩護下撤退，夜十二時到禾源。
　　　三、二營五連又掩護全團撤退

八月二日　星期二　氣候晴　黃景坳之役轉進禾源

　　昨夜吾與副團長等曾預測到，今晨必有一場激戰，若有
計畫，部署縝密，吾團或可按步安全轉進，設反之，則一接
觸，即不易迅速脫離戰場，因匪喜用包抄合圍戰術故也。

　　今晨起已七時，僅煮了一鍋稀飯尚不夠吃，近八時全團
展開，佔領陣地，佈成防線，一營在右，三營在左，二營在
正面一線，團直屬隊為正面二線，我連及砲連均在山腰跟隨
團部。

　　九時一刻，二營開始接觸，我方火力較強，輕重機槍發
揚威力，步槍聲很少，敵方火力較弱，然據報敵人數很多，
有一軍之眾，而我方僅本團與 637R 一部，及軍部輜重團在
第一線抵抗，軍部及 211D、315D 我師，及各團均在火戰時
撤退，以致軍部、師部、電話中斷，然敵雖愈增愈多，我團
仍極力支持，以掩護渠等撤退，我團各單位行李、伙伕担、
與眷屬，亦於此時過大橋沿公路往贛州。

　　十時至十一時半為激戰最頂點，敵左右包抄，正面衝鋒，

而其砲彈則向公路、大橋發射，機槍封鎖大橋，此時我迫砲連亦開始射擊，各連小砲密集發射，沉寂數十秒，激戰復起，左面敵火力弱，似向右翼增加，敵砲彈亦落右翼之馬路附近，我陣地落二枚砲彈，此時敵增加，三面合圍我二營，迫砲連續放十多砲後，即先退了，

　　三營由左增援正面，掩護二營退卻；四、六、機、連相繼退下，五連未下，因電話已斷，營長先走。我連於此時亦就陣地位，士兵尚沉著，未亂發槍，一會兒七連換吾連，吾連乃下山隨團長，二營撤至二線，仍守正面工事，此時敵砲火中斷，敵似在變換陣地向前推進，而我聯絡中斷，軍、師部既已安全撤退，我團掩護、斷後、阻擊，任務亦已達成，為迅速脫離戰場免受包圍，我團乃以二、三營交互掩護，十二時二十五分開始退，因大橋已為匪控制封鎖，不得已繞山路，過小石橋，快跑了千公尺，累得透不過氣來，一個急行軍走了十里，休息後繼續前進，行二十里，渡很寬很長一條河，此時肚中餓得雷鳴，又乏又倦，乃在民家找到一些未吃過的〝桃乾〞，味酸，又吃無塩的粉條，和酸塩菜水，不管他什麼，裝到肚內再說。

　　休息很久，盧副營長已率五連突圍趕上，同學除聶宜爽外，餘均在。本團為全軍最後一個團，而五連又為最後一個連，渠等見全團退盡，三面受圍，沒法，乃由敵正面衝過去，向北繞了好多路方趕到此，還算幸運的。

　　途中軍部及各師落伍掉隊者很多，都狼狽之甚，吾與劉排長因等候病兵，並推行軍鍋，休息太久，天黑又在路邊二營吃飯，碰到連長，繼續前進，十二時方到禾源，洗澡、吃

飯後二時方寢，疲勞過度反而不思眠了。

## 提注：禾源至紫陽一路艱辛，官兵過大橋時被敵人機槍掃射到，有死傷的、有落水的。

八月三日　星期三　氣候曇、雨　禾源－遂川　紫陽－上猶

　　昨軍部一部，及本師師部，315D 一部均在禾源宿營，推之 211D 大概走馬路了，今晨 637R 及 315D 的均先後出發，我團仍在最後。

　　晨七時許起身，心中記掛著華生的下落，到禾源及附近各村、各單位，皆未問到線索，八時半才回來，令人十分焦灼、擔心！

　　以個人眼光檢討昨天戰役，大體看來，還算可以，不過轉進時紊亂無計畫，以致隊伍被衝散得七零八落，211D 沿馬路先行，315D 支持很短就退，只軍部警衛營，輜重團極力支持，但退之太早，致使吾團無後路，不過本團退時情形尚佳，今天隊伍皆聚集齊了，無何死傷，僅五連少數，四連被俘數名，亦有失蹤的，走散亂的，彈藥、行李丟掉不少，本連還算好，只一個病的未跟上，餘彈藥一切皆不少，今早特務長亦找到隊伍。聽說昨天團部率領之伙伕，公文担，及眷屬、病患先行的，先在大橋，被軍師部阻攔不准走，後軍師部人跑光了，他們通過時被機槍掃死不少，亦有受傷、落水的，斯時亂跑之中，有走馬路有轉小路，轉小路倒好了，跟上隊伍，走馬路受砲火威脅。

　　十時一刻出發，今天天氣很佳，無炎日，有微風，倒不

覺太乏，一路見蔣經國專員的治績很宏偉，到處除〝建設新贛南〞之類的標語外，縣道、鄉道，修得平坦，學校及街鋪建築劃一，一個小學校比中學還要完備。

行十里至店背，休息後仍前進，下午因大雨太密，時已黃昏，乃在紫陽一個小學內住下，校內無用具、鍋灶，衣盡濕沒得換，六時半到達，擦個乾燥，八時就蓋濕毯而臥，九時四十五分起身吃晚餐。水也沒吃的，可謂山窮水盡矣？十時許乃寢。

**提注：山區夜行軍，十分艱險，休息太少，又無補給，奈何？**

八月四日　星期四　雨　紫陽──社溪

夜十一時許被叫醒，集合隊伍，又是夜行軍，泥濘小道，又滑且溜，渡河，又翻了一座十多里的大山，石上有水如油之滑溜，又看不見前方，一步挨一步的向前摸，一路聽到好多跌跤的，我帶尖兵班先行，也打了幾個危險的大跟蹌，尤其下坡更難，一不小心就像冬瓜一樣滾下去，我有一次吊下一隻腿，幸又立起，下面絕壁，如下去那可糟了。

近四時了，才到山腳〝年巫〞村，休息未久又前進，官兵大半疲勞，行動遲緩，病患時增，謝連長王光亞皆病，吳禮和足腫，幸吾精神尚佳，還可背包扛槍，只肩、足微腫。

約走四十里到社溪設營，十時許到達，睡到十二時許起身吃飯。到鄉公所交涉伕子，遇同鄉談甚久。街上蠻好，無啥可買，乃回屋寫文。

提注：一、江西保安旅強劫 23A 人員、武器。

　　　二、游耙生十分勇敢，而且忠誠不二，一路上艱險備至，又經過許多關卡，終又找到部隊。

　　　三、團部連押行李人員，文書，眷屬等，皆到唐江鎮，與都隊會合，十分興奮。

八月五日　星期五　氣候陰、雨　社溪（上猶）── 唐江（南康）

　　作戰著重補給，此次本軍馳騁數百里遼闊戰場，上無空投，下無車運，火藥不補，地方政府不協助，死傷無人抬，受傷無藥救，主副食天天恐慌，無友軍援助…如此情形，這個仗還能打嗎？上面對我們好像遺忘似的。

　　附近住個保安旅，前天怎麼離我陣地近而不支援，我軍退卻，他站山上聲言掩護，其實強劫，聞 315D 被繳一排武器，軍部亦有，亦有背包被搜劫的，這一筆帳將來可又算不清，那有如此活強盜部隊？

　　天剛拂曉即開飯，哪裡吃得下去！

　　跑到運動場勉強還拉了幾個榤子，六時許吾隨前站人員先行覓營房，今天行程 60 里之唐江，涼風息息，亦無大嶺，平坦好行，途中買了一餐飯吃，很少休息，十二時許就到了唐江，市面繁榮，比美樟樹，亦為江西四大鎮之一也。

　　在街上繞了一個圈子，此地一四七逢集，今天七月十一日正逢集，人山人海，小攤把路堵塞，每家皆有電燈裝置，店屋建得整齊，路也很好。

　　在藥房避了一陣大雨，休息一下，見押行李的丘書記在街上走，吾即詢之，喜聞本連行李、人員均已安全來此，今

天由贛州來，即刻就到，吾隨即滿街去覓，果然碰見了文書，喜出望外！華生亦無恙，行李無損，渠等因尚有兩支槍，在橋頭被七十軍盤查扣留，吾即前往交涉，見到劉連附及其眷屬們、行李、公文箱、人、槍均在，交涉妥，即送渠等到住地──郊外小學。連上同志們見了都皆大歡喜，連我亦跳起來了，免不了問長問短，互詢脫離經過，渠等一路上受數十次檢查，在遂川渠等最先通過大橋，行十餘里又遇匪埋伏，機槍掃射，渠等又首先衝出，其餘各營、連都未衝出來，志清亦未有下落，老何好不納悶。

想不到華生會有如此勇敢！行李一樣未丟，跑這許多路，太使我欣慰！感激！這樣忠實的人真是不可多得。

下午四時同鄧道明、王光亞上街，店鋪很多，可是無啥需要，同時很貴，還是以吃為高，乃到小館子坐下，吃些水酒、滷菜、麵、飯，哈哈，今天過年了。

此地的理髮廳怪好，月餘未理，格外顯得人瘦毛長，今天來個大掃除，對鏡一照，自己驚異！竟瘦得同猴子一樣，眼凹骨凸，十分狼狽！

在街上看看報，回去已近十時，同他們談一些此次作戰情形，及本軍情形。

洗腳、就寢，華生回來了，吾心中大石已放。


**提注：本團各單位走失散的人員，行李，全部到唐江鎮來了，蕭志清也來了，何志高大喜！**

八月六日　星期六　氣候晴　唐江──十八塘

　　夜間很涼，風也大，今早陰雲密佈，一會兒太陽又出來了。

　　今早不想上街，無啥可買，只是坐在鋪上，同王光亞、鄧道明、吳昇平兄談了一清早，大家都認為環境不佳，想動，可是事情也沒那麼簡單。

　　十時就集合隊伍，團長說了話，下午一時才開始出發，四時許抵達十八塘，聞明天尚有 35 里才是指定地點。

　　今天、明天 213D 全向某地集結，本團各單位行李、人員、走散的；全來了，清亦到，何喜極如釋重負矣！睡一覺醒已六時，龔節志來，暢談了許久，彼此遭遇，及部隊情形，大家都是同聲慨嘆！同病相憐。


　　　　　　　八月七日　星期日　氣候晴　十八塘 ── 松江埧

　　昨晚月白風清，與龔節志在大橋上想去沐浴，可是無意之間，一條心愛的毛巾 414 牌，失落了，四尋無著，它是五月買來，七月中旬用，為我忠實服務已兩旬矣！那一日不相親？一旦丟之豈不可惜！

　　今天又行軍，7 時十分出發，40 里到松江埧，不覺疲勞，倒還輕鬆，十二時就到了。

　　這裡的鄉村建築都很好，人民還開通，這裡人可不像太和那邊都跑光，一切事他們皆肯幫助。

　　入夜蚊蟲特多，掛帳子不便，只好讓它咬。


　　　　　　　八月八日　星期一　氣候晴　松江埧 ── 桐模

　　今天七時許開飯，八時整隊出發，行五里到師部，由胡

師長訓話，檢討此次戰役，乃多數人不沉著，致自己找死，在全軍是失敗的！以本師則不為敗也，謂來此稍休息即開始訓練。十時一刻到了桐模，只走十里，這裡距贛州 40 里，距沙地 20 里，這也不知道怎麼走法？把我弄糊塗了。

## 44　歷經幾次戰没，唐江遇錢華林，恍如隔世

**提注：一、八月六日離開唐江，到十八塘松江埧；八月八日到桐模，已接近贛州了；但今天又奉命一天之內趕回唐江鎮，上層在搞什麼鬼？**

**二、唐江街上遇錢華林，至酒店小酌，暢談別後，彼此在不同單位，經過幾次戰役，有恍如隔世之感！**

八月九日　星期二　氣候晴　桐模 —— 唐江

　　四時許被嘈雜聲驚醒，原來又要出發，乃急忙整理行李，我打前站，四時半就帶華生隨團部人員先行！一路上與劉醫官談他的艷史，行 20 里到蔴桑，師長指示在蔴桑附近數里覓屋，乃轉向北約數里有 945R 遺下營房，吾一人到一董姓小村莊看房子，恰碰到寄住的江湖人 —— 新加坡魔術團之首領唐玉文等在那兒，一行男女六人，吾與他拋了兩句內行話！蒙渠等另眼相看，特別客氣，問問渠等行止，適逢其開早飯，堅要吾吃，只好厚顏入席，吃一碗甜酒，二碗飯，還有臘肉乾魚哩！席間又問渠等旅行表演始末，飯畢見耽擱時間不少，乃告辭。

　　到大路邊，見 944R 在，我團前站人員又皆回蔴桑了，云在蔴桑開過飯，又要走回唐江，因命令改了，不住蔴桑改

駐唐江，這真是「寅令卯改」了。害吾先行又跑白路，到蔴桑還未休息，亦未等到開飯，前站又走，十時一刻出發，一口氣跑三十里，到十八塘休息，此處為 315D 部駐，途中碰見葉木志，渠憔悴多了，在休息時鄧、劉亦趕到，再行十五里覺肚飢，在民家買些飯菜吃，今天古歷七月半，過節哩！故還吃了兩塊臘肉，乖乖真鮮美！喝開水下去，沖上來的氣也是香的啊！

飯飽將軍馬上威，十分有精神，又行十里，買隻三斤重的大雄雞，四時半到唐江，仍住原來學校，今天可真走得急，三天走去，今一天開回，精疲力竭，腳也酸，足亦腫，找到桌子就睏覺。

六時許約吳、何、鄧同往唐江街，因今天過節，大小商店關門大吉，什麼也買不到，遇到錢華林，乃同至酒店炒雞煮飯，又買些糕餅，大嚼一餐，喝一壺甜酒，歡敘之下興奮極了，甜酒亦醉人，我們都飄飄欲仙的離開酒店時已九點，一路談些國際形勢，國內及軍營生活，別後重逢談不完的話題，經歷幾次戰役，異地又重逢，感覺上恍如隔世。

八月十日　星期三　氣候晴　唐江 —— 盧村

昨疲勞過度，然睏時甚遲，故不能早起，本規定八時開飯待命出發，他們天未亮就吵鬧不休，十分討厭！

六時一刻，被何推醒，渠與吾商量叫華生隨志清赴大庚，本軍各師團留守處都在那兒，不過安全問題也是難說，現在與匪作戰無所謂前後方，誰也不能說某處為安全，不過眷屬、行李先行也好，免得作戰時增加累贅，我是兩者皆可，華生

帶吾行李去也好，不去亦可。

把什物又重新整理，較重要則帶之背包，次要包在擔子裡。

八時許開早飯，今早米砂粒多而味惡，飯後又睏，十一時許才整隊出發，穿過馬路僅三里之盧村，村子很大，團部住盧氏祠，太寬大而清淨，來到江西，又算是第二次住到了好房子。這祠堂懸了幾張金字紅匾，好不嚇人！都是特任、簡任、上將、中將、進士、翰林、武舉之類。

晚飯又是砂子多，捧幾吊銅子上街，買什麼也沒有，仍是關門大吉，貨櫥空空如也，好不容易買一袋牙膏，聽說他們貨物全搬鄉下去了，丘八一樣的給錢，為何不賣給我們呢？真有些氣憤！晚上到何志高、孟繼仁那裏談許久，同志清研究音樂，九時許才返連。

**提注：一、受何志高之託，讓華生伴志清至南雄。**

**　　　二、本團八月六日由唐江出發，八月十日又回到唐江鎮，繞了一個大圈子，又回唐江鎮佈防，因敵人已到了十八塘，315 師在前面抵抗；團部進駐市區，一營守浮橋，二三營佈防郊區，看來，一場戰鬥是勢所難免。**

八月十一日　星期四　氣候晴　盧村團部連

前晚同孟繼仁、吳禮和、龔節志談及吾等本身問題，覺得在此過輕氣球式的夾縫生活，太無興趣，上官只用親信奴才，而不授權與人才，在此有才幹無處發揮，即發揮亦是空勞而已，現大多數同學都想離開，想跳！尤其青字同學，可

是在這窮鄉僻壤消息隔絕，奈何？只有待機到都市再說。

懸了帳子睡眠恰是甜蜜，早起在門前操場，跑了一大圈覺得很舒服。

看了一清早的陳舊報紙，裡面的雜文、小品文，也饒有風趣，耐人尋味。早飯後已十時許，為了領七月薪，費好多周折，嚕嚕囌囌糾纏到午後，才拿到九塊大洋，沒什麼好買，帶又不便，金子也給大官們買光了，只好背著。

軍師部非戰鬥人員皆已渡河去南康，匪已到十八塘，315D 在前面抵抗，街上軍直屬部隊走完了，637R、639R 均走，本團調市區四周佈防，並維市面治安，下午四時，團部到市中心區署住，一營守浮橋，二三營在西北郊佈成扇形陣地。

唐江市區人民已逃去大半，沒逃的也關門大吉，傍晚、入夜、街上是清淨如洗，電燈光也蒙一層殺氣，成昏黃色，沒往日的亮了，一片肅殺的景象，確實有點駭人！是誰造成這樣的局面呢？偶而三二散兵走過，也買不到任何東西吃。

九點多，吾倦極欲睏，被何志高推醒，云團部汽車自南雄來，商叫華生伴志清去南雄，吾思之若不允友情難拗，若允之吾行軍諸多不便，但以作戰之利害關係想，還是叫華生去，並攜去我的行李，吾自己還是一個簡單結實的背包。我送他到橋頭，何志高與志清又是娓娓情話說不盡，纏綿了一個小時還喋喋不休，可把我急壞了人也！所謂英雄氣短兒女情長，於此可見！以後吾儕應以事業為前提，切不可為兒女情絲所羈足而不前，遇急事應有決斷，抉擇與毅力，此方為吾儕青年軍人所必具備之條件也。

## 45 638 團守唐江，最後轉進仙女廟

**提注：一、638R 仍殿後，掩護 315D 及 213D 各部撤退。**

**　　　二、綜觀唐江鎮戰役，大戰近五個小時，各單位皆依預
　　　　　定計畫交互掩護撤退，最後炸掉浮橋，退守二線。**

**　　　三、可惜又可恨，防守二線的二三營，竟把團部連當敵
　　　　　人，密集射我，致我連傷一人。**

**　　　四、五班劉連桂被自己人打傷，腿部不能動，無人無擔
　　　　　架救援，令人悲傷耳。**

　　八月十二日　星期五　氣候晴、晚雨　唐江之役轉進大橋

　　夜半喊吾吃飯，哪裡吃得下，仍睡，到六時許才起，但
到後高地一聽，砲聲隆隆機槍聲亦密，本團都在擦槍拭刀，
準備一場廝殺。

　　洗過面，到通訊連看看，到街上見仍清靜如洗，小攤髒，
不能食，偶有少數同胞，站在街頭門口張望，神情那麼緊張！

　　在街上繞了幾圈，九時許回來，本連在街心警戒，我小
睡了一刻，十二時四十分見 943R 跑步，通過市區，過橋去
了，須臾，槍砲聲密，二營正抵抗，三營已退至市區，團部
各連乃過浮橋，在河沿部署，至一時十分，一二三營相繼過
橋，到距河沿千餘公尺處之馬路兩旁高地，佈成二線，本連
及一營突擊排，隨團長在一線嚴陣以待，一時半，各單位退
盡，工兵連遂破壞浮橋，俄而匪軍佔領大禮堂高地，約一連
兵力衝到橋邊，正氣門前，吾與劉排長率四五六班三挺輕機
槍封鎖大橋，向該敵射擊，火戰一時半，因吾一線兵力太弱，

且敵輕重砲彈俱落我陣地前，吾乃請示團長變換陣地，三時許，乃由馬路兩旁溝渠向二線轉進，時匪輕重機槍封鎖馬路，吾等利用敵火中斷各個躍進，時砲彈亦隨之追來，幸落之均遠，未有死傷。最不幸而最可恨者，就是二三營在二線，本是掩護我等轉進，而聯絡不靈，官兵少經驗，輕重機槍竟亦封鎖馬路，火力比敵人還密集，雨點般子彈左右橫飛，只好利用火力中斷，及有利地形，疾進。而槍榴彈又連續射來了，有一枚落距吾不過十公尺弱，煙塵飛揚，吾躲之不及，疾伏倒，心想：〝完了，完了〞！然而轟然聲後，並未傷人，吾乃率四、五班繼續前進，不幸五班劉連桂被自己人槍傷腿部，弟兄們只顧逃命，沒人講感情去拖他下來，懸賞亦無人，唉！

我揹了兩支槍及四枚手榴彈，好不容易退到二線之後在小店內休息，想想這作戰簡直是在胡鬧！當兒戲！團長還在前面，為何槍打自己人呢？敵情弄不清打什麼仗？那些當官的都是吃糞的嗎？這點常識都沒有？幸本連士兵沉著、機警，不然走公路要全被打死光，那豈不太冤枉了嗎？想想真可恨！在這些老百姓團體裡、烏合之眾裡工作，真是受著糊塗罪！受傷懸賞沒人救，豈不笑話！

休息到四時許，匪少數便衣渡河，右翼重砲向我發射，左右包抄上來，時 637R，及 639R，軍師部都失聯絡，又抵抗時許，於五時半在大雨中轉進，跑了二十五里，距南康尚有 15 里，薄暮才到，宿營大橋一帶小村，近十時才吃飯，吾衣盡濕沒得換，只好脫精光，蓋雨布，衣服掛起來。好不苦也。

　　　　八月十三日　星期六　氣候晴　大橋 —— 長塘、仙女廟

　　夜二時集合行軍，月色在烏雲中閃出微光，我團沿小路前進，走著路也打盹，走到天明五時五十分，才走二十五里，到長塘師部附近休息，七時許依師長指示在附近村莊設營、吃飯、休息，八點找好了房子，身上太難聞，衣也臭，不管他怎樣睡一覺再說。

　　九時二十分醒，隊伍才來，見太陽很烈，乃洗個澡，把內外衣全洗一下，曬乾了，下午一時才睏。

　　三時十分起，寫文、吃飯，五時許又整裝出發，翻了一座小山是 633R 防地，行約十多里即是馬路，天已黑了，又行十餘里乃在馬路旁露營，此距南康已二十餘里了。

　　　　八月十四日　星期日　氣候晴　仙女廟 —— 洪門坳

　　夜十二時被嘈雜聲驚醒，原是 211D 師部經過，盡是擔子，走得飛快，似跑非跑，腳步那麼慌張，數十分鐘過完又安靜了。十二時四十分本團又出發，衣物被露水打濕盡，又走了五個小時，天色微明，又在馬路旁休息下來，馬困人乏，看路標距大庾尚有 38 公里，南雄 80 公里，曲江 178 公里。休息到七時許太陽太烈，隊伍到樹下，伙伕進村煮飯。十時許前進，隊伍到洪門坳山頂佈署，團部在飛機場民房住。傍晚聞匪已越南康，軍部及各師各團均已後撤，本團仍是後衛，仍在全軍最後。

提注：一、聞鄧言：第六連帶槍逃跑，只剩下連長與連指。
　　　二、第四連副連長也帶走了幾支槍，令人震驚！
　　　三、真正作戰損失不大，倒是部隊在山區打轉，不分晝
　　　　　夜繞來繞去，硬是弄得師老兵疲。

　　　　　　八月十五日　星期一　氣候晴　洪門坳 —— 長下嶺

　　凌晨一時正甜睡中被喊醒，出發，到機場等候二營，由
洪門坳上來，二時才行數里，穿過馬路，由新城鎮後渡河，
覓小道赴南雄，囚聞匪已越南康，且大庚 70 軍與保五團，又
在那兒等著，找我們的麻煩，故又爬山走小路。過了河休息，
已三時許，見鄧，言及六連又拖槍逃走，只剩下連長、指座，
四連副連長亦拖走幾支槍，聞之令人感嘆不已，事在人為，
庸人豈能擔大業！

　　又行數里，四點開始上嶺，至晨八時半方達頂際，比美
衙前與上猶那兩座峯，高插入雲，群峰俯首。

　　十時下坡，到山坳煮早飯，睡了一覺，洗個浴和衣服，
華生走了實感許多不便。

　　下午二時半又出發，目的地本來是四十里之九渡水，因
前面已有駐軍，乃行二十餘里住下休息。


　　　　　　八月十六日　星期二　氣候晴　長下嶺 —— 九渡水

　　到這蠻荒山區，說話不懂最傷腦筋，有時你為一句話問
了幾十次，還是一聽勿到，氣壞人也！

　　六時天光大亮方醒，昨夜算是睡夠了，八時半吃過飯出
發，今天僅十五里之九渡水，吾前站先行，途中遇到安學明

等，喜出望外，好久未見 211D 的蹤跡了。

　　十一時許到達，吾團接住 639R 駐地，昨 211D 及 639 團兩個師部均在此，今天渠等均去信豐一帶，637 及本團駐地，本來本軍由此赴南雄，因該處有阻難，故轉回信豐，聞將轉赴龍南待命，軍方已去電請示國防部，以定本軍動向。

**提注：仍舊在山區打轉、行軍。**

　　八月十七日　星期三　氣候晴　九渡水 —— 萬隆（信豐縣）

　　餓極遇飯是香而甜的，睏極睡眠是密而甜的，渴極飲冷水更是甘而甜的了。

　　四時半就起身出發，重砲聲很密，行到馬路邊已天光，此公路是信豐通南雄，穿過公路約行四十里，到萬隆鎮附近山村燒飯，吃罷飯下午一時，進駐萬隆市區休息，睡了一覺，下午六時吃晚飯，看見了 631R 六連的一個班長，略詢渠部情形，云汪國棟陣亡，趙琴負傷，陶炳文、劉勝漢等均無恙，一別近兩月，今天才聽到他等消息。

　　八時出發，行十餘里之羊腸崎嶇山道，天陰，無星月光，好多人跌跤了，可是我腳已腫痛，走到萬隆小村，十一時方就寢。

## 46　那不是二舅嗎？…嗚嗚……

**補記三之一**

　　民國三十八年八月十七日　星期三　氣候晴　九渡水、萬隆

## 徐蚌會戰中，最悲愴感人的故事

在夜行軍裡，通常都是走羊腸小道，荒草高過人頭，靜靜的夜裡，只聽到人員與茅草的沙沙磨擦聲，大夥悶聲前進，速度不快，但求不要摔跤！

萬籟俱寂中，秦班長又打開話匣子，他說：連附，我想告訴你，徐蚌會戰中最最震撼人心的故事，好不好？我說，那當然好，但要小聲些！

秦班長說：

眾所週知，共軍擅長人海戰術，過去在東北，在華北塘沽戰役中，共軍都使用過，他們用一波波的人海，衝向我軍陣地，使我軍先心軟，而手軟，就在〝不忍心扣板機〞中，千鈞一髮，被攻破了陣地。

徐蚌戰役，共軍動員了一百五十萬人，等於國軍兵力五倍以上，其中正規的〝光八路〞約有五十萬人，〝土八路〞與〝民兵〞有百萬以上，通常，在使用人海衝鋒時，先用民兵打頭陣，再用土八路，來消耗我軍子彈與兵力，最後，把國軍消耗到精疲力盡時，正規的〝光八路〞，才上陣衝鋒，收取戰果。

就在邱兵團的一個陣地，有一位山東籍的張連長，驍勇善戰，意志堅定，在共軍多次攻擊中，粉碎了他們的人海戰術，但在一個月的戰鬥中，彈藥消耗殆盡，人員也有傷亡，因補給不繼，大雪紛飛中，彈盡糧絕，就在共軍一波波攻擊中，張連長自知難以支撐，因所有支援中斷，張連長於是下了決心：〝精忠報國，死守陣地，與陣地共存亡！〞

在一個陰霾的上午，共軍又攻擊過來．張連長在陣地裡

喊著：〝弟兄們！我們報國的時候到了，上刺刀拚吧！〞

張連長帶著弟兄們，跳出戰壕，用戰刀、刺刀，與敵人進行肉搏戰，他身先士卒，奮勇殺敵，弟兄們也都全力拚搏，一時殺聲震天、血肉橫飛，正在混戰時，敵陣中突然跳出一個約十五六歲的少年，他用刀刺進張連長的肚子，少年也立即被刺傷，兩人扭成一團，最後，少年被壓制，張連長正舉刀欲刺向少年咽喉時，突然大喊：〝你不是大柱子嗎？…？〞

那少年張大了眼睛：也大叫：〝那不是二舅嗎？嗚…嗚…〞

## 補記三之二

一瞬間，寂靜籠罩住戰場，我軍弟兄們都被這一幕甥舅厮殺的人倫慘劇嚇呆了！大家不知所措？

一場血腥的肉搏戰，暫時停止了，共軍掉頭，緩緩走回去，我軍也未追殺，祇是滿頭霧水？大家在發愣！

李副連長見狀，馬上發令：〝一二排清理戰場！其餘人員回防陣地！〞，之後，張連長因失血過多，壯烈殉國，大柱子輕傷無礙，包紮之後，自願留下，聽候處置。

大柱子哭著說：〝我不要回到共軍裡去，他們天天在說謊，天天在騙人！〞

名詞解釋：

一、民　　兵：兵源皆係裹脅而來，訓練不足，作戰時通常擔任人海第一二波，稱作砲灰角色。

二、土八路：沒有正式番號，但有組織、有訓練，通常在政府區內作地下活動，搞破壞，有時聲東擊西，策應正規軍作戰。

三、光八路：有番號、有組織、有訓練，如：八路軍、新四
　　　　　軍，是共軍作戰主力，抗戰時期政府賦予八路
　　　　　軍番號，並發給糧餉。

## 47　廿三軍全軍在羅塘會師

**提注：二十三軍全軍在羅塘會師。**

　　　　　　　八月十八日　星期四　氣候陰　小龍 —— 從先

　　八時許吃過飯出發，今天有口福，還吃到了臘肉和我最
愛的鮮毛豆，哈哈！

　　行三十里到羅塘圩休息，街上人跑光了，每家店貨物狼
藉滿地，雞鴨遭殃，今天 23 軍算是會師羅塘，三個師全走一
條路，見了陶炳文及王、杜、蘇、周、等，喜出望外！陶黑
了但結壯，欲言又無語，只好匆匆作別。

　　又行約二十里到大河邊，水深，只單人可渡，武器彈藥
用小船載了幾次，躭時很久，師部住崇仙村，三營住從先村，
本連在從先附近露營，十時許才吃晚飯，唉，太疲乏了！

## 48　徐蚌戰役，共軍花樣百出，鬼點子真多

**補記四**

　　　　　民國三十八年八月十八日　星期四　陰天　小隆 —— 從先

　　秦班長，三十來歲，陝西人，幹軍人已多年，過去一直
在第五軍，跟著邱清泉將軍，徐蚌會戰失利，逃到南京，後

來調撥到二十三軍，最後分配本連，他是資深班長，雖念書不多，但軍中經歷多，作戰經驗豐富，很受人尊重。

在贛南山區打轉，天候多變、雨多、霧也多，山路難行，又得忍飢耐渴，心情不佳，但秦班長處世樂觀，他說：「目前環境比去年好多了，去年冬天，邱清泉兵團，被五倍以上的共軍圍困在徐蚌，蕭永之線，大雪紛飛，補給線被敵人切斷，彈盡糧絕，蕭、永之線，樹皮被剝光吃光，馬匹也忍痛宰殺吃了，最後只得挖草根、煮皮鞋來吃，聽起來很荒唐！但這都是事實，後方的百姓，政府高層哪裡會知道？」

共軍把橫向的壕溝挖得又寬又深，加上雨雪，到處泥濘，使我戰車部隊動彈不得，其他輪型車、履帶車，全部不能動，補給全斷，沒彈藥，沒糧草，怎麼打仗？

政府的飛機雖有來送補給，但雲層厚，視線差，陸空聯絡失靈，地上鋪布板，飛機看不到，眼看著補給品飄到共軍的陣地，我們急得跳腳，有人在哭！怎辦？

邱清泉，黃百韜兩兵團相隔數里，但被共軍阻隔，無法會師，奈何？共軍的花樣多，就在我軍被圍困，又冷又餓之時，共軍把整筐的熱饅頭，擺在壕溝前，用擴音器喊：要我軍去拿饅頭！怎麼可以？餓死也不可以！

另外，共軍找來一些國軍眷屬、親友，在陣地前喊話：要我們放下武器，走過去就可以跟親友即時面會，這些溫情攻勢，我們也都不為所動，想想我們國軍袍澤，真的可愛又可敬，為了國而毀了家，而斷了親情！

共軍鬼點子實在太多、太絕！在國軍被圍，一籌莫展之際，共軍竟然找來了國軍將領的長輩，在陣前喊話，日夜不

停地喊，弄得我們也很難過，但莫可奈何耳！

## 49　在群山、叢樹、濃霧中行軍，白天昏暗如夜

提注：一、二十三軍部、直屬部隊，各師團的留守官兵、眷屬
　　　　們，現在都回到原屬部隊來了。
　　　二、人跡罕見的山路，真的難行。
　　　三、在群山、叢樹、濃霧中行軍，白天昏暗如夜。
　　　四、懸崖絕壁中走在羊腸小道，只容下一隻腳的山路險
　　　　象環生，摔跤聲不斷，只能蠕蠕而行。
　　　五、下午二時開始爬山，九時許才到山麓，才見到人煙、
　　　　水田，可喜！

八月十九日　星期五　氣候曇、雨　從先 ── 隴下、樟樹下

　　昨晚土共發了幾槍，本團沒理他。

　　三點就起來開飯，哪裡吃得下？三點五十分出發，經崇
仙，一路又爬山繞水，很少休息，行到八九點鐘，肚內飢得
如鹿撞，行數十里蠻荒小道竟無人煙，這些肥地沃山，惜無
人們來開墾！任它荒下去！

　　十時到了潯南屬之隴下鎮，找到一家飯鋪，糯米飯和秈
米飯，狼吞虎嚥，大嚼一頓，傾壺般吃些開水，本團開出鎮
外數里山地休息煮飯，639R 和師部都在鎮內休息。

　　此處距信豐百餘里，龍南三十里，南雄約百餘里，休息
不久因情況有異，變更原來計畫，因原來本團欲去東坑，639R
隨師部去龍南，都是三十里，632R 在東坑吃了敗仗回來，故
本師又不去了，現龍南亦不可去，只好覓嚮導，尋小路奪空

而出,我僅睡了幾十分鐘起來,寫篇文、洗個面,馬上就出發,飯也來不及吃,走到河邊,每人脫得精光,又涉過腰身的大河,好不苦也哉!正在休息當兒,突瞥見華生回來了,令人驚奇!他怎麼會走南雄找到此地呢?細詢之方知,志清已隨老何友人去曲江,華生無錢,不願去,乃隨本團光洋階級們的太太群,及留守人員一齊來找部隊,本團有女眷十餘,及官兵數十來此,他們也真怪!怎麼會在這窮山僻壤找到了呢?原軍部由大庾去南雄,現軍部直屬隊,及各師、團留守處眷屬、官兵一齊(不過都屬光洋與銅元階級)來了,金條階級的太座們都坐汽車赴曲江保險了。由於物資不易搬運,各師團及軍部許多裝備都失掉了,真是大大可惜!有物為何不發?偏替共匪作輸送隊呢?

下午二時許前進,開始爬山,起先還好,可是越走越不像路,茅草叢樹遮道,既碰頭又掛腿,再行路更崎嶇而狹了,又陡,一條路只能放一隻足下去,兩足都不能並立,都是尖尖的石頭,哪裡是路!此處絕少人之足跡,不但人少走,恐樵夫和神鬼魅怪,也不會到這兒來的!我說:活了一百歲的人,恐也未走過如此之路,又有人附和道:二百歲人也不曾走過此路啊!我等真佩服這嚮導的熟悉。

走在深山窮坳也有好處,無炎日薰蒸,有涼水可飲,可是水吃多了腿也發軟。

行行復行行,五時才到山頂,這時濃霧四起,除叢樹外不見一物,只見山、許多小峯半插在霧堆裡。假如藏一軍人在此,也無人發現到,想不到二十年以前,赤匪離江西,被追逃了二萬五千里的命運,又臨到我們頭上來了,現在我們,

不是同二十年以前的赤匪一樣嗎？以歷史推之二十年伐南，二十年伐北，好像天老爺安排好的。

　　下坡到七時，霧整個侵吞了我們，僅見山、樹不見他物，我們一人緊隨一人，一步緊挨一步，蠕蠕而行，可是天公偏搗蛋，大雨又臨，崎路更滑，前後只聽〝啊呀〞、〝噯唷〞、〝撲通〞之聲，幸吾小心翼翼，一點不敢大意，可沒跌跤，但也心驚膽怕，並非膽小，因一邊是山壁，一邊是絕崖、深潭，那跌下去可不是玩的啊！

　　上下山約三十里，只一處房子，九點多已臨山麓，見到水田也喜，心想有了人煙了。又行一段大路，果見一處大村，乃宿營。房子很狹，洗過面和足，吃了飯，至十二點才就寢，啊！太疲乏了！

# 50　徐蚌戰役，關於戰壕足

## 補記五

　　民國三十八年八月十九日　星期五　氣候雨　從先 —— 隴下
　　在贛南山區打轉的日子，多半走羊腸小道，一邊是懸崖、絕壁，另一邊就是萬丈深谷，坎坷難行，而且又危險萬分！幸有作戰經驗豐富的張排附、秦班長二人隨行作伴，他兩有說不完的軍中經驗、軍旅中趣事，我的軍中資歷淺，每一則故事，我皆有興趣聽，而且百聽不厭。

　　張排附有一籮筐江西五次圍剿的故事，秦班長則有一大堆，關於徐蚌戰役的故事，我在報紙上、雜誌上讀到關於〝戰壕足〞的故事，有些不了解，特請秦班長說明其來由，秦班長說：

關於戰壕足，從前不曾聽說過，北伐戰爭、八年抗戰，都未發生過，只有徐蚌戰役，才聽說這個名詞，說起來真是一個悲劇：

去年冬天，徐蚌、蕭永之線，簡直沒有好天氣，雨雪交加，數十萬國軍部隊，被一百五十萬的共軍層層包圍，層層的深溝，國軍衝不出去，也無後路可退，雙方隔著溝壕對峙，共軍在外圍，行動自由，變動性大，國軍被困在內圈，只有死守戰壕，士兵們好幾天在射擊位置上，沒有移動，飢寒交迫，雙腿凍僵了、凍麻了，簡直沒有知覺，如果是北方人，還可以勉強忍著，如果是廣東、福建來的，輕則長出凍瘡，重則雙腳麻木，不能行走；更慘的是：受傷者未妥善包紮，血水、雪水結凍在一起，整條腿失去知覺，軍醫說：要馬上截肢，把腿鋸掉，以便保命，但戰場上雖有野戰醫院，而設備不足，動大的手術，沒把握，僅能後送去南京，但退路被阻斷，最初，有部分被後送去南京大醫院，截肢後，保住了小命，後來，無法後送，只能留在戰場上，這些可敬的傷者，沒有怨言，自願留在戰壕裡奮戰……直到戰役結束，這批勇者，還趴在射擊位置上，與大地同眠……。

說到這裡，秦班長忍不住哽咽，眼淚崩決而出，我同張排附也跟著大哭！奈何！時代的悲劇，中國人的悲劇啊！

這一切不必要的戰鬥，到底誰是始作俑者？

八月二十日　星期六　氣候雨　樟樹下 —— 金坑

六時起，聞砲聲與重機槍聲很密，遠遠聽來也挺有節奏。夜間很涼，就像初秋。

　　九時開飯，十時半出發，出門就大雨，翻了一座山約行三十里，下午二時到金瑤燒飯吃，四時許繼續前進，一路上張排附談及，二十年前他在國軍追擊共匪經過，至為詳細，現在我們竟也遭受到那樣情形，不過以環境看起來，我們條件還是優厚的。

　　行行重行行，盡是崇山峻嶺，又翻一座高峯，已入夜，路滑極，十時許才到金坑，屋小，山窮水盡，什麼都沒有，十二點才用餐，一點方寢。

# 51　張子明談江西五次圍剿

## 補記六

　　民國三十八年八月二十日　星期六　氣候雨　樟樹下　金坑

　　這一陣子都在山區打轉，山路崎嶇，羊腸小徑，彎彎曲曲，忽高忽低，路上石頭很多，不小心踩滑就會摔跤，白天還好，前後鄰兵都會照應，夜晚行軍，十分危險，如不小心踩空了一邊，就會滑下山谷，肯定沒命，真會粉身碎骨！

　　張子明排附，民國前出生，該近五十歲了，曾在民國二十年前後，隨著國軍在江西剿共，五次圍剿他都參加過，國軍裝備佳，士氣也高，就是情報不靈活，共軍在江西地方紮根很深，情報靈通，所以每次大圍剿時，看看就會成功，最後呢，還是讓共軍逃脫，國軍雖是打了勝仗，但並未消滅共軍主力，讓他們逃到西南，最後逃去西北延安。

　　張子明回想，二十年前在江西，國軍跟共軍，好像在玩〝躲貓貓〞遊戲，你追他逃，始終捕捉不到共軍主力，找不

著決定性的主戰場，共軍跑得快，他們號稱〝小米加步槍〞輕裝快捷，國軍多重裝備，山區追擊不易，繞著羣山奔跑，十分疲累！

五次大圍剿之後，共軍明白在江西待不下去，便由湖南、貴州、四川、而陝西，開始大竄逃，後來共軍自稱為〝二萬五千里長征〞其實算起來，應該不足一萬里路，不過，行軍之處，並非走直線，有時走曲線，有時轉圈圈，但加起來，不會超過兩萬里路。

話說當年，由贛南開始，經湖南、貴州、四川，最後到陝西，共軍在貴州遵義，曾停留一段時間，以後才逃去四川的；他說：雙方部隊有時很接近，國軍雖然奮力去追擊，但總是找不到共軍主力，國軍只求決戰，但找不著決戰的目標；東繞西繞，弄得部隊很疲累！

張排附說：現在歷史重演，但情勢倒過來，徐蚌會戰後，國軍戰力大損，湖南、江西二線兵團，本來可以一拼！但李代總統又力倡和平，共軍善長統戰，使國軍將領不和，一般部隊士氣低落，現在變成我們在山區奔跑，共軍在後追趕，叫人洩氣，更教人不甘心！裝備如此精良的國軍，怎會被共軍追著跑呢？

張子明說：「天下沒有不會打仗的士兵，只有不會指揮的將領」這真是一語中的！張排附讀書不多，但見聞極廣，身經百戰，軍旅中大小事，他是如數家珍，我尊敬他是長輩，軍中之事，多多請益他，教導我真的不少，我衷心感激！

在山區打轉轉的日子，艱苦無法形容，幸有張排附在我身邊，訴說軍中的典故、趣事，替我解悶、排憂，這樣的袍

澤，哪裡去找？

　　張子明排附，是我的活字典，也是國軍的歷史見證者，如此的國寶，該好好珍惜！

　　　　　　　八月二十一日　星期日　氣候雨　金坑、柴頭
　　五個半鐘頭的休息仍感不足。

　　晨六時半開飯完畢後前進，天仍陰霾，時而一陣陣大雨，翻了三座山，到一小村午餐，休息兩小時，又上嶺前進，爬了兩座山，四點半到一大村 —— 柴頭。

　　此處距敵警戒線只十里，團長猶豫不決，召集連長議商，有人云勢力太孤，不能冒險，不若回師部，與 639、637 聯絡。團長不依，硬要今晚設法前進，通過險境。

　　兵已疲勞，不能再拖，我想，只要警戒嚴密，消息不走漏，有啥關係？

## 52　五次圍剿與遵義之圍城

### 補記七

　　　民國三十八年八月二十一日　星期日　氣候雨　金坑　柴頭

　　本軍此次由南昌開拔，在樟樹鎮大集合，發裝備、武器，然後再由八都，到吉安一帶接兵整訓，但訓練尚未完備，即訓即戰，然後以大勢所逼，向南轉進，先由贛北到贛中，再而贛南，輾轉二千里，盡走山區小道，坎坷、崎嶇、人跡罕至的山地，孤軍苦戰，一切接濟、補給都斷了，糧食不夠，官兵薪餉也不發，每天低著頭在趕路，極似二十年前，共軍

入陝北一樣，狼狽不堪！目前，誰也難料二十三軍的未來，自己的命運，只是隨團體而定，個人一切只能置之度外矣！

據張子明排附談到，二十年前剿匪情形：

五次圍剿時，國軍都是沿大路、公路而行，共軍皆是選山路小徑，我軍沿公路追擊，每天行軍約四十里，共軍要走一百里以上，雙方都在山區打轉，很少有激烈戰鬥，也無決定性的戰役，就這樣我追，他跑，好像在玩貓捉老鼠的遊戲，就這樣，追了四個月零十一天；雙方都很累，到了貴州遵義，共軍忽然停了下來，聽說共軍內部進行整風運動：國軍把他們圍起來，也不打，圍了約八天之久，共軍剩下九萬人，國軍各路人馬匯集於遵義外圍，約有三十萬人以上，但就是猶豫，不打，不敢攻：國軍將領天天開會，意見分歧；有人主張一鼓作氣，徹底剿滅，勿留下後患，也有人主張先圍之，遲遲觀察動靜再說：在這八天中，中央軍的飛機，天天來遵義偵查，但就是沒有動作，既不轟炸，也不掃射，連傳單都不丟，不知道飛機到底要做什麼？

就在中央軍猶豫不決，瞻前顧後之時，共軍在第八天夜晚，一夜之間跑光光，遵義成了空城，共軍不知去向，國軍慌張失措！

拿破崙說：「不作為比錯誤的作為更可怕！」

古人也說：「大意失荊州」遵義的八天之圍，中央軍白費功夫，大意中放走了共軍，使他們日後慢慢坐大，如今情勢倒轉，國軍陷入苦戰，二十年前的錯誤，沒決斷，造成今天的逆轉態勢，令人感嘆！令人痛心！

## 53　大嶺背之役，轉進都亨

**提注：一、兩個月的行軍都未感到很疲累！只是今天真的感到拖得十分疲累！足腫、腿也腫、肩頭也腫，也痛。**

**二、各連打火把送飯上山，暴露部隊行蹤，是一大敗筆。**

八月二十二日　星期一　氣候晴　柴頭 —— 大嶺背之役

　　昨晚看情形是不會住久，因住地距敵只十里，需經過下方（二十里）再跑四十里即可安全，八時許開始前進，泥濘路滑，雖無說話聲，只聽跌倒聲，華生跌了幾跤，我又替他挑了幾里擔子，二營在前走得快，竟失聯絡，一三營在後，團直屬隊在中，行動太慢，走幾步又停止，到下半夜睡意逼人，停止二秒鐘就睡熟了，我想起了一首打油詩，倒也適當：〝一去二三里，休息四五回，起坐六七次，八九十人睡〞。天明到了下方，乃繼續前進，到了個大村莊，休息煮飯，行一夜和一晨，才三十五里，路雖短，可是也太疲困之至，精衰力竭，人之精力有限，過分消耗，當然吃不消，好像油燈，油耗盡了哪會亮呢？月餘行軍都未走倦我，今天可把我拖垮了！拖得慘了，足、腿既腫，肩頭更腫得痛，氣也接不上，話也不願說一句。

　　睡了一覺起來，正好吃飯，出村一看，隊伍都跑光了，大概情況有變否？怎麼百姓都一堆堆的站在老遠幹嘛？只剩我們團部連了，匆匆吃完飯，就急行追上隊，原來二營已跑上前，正在路邊睡覺哩！那狼狼疲困之態實可憐之極！

　　走到下午四點鐘，爬上一座最高山嶺，距目的地還有二

十里，李團附體念大家實在走不動了，就在這山口露營，明天再走，由於接近危險區，所以駐地分配：一二營住路兩側高山，本連同一營住左山，三營同團部住半山坡小廣場上，各連派人到山下村莊燒飯，燒好送上來，不准任何人去村內，我走累了，那裡想亂跑呢！就在一個樹蔭睡下來。

一覺醒來，他們已在吃飯，天有八九點鐘光景，黑漆一團看不見，各連都打火把送飯上山來，我是最後吃的一個人，菜也沒有，黑夜裡吃著白飯，突然："噠噠噠" 衝鋒槍叫起來，接著，輕機槍也叫起來，知道有情況，即勿整背包，拿起槍，又聞賈連長大叫："八路來了！" 這時也沒人指揮，官兵都亂跑開來，一亂之間華生不見了，連呼不見，我就隨大隊向坡下走，斯時一二營正盡力抵抗，槍聲已密，匪以牛角、海螺頻吹，並吹衝鋒號！已經到了近前，半坡三營不知支援一、二營反向坡下湧，人都四散的走，我就擇西南右方小路，過橋，有劉貴彬、張醫官等數十人同行，再上坡，見方向是東，乃又折向南方小路，漆黑不能辨路，我上前，跌了幾跤，手足都傷了，險些跌到深淵裡，你跌我拉，我跌你扶，一步步挨黑摸到大半夜，前面是叉路，人又困乏不堪，很怕走錯方向，走到潛南，或走到匪區那可糟了！算起也不過行十幾里，尚未脫危險區，雖有小村，夜深未敢問，大家都疲乏，只好睡在路邊。

八月二十三日　星期二　氣候晴　大嶺背轉進都亨

天光起，夜間露水重，衣物盡濕，身上冷的發抖，回想昨夜的事，猶若大夢一場，令人恍惚！定下神後乃派唐日明

等去覓嚮導，吾等正籌畫如何走法，忽見唐等跑回，面色大變！喘息不及言，只指向何連長哪裡！俄而機槍聲大作，甚近，知敵已追來，吾等士兵尚無準備，事已急，乃隨張、劉醫官之後冒彈雨快跑，吾赤足，數百公尺即落伍，乃稍息，機槍更緊追，乃再跑千餘公尺方快走，約七里到達都亨，見何志高等，此處已是廣東始興縣，鎮有自衛隊，乃與之聯絡，池鄉長告以前面羅壩土共多，不若在此候部隊到，鄉長很熱心，出錢、借米，給我們收容打散官兵，共收容了五十餘官兵，招呼他們宿食，晚飯後編成兩個連，一連李，二連吾代，住於鄉公所三間大屋，晚與何商酌行止，十一時方寢。

**提注：一、在都亨休息，收容失散官兵。**

**　　　二、板蕩見忠臣，韓軍需官、韓副官、韓副營長等都跑**
**　　　　掉了。**

八月二十四日 星期三 氣候晴 都亨

醒來渾身發酸，想不到會在此安住了一晝夜！

聽說韓幼梅團長清晨抵此，乃至街上，見渠正與何志高談話，已化裝空手，率官兵八人，指示吾等出路三點：一向大吉山軍部靠、二向南雄、三向始興，渠先往始興交涉部隊來接。飯後團長召集官長說話，約三十人，勉勵一番，云勿言渠來此。午後何志高召集官兵開討論會，決定在此暫住，等候團長回音以定。下午聞韓副官要換便衣逃走，渠有手槍，何索之不交出，吾乃厲聲使其交出，以增吾團體實力。

今天又收容二十餘，計七十五人，晚又重新編隊。

八月二十五日 星期四 氣候晴 都亨

昨晚就預料到，吳、韓兩軍需，及韓副營長，韓副官等會開小差。今天劉貴彬喊吾告知此事，因昨晚睡太遲，懶起，待紅日三竿，何告之，果已溜之大吉了；團長要渠等維持部隊主副食，渠等竟走了，心何忍耶！吾等費盡心力收容兵槍，為了團體，而渠等絕吾主副食，豈不可恨！

昨天找回了幾支步槍，一支輕機，一門砲，今又由戰地抬回受傷之李作戰軍官，我們心力算是盡到了。

今天主副食還是鄉長設法維持，看他對吾等一切幫忙倒挺熱心，不過難測其心是善？是惡？

晚飯後重新編隊，隊伍帶到二里山上，因羅壩敵已向此推進。官兵又有許多不願跟著走的，都自己留在街上了。

晚在山上商決今夜要走，但路徑不熟，嚮導難覓，鄉長的弟弟又扭怩不肯，奈何？

**提注：一、少數薄弱兵力，在都亨與二里山之間移動，又不幸團內許多幹部悄悄逃走，造成困擾。**

**二、大局迅速逆轉，少數兵力陷於孤立，不宜久留一地，今夜須離開都亨，前進始興縣。**

**三、原收容七十五人，今又逃走三十多人。**

八月二十六日 星期五 氣候晴 都亨（在二里山一帶休息）

本預定昨晚繞道羅壩去始興，奈因兵力薄弱，又無熟悉之嚮導，鄉長之弟雖熟，但渠愚憨之極，不明大義，扭怩不願去。經池鄉長再三勸告了半夜，嘴巴說乾渠仍不聽，殊不

料頑固到如此地步！只因求人，不惜忍氣低首，所謂「鳳凰落毛不如雞」是也。

今早天光即起，露水重，衣襟盡濕，到何志高那兒與鄉長等商量，池鄉長答覆，決定今晚行動，不管有無嚮導都須走，吾等同仁亦同意，無論如何今夜要冒險過關，事久生變，老待此非良策，因團長無信，營長、軍需、副官等相繼溜了，一切絕望，而大局又轉逆，聞大吉山匪集結數千，擬攻曲江，南雄國軍後撤，如不速行，四面鐵幕籠罩下，真無法可想矣！蓋此處環境不宜，少數兵力打游擊，殊非易事也。

今天伙食又成問題，湊了十元與嚮導，可再湊不成，吾乃至都亭，希冀找到謝連長等，拿點款，誰知謝連長，譯電員，葉營長夫婦，突擊排士兵，莫、藍兩排長、李副連長，都已溜之大吉，張、劉軍醫今早已換便服走了，這些傢伙，怕死，不能耐苦，不與大眾同患難，私心太重，須知成功立業，就在堅忍最後五分鐘者。不管他，吾行吾素，忠貞不移，只留純鋼，不要廢鐵。

在回歸二里山途中，觸河景，而聯想到「國魂」影片上之文天祥，被俘逃出，一路冒千險萬難之情景，晝伏夜行於荒涼道上、河邊，厥狀比吾等更慘矣！吾等尚有兵員四十餘，輕重武器齊備，何愁之有？這樣一想，增加吾不少勇氣、信心。

吃過早飯，移地、再編隊、分成三連，吾掌一連、孫掌二連、吳掌三連，各兩班人，兵三十餘，官十員，（溜掉二十人），空架子而已，然便於指揮掌握，吾連輕機一、衝鋒二、步槍五。二連及三連，各重機槍一，五支步槍。編完即到樹蔭下休息，餘徒手著便衣為情報、傳令。

今下午把日記補寫完。

五時許據報情況不佳，江西匪大股趕來，晚飯也來不及燒，只得急覓嚮導，乘黃昏前進。

**提注：一、行軍一夜，天明到羅壩背後。**

**　　　二、爲避開羅壩土共基地，不得已越窮山險嶺、惡水，而在無路情況下，向廣東，始興縣前進。**

**　　　三、二度派人下山探路、煮飯，皆未回來。**

**　　　四、絕嶺險峰間行軍一天一夜，最後竟然走到絕崖數十丈，只得夜宿於此。**

　　八月二十七日　星期六　氣候晴　經羅壩 —— 宿山上懸崖

昨天實在度日如年，心急如焚，幸在傍晚鄉長送來嚮導，二十元的代價才肯帶路，20 里的急行軍到了鄉長村子，休息半小時又前進，絲毫不見路，摸索前進，跌跤子成為家常便飯，一路不見村莊，翻一山又一山，一山比一山高，很少休息，就這樣不停的走了一夜，天光到一座極高峯，此處正是羅壩後背，頓崗、始興、河流盡收眼底。

為避免目標被發現，不敢久待，由山脊偷過，行到九時許，在山嶺樹林休息，派便衣往山下村莊打探消息，詎候至下午二時許仍未見回，天已不早，官兵們心中焦急，乃向山腳下節節推進，沿河而行，剛行至半山腰，突發現村外山上似有敵哨，望遠鏡看之亦似，何乃命再由右方上山顛，無路，荊棘多，枯樹擋路，行之太難，上到山嶺已是精疲力竭，又渴又飢，慘狀實不可形容矣！

　　靠右又翻一山，樹下再休息，便衣仍未回，再派人下山煮飯又不回，越令人疑竇叢生！候至太陽西垂，已六時許，同事們商決下山沿河前進，既無路，茅草荊棘特多，手足盡刺傷，下到半山腰得一已乾水溝，沿溝而下，盡是猙獰怪石，奇樹異藤，此景與「泰山得寶」之鏡頭酷似，我自己扮演了泰山腳色，攀藤牽樹而下，十分艱難，一不小心，跌下去不死亦傷，尤其後面人，踏滑的石塊，滾下也會擊傷人，想不到我們何如此多災多難？忍渴挨餓還要走這樣路！我想西遊記的火焰山，也不過如此，什麼野人山之類，也不過如斯而已。

　　太陽已落，越行越艱險，薄暮，竟行絕了路，下面懸崖數十丈，不得下，回頭又不行，左右又不辨路，渴飢與疲勞交加，狀至慘矣！吾已寸步難移，決睡於此，天光再行，心想，遇虎豹也活該，敵人決不會來。

　　官兵皆走散，只剩徐、吳及何志高與吾官兵七人，宿山上，為避小動物侵襲，以被單籠罩而臥。

## 54　都亨休息後，前進始興縣遇保安營，又陷險境

提注：一、剛脫離大嶺背戰場，經都亨、羅壩險境，費盡千辛萬苦，前進廣東始興縣，想不到又進入另一個險境。由山中懸崖走到始興縣頓崗。

　　　　二、在頓崗遇始興縣自衛營，他們護送我軍到始興縣城，一路上明為嚮導、保護，實際上就是監視。

　　　　三、自衛隊想繳我們的武器，一直不放棄，軟硬兼施，因大隊長跟何志高同學，他想軟化何志高，但未得逞！

　　　　　八月二十八日　星期日　氣候晴　梁原　周所 —— 始興

　　夜間的狼嚎，和各種野獸的叫聲，實使人驚心動魄，忖之，自幹軍人以來，未遇過此種厄難，平生未受如此險阻，臨此絕境，實令人心灰意冷，我也同他們一樣說道：「再不幹軍人了！」

　　天光起，急覓路，推之由右方山尾翻過去，必可得河，失散官兵定在河邊集結，翻過山尾，果見河在山麓，下山全係茅草，手足刺傷，到處是血，甚痛，奈何忍耐前行，到山麓河邊，喜得一小路，且似有人走過，乃休息洗面、喝水、分食帶的小餅，精神稍增，乃前進，途遇張炳昌迎面而來，云劉排長等均在村中，候吾等去吃飯！喜得我跳起來，兩腿加快跑到村中，果見渠等七人在候，數桶乾飯還是昨晚煮的，兩天未食見飯何等愉快！放懷大餐一頓。

　　飯後由村中覓一嚮導帶路逕往始興，聞孫等十數人已先行，吾等沿河前進，都是坦道。不再翻山，此距始興六十里，行十多里，撇過梁原敵人警戒線，再行二十里到周所，此處已是始興保安團隊駐防，孫等果先到，正與保安營聯絡，與孫合兵一處，休息、煮飯，由何志高到頓崗保安營部交涉一切。

　　吃些零食，睡了一覺醒，見太陽偏西，忽見何志高顏容倉慌由頓崗回，吾心知有異，詢之果係保安營欲逼何，繳吾等之械，何忠貞不屈，態度嚴正，並責以大義，云有問題至始興縣城商量，該營長轉硬為軟，並偽裝誤會，表示善意送我們去始興城。

　　開過飯約七時，吾等整隊前進，渠亦派隊伍分成前後，明為掩護，吾看非善意，乃暗示何，及各同仁注意！機警，幸該中隊長偕衛士，隨何先行，吾持衝鋒槍緊隨，路經四隊，

該隊均備置於田野、橋頭、見之頗吃驚！惟隨時留神，幸未有意外，九時許抵達始興，指定住文炳戲院，倦極，澡亦未洗，倒下就睡。

八月二十九日　星期一　氣候晴　始興（文炳戲院）
睡在石凳上，未能恢復疲勞。

七時起，欲洗面，到河邊又太遠，到民家想討一點水，還碰一個大釘子，硬是不給，態度還十分兇得來！嚇得我退避三舍，還是到溝邊洗一下算了。

想想吾儕軍人，亦屬可憐，到如此地步，無人同情、憐憫！豈不痛心！

八時同吳至街上吃茶，點心很精緻，惟茶房的富貴眼，瞧不起我們窮丘八。九時到衛生所索藥膏、紗布，在街上蹓了一圈，見商業倒繁榮，只是賣吃的多，正規企業很少。

午後，洗澡、洗衣、換藥。

下午四時接到電話，云軍部辦事處已派車來接，晚上到甜食店小吃，見團部劉副官來，知車子已到，與何商定明早上車。

提注：在始興縣文炳戲院，一夜驚魂，受脅於自衛隊之故，不敢大意，加強警戒，軍官帶班，屋頂也架上機槍。臨行之前，自衛隊隊長來送行，何志高送他們兩支步槍（皆有故障），以示友好，安撫……。

八月三十日　星期二　氣候晴　始興 —— 曲江 —— 英德

　　昨夜又得消息，保安營仍欲繳我們的槍，但渠等又恐懼我們厲害，硬拼不過，想夜間突襲，我們早預知，用官長帶班，戒備森嚴，一夜幸無事。

　　天朦朧即起身，打好背包，整理隊伍七時上車，出城後，見自衛隊埋伏在城外高地，我心中別有感觸，行二時許車拋錨，修了兩小時又走，一路上 39 軍、63 軍檢查頻繁，下午一時才到曲江，下車隊伍在樹下休息，那些貪生怕死、化裝先來的膽小鬼，又把烏紗帽高高端戴，官僚臭架子又擺起，為了發衣服，還要嚕嗦造什麼鳥名冊，當時我可火起來，大罵特罵！他們也裝啞，那副卑鄙相實也難看。

　　下午三時方開飯，團長破天荒加菜，有人說：「這菜是罵出來的。」好不容易來到曲江，這算是可呼吸到新鮮而自由的空氣了，這粉飾太平的地方，並沒時間來讓我觀光，吃罷飯就上火車，團長勉勵後，詳敘作戰經過，虛飾其詞，真不知慚愧！

　　久違半年的火車，今又得親芳澤，車上與李錦龍談及吾等遭遇，實一言難盡，悔在吉安、太和，有機會不跳，枉受罪，又丟掉許多寶貴東西，渠言及 2182 可以立足，惟技術問題須研究，不可莽撞、受人蒙蔽。

　　八時許抵英德，天正大雨　片混亂，本團無人來接，亦無路標，距城又遠，只好侷促住於零食店內，飯也沒得吃，越想越氣！前方挨餓，到了後方一樣挨餓，我們拚死拚活為了什麼？我們的痛苦啥人來同情呢？又有誰來關心呢？

**提注：一、八月份數次戰役後，翻山越嶺，由江西來到廣東，**
　　　　**一路歷盡艱辛險厄，在無餉、無補給之下，突圍到粵省。**
　　　　**二、好不容易到了廣東英德，找到了軍部、團部，但薪**
　　　　**餉、補給不濟，連伙食亦不濟，教人怎麼不生氣？**

八月三十一日　星期三　氣候晴　英德

　　一夜頻受蚊侵，天光起，感覺不舒服，洗臉水也找不到。
等候前站人員也絕望！難道餓死活該？派人找也不見，只好
帶隊走向英德城，沿鐵軌行約五里即達，過河到街，見軍需
老爺高臥不起，毫不關心，口含煙，鼻裡哼氣，這可惱了人！
老吳的香蕉波蘿就連續賞他，我也找傢伙幹他，他又高且胖，
欲掙扎逃去，結果多人勸止。

　　為防範他告狀，吾與陳乃先赴軍部，見了廖處長，言及
作戰經過，並云被圍數天未食，今突圍來此挨餓，團內一切
無人負責…；結果找來了軍需主任、副官主任，大罵他們一
頓，才設法弄出五塊錢買米菜。

　　飢腸難耐，同吳小喫麵食，街上修錶，又去四元大洋。
同接厚福論及 2182 之事，商拿餉後再去。

　　下午一點才吃早飯，在恆生燒水洗澡好不暢快！

　　今天除本團先來同仁慰問外，尚有龔節志、蔡、及其他
同學致候，使吾破碎心靈得到一些滋潤！只有朋友的同情、
關懷是可貴的。

　　同事們要路上墊款，可是團長沒來，軍需跑了，韓強又
推諉…唉！我們是沒娘要的孩子，屢次受騙！都亨、曲江、
此地，一騙再騙，也怪何志高的懦弱。

　　華生已隨孟繼仁等回來，只可惜一提包寶藏，十多年心血結晶──筆記、作品、日記、留念冊、照片、書信、罕書⋯都付之魔掌！唉！痛心！痛心！

　　志清何太薄！硬逼華生由南雄趕到前方，致痛失一切！

民 38 年 12 月，在台南鄭成功祠。

民 37 年在歙縣警察局任巡官。

**提注：回首過去的六七八三個月，由吉安到贛南，翻過許多窮山峻嶺，渡過許多惡水，吃盡苦頭來到廣東，未來一切難料也。**

九月一日　星期四　氣候晴　英德

上一個月真是令人不堪回首，多災多難，艱險危困，緊張的鏡頭，都在上月演出，也可說是吾平生以來，所試渡過的難關僅見者，憶于十三景途中，曾與聶宜爽談及，吾立志要吃苦、犯難，縱然肉體受罪也是情願，到底來領略這什麼叫做苦！結果正如推測；現在九月初始，吾之生活雖仍苦，但可步入安定，相信以後或無再比江西〝一面倒〞的長征再困難了，最苦的生活，最艱危的路，已走了兩個月，可說是〝五嶽歸來不見山〞以後即有小艱難也是逢刃而解吧。

五時起，街市的早景總是一片喧嚷，粵地吃食講究，花樣最多，街上零食攤如林，也擠滿了食客，價錢比較贛省貴得多，但只要有錢，在廣東過生活是挺舒適的。可是我這兩天身體不適，不敢亂吃，同時錢並不多，只好吃些粗點心。

211D、631R 及 632R 都來此附近，許多同學上街購物，見了吾，都驚異我的瘦削！我自己對鏡亦覺有異，這當係顛倒不調和之生活所致，以後應注意靜養。

下午取回錶，果煥然一新，錶帶、殼、面皆還可以，比以前美觀多了。

今天隊伍搬對河，我與孟繼仁、吳禮和仍住街上，華生在此自理伙食到挺划算。

團長來了，沒什麼表示，墊款拿不出，伙食沒法算，餉

也不發。

**提注：一、軍長在廣州，團長也不發薪餉，突圍前後的主副食**
**　　　也不給，同事們代墊伙食錢也不補發。**
**　　二、638R 官兵重新編組，士兵剩下 43 人。**

九月二日　星期五　氣候晴　英德

夜來的蚊子太多，賣零食的吵得更煩人！

九時才起，吃過飯已是十時，渡河到團部，並未有點名動靜，因軍長尚在穗，渠回方可點名。

來一紙公文，云軍部派下團的附員們，都要到師部去報名，過十二時不報到即除名，好厲害！十八名附員只剩李錦龍、吳禮和及吾三人，到師部參一科詢之，原來是填經歷，並不是調回軍師部，公文未弄清楚，同時辦事人又把其誤解，哪有如此糊塗官？637、639R 都來報到，大發一頓脾氣方回。

由沙國師部回團，同事們鬧著要代墊伙食錢，團長和那些軍需官們皆裝聾作啞，有錢不給，硬要軍部發下，豈有此理！

今天重新編隊，兵四十三，仍由何志高指揮，官編組吃飯，武器交與團長，責任倒是卸了，可是有些氣人！我們冒千險萬艱，把武器帶回到後方，得不到一點精神上的安慰，他們又擺起官架子了，許多主官（營連長）連一兵一槍亦不能帶出，都給我們附員、指導員們帶出，這些老表臉皮何其厚？

團部待了兩小時，看不慣那些傢伙們，下午二時同孟繼仁、何志高渡河返街，到大同去吃些點心，即睏覺。

六時陶炳文來看吾，互訴別後離緒，戰場經歷，談得頗

有味，黃昏渠辭去，丟下光洋三元與吾，到底朋友是舊的好，他很明瞭吾之窘境，臨行對 2182 之事又商討一番。

**提注：一、九月三日是抗戰勝利紀念日。**
**　　　二、東南長官公署訓練處在廣州設立，並招募幹部、士**
**　　　　兵。**

九月三日　星期六　氣候晴　英德

今天是七七抗戰勝利節，可是好多人把它忘懷了，這麼大的地方，中央有這麼多的機關，竟無人舉行紀念，標語也未貼一張。

夜間的喧嚷，幾乎使人失眠，尤其那討厭不停的鈴聲、鼓聲，吵得人萬分煩躁！

八時起，溜到河邊，覺今天精神較爽。

早晨，很多同學來訪，十一點才吃早飯，今天菜佳，龔節志、錢華林等來此，云及昨晚軍部軍需點名，今早又什麼國防部委員，及師長訓話，無非檢討勉勵。

接觸的人多，話談過多，也是一件煩惱而且傷神之事，最是消耗精力。

午後何來，至大同吃茶，商討 2182 諸問題，先看本團是否會擴充，如不則去，但需先考查該部之來龍去脈，亦不可盲然從事。

**提注：軍長偕三位師長在茶肆中談論軍情，實有不妥。**

九月四日　星期日　氣候晴　英德

今天起的特早，精神也爽得多，只是晦氣！耳後淋巴腺發炎，吃一包檸檬精，擦些碘酒，果未見其漸大。

不戴帽是不像樣，買又貴；改製無皮帽沿，繞了一圈無計而返。

午前寫假條，要吳過河領主副食，詎知竟不發，硬要搬過河去，豈有此理！傷病不管，還要找麻煩，現在他們烏紗帽重戴，又威風了，在都亨又為何那樣狼狽呢？

中午何志高來，李錦龍亦來，共商榷 2182 事，何、李合作搞成一個營，只要以後能合作，無問題與意見，那倒是好極了，只恐會中騙局那可糟！何、吳要我搞個連，我也無所謂，不管弄成弄不成，橫豎我是不願在 2385 幹了，換一換新環境也使得。

今天軍長由穗回，晚上在大同吃茶，渠與三個師長一起，他們互談戰鬥情形，胡師長不知有何愧疚否？

## 55　638團三營李營長，因臨陣脫逃，被槍決掉

**提注：213D、638R、三營營長李某，在大嶺背戰役臨陣脫逃，故被軍長槍決掉，但未追查其他層級，團長等人為何不受連坐處罰？**

九月五日　星期一　天氣晴　英德

清晨曬台上做運動和深呼吸，是蠻好的，在四周遠眺早景，那確是太美了，你看那山嵐、江水，都含嬌媚，十足有詩情畫意。

團長停發我們主副食，莫奈何，過河吃早飯，河澗船又

慢，到達營房正值衝鋒，飯菜都不夠，真氣人！本團現有官47、兵 30 餘，官比兵多，吃飯官比兵兇得來！奇哉怪也！打仗沒人指揮，怎麼現在從那裏冒出這許多官兒呢？

飯後與同事、士兵們聊天，之後過河等友，火傘蒸人，粵省秋天竟如此之炎熱？

到街上聽說本團三營李營長被槍決，這倒是該殺的，因他臨陣脫逃，沒帶兵衝殺，但所奇怪的，怎麼不殺團長而殺營長呢？西北風（韓幼梅團長）不是沈胖子撐腰（沈發藻司令）恐亦難逃法網。

下午見了安學明，甚喜，至大同酒家暢敘好久，臨別談及關於 2182 之事。五時去街坊理髮，久未對鏡，容顏駭人！比在唐江理髮更難看了，憔悴如久病初癒，此次身體，純受飢餓及連續夜行軍，生活不調所摧毀！不知何日方能恢復像去歲那樣健康。

晚上到合記吃飯，兩人吃三元餘大洋，廣東菜倒蠻好，製得挺精緻，衹是比江西貴很多。

**提注：213D、638R 的番號，今天結束，兵去警衛營，官去幹
　　　訓班。**

九月六日　星期二　天氣晴　英德

九時許過河到團部，正趕上開飯，可是衝鋒得比昨日還利害！詎知最後一頓的分家飯，竟吃得如此不文明。

今天本團 —— 638R，算是關門大吉壽終正寢了，兵撥師部警衛營，官撥軍部幹訓班，說來也慚愧！兩次分發 638R，

第一次編垮於吉安！第二次在英德又編垮，又第二次再進幹
訓班。

李錦龍送來了鍾雄和我的派令，一張團部派令，本來不
足重視，不過這是初次試驗我能力的良機，自試有無主官天
才，天下任何事總都是嚐試學習得來的。

飯後各官佐攜行李到幹訓班報到。

比吉安幹訓班實有雲泥之別，同列兵一樣服勤務，沒有
軍官的尊嚴與應有的尊重。

## 56　昔日老戰友、老弟兄，在異地重聚，其樂無比

提注：一、遇黃湛恩、陶炳文兩人帶我去蔡洲，回到 631R、二
　　　　營，見了王光龍、劉勝漢。
　　　二、昔日在吉安、樂安老弟兄又得聚首，劫後重逢，恍
　　　　若隔世！

九月七日　星期三　天氣晴、晚雨　英德街

為了運兵問題，步行、乘船均不妥，結果仍乘車，十二
時方渡河，由鍾雄連長率領先赴穗。一時許正欲睏，何志高
偕志清由穗回，談至凌晨二時方寢。

七時起，街上嘈雜聲已是司空見慣，九時早餐遇湛恩與
陶炳文，乃約同赴蔡洲，天氣太炎熱揮汗如雨，十一時許到
631R 二營，見了王光龍、劉勝漢、覃德本等，歷經幾度戰役、
劫後重逢誠乃難得！蓋許多同學或俘或死傷，吾儕舊日同仁
又聚一堂，共話別後，實乃一大快事！欲說的話太多，結果
欲言無語。

　　原第三連的四位排長，目前都分在四個單位，以吾為最遠，不是小方也不會分開，但今天又聚首，豈非樂事！

　　原第一營第三連，四位排長；第一排排長：潘長發，第二排排長：王光龍，第三排排長：陶炳文，第四排排長：劉勝漢。

　　鄉村不便，老劉還辦了數樣蔬菜，吃得挺暢快而興奮！久別了的樂安、吉安老弟兄們也格外顯得親熱！圍攏來問長問短的。

　　下午三時回街上，途遇吳昇平、畢應業、王福賢等，略談數句，見暴風雨將臨，乃急回。

　　黃昏，暴風雨果然降臨，薄暮方開飯。

**提注：一、今天軍長劉仲荻親自點名，含所有直屬部隊，但幹訓班名冊不完全，竟無附員名冊，真是怪事。**

**　　　　二、下午安學明來，同去訪老友陶炳文，走錯路，夜十點才找到，暢談別後，夜借宿王德成處。**

九月八日　星期四　氣候雨　蔡洲

　　昨夜宿四樓，蚊子較少，惟下半夜有點涼，非蓋夾被不可，今天涼爽，陰霾，似大雨將臨。

　　晨起寫文畢，整裝欲赴幹訓班，聶宜爽來，云十點鐘軍長點名，軍直屬單位均至軍部集合應點，吾乃將行李寄于恆生，隨去軍部，各部已到齊，軍長親自點呼，點到幹訓班時，只是沒我們編餘官兒們的名冊，也沒點名，看樣子八月份血汗薪餉又靠不住了。

　　到街上買了一餐飯吃，已至午，街上，河下，繞了一圈，怎麼穗地仍不派人來連絡呢？十分惱人！回到恆生愈想愈納悶！正坐愁城，午後安學明來，為之一喜！至大同談商 2182 的事情，並計議如何去走吾等的〝人生旅途〞？談甚久方別，約定七時去訪約他。

　　在恒生悶睡時許，欲到幹訓班去呈長假條，並詢薪餉消息，去半路雨落正緊，途遇李敬明，乃托渠代呈與隊長。

　　五時渡河去蔡洲，沿鐵路行數里即達，老安早在候矣，王德成亦在，寒暄幾句，與安學明同去二營覓陶炳文，途中走錯了路，走到七十軍和 632R 營房，八時走到十時，泥濘路滑又不辨路，好容易找到二營，喊出老陶商談幾句，即沿鐵路回三營，在王德成處借宿，談些別後戰場經歷，十一點才睏。

**提注：高副主任去了 315D 所以幹訓班顯得群龍無首。**

九月九日　星期五　氣候雨　英德車站夜宿站內

　　今天是勝利節，可是也就不聲不響的溜了過去。

　　晨起已八時，在三營營部吃早飯，到車站蹓躂一圈，遇大雨，稍等一會兒，十二時回英德，在錶店坐了一時，心中似有什麼希冀與等待，想想袋中錢已空，下午民生問題怎麼辦？思之，還是到幹訓班去比較穩妥。

　　我的名字因抄寫疏漏，經報告傅副隊長才又添補。同徐區隊座談些別後遭遇，看看幹訓班住的房子很散，皆三五人住一所民房，地點很濕也不清潔，又逢下雨，環境更顯侷促。

我們第一隊只七八十個學員，管理，教育也並未上軌道，同第一期又差不多，可是卻沒吉安二期訓 213D 的那樣嚴緊，因高副主任到 315D 去任副師長，蔡副主任去穗，幹訓班無人管，也好像無政府狀態了。

　　下午五時，吃一餐衝鋒飯，將請假事托徐，欲去穗，恰遇郭鍾雅由穗來，問明地址，就過河預搭夜十一點快車，不知為何竟誤了班次，十二點也沒車，雨更大，恰巧在飯店碰到一個安徽老鄉姓張，渠在 39 軍通信營，乃蒙渠借毯子和被單宿在月台椅子上。

## 57　東南長官公署訓練處在穗設立，開始募兵

**提注：一、去年今日，奔馳在華東一帶，今年卻又馳騁在華南，一年時間飛快，想不到長江以北已經變色，今後如何？一切未知。**

**　　　二、費了一天時間，到了晚上九點才找到東南長官公署訓練處，先找到三團團部，再找第三營駐地，因無行李，宿珠江艇上。**

九月十日　星期六　氣候晴　英德 —— 穗

　　夜間蚊子太多，心中老是惦記著車子，夜間車鳴可皆不是，天將明，來了一部快車，急著衣登車，二等車廂內擁擠異常，我侷促在門口，巨蛇似的列車狂奔穿過山野，〝回憶〞又在作祟，去年今日奔馳在東方平原，生活卻還過得去，不似如今之寒酸狼狽！想不到一年之變驚人！今歲又馳騁在華南平原，山野間，南國情調比蘇皖差別多了，在另一角度看

來，吾生活也富多樣性、流動性。

　　十一時抵穗東站下車，乘公共車一路詢問，很費事才找到第三團辦事處。團部裡人是挺亂的，一個熟人也沒有。第三營隊伍但也不知在哪兒？找了兩碗剩飯，吃了一碗冷水，已下午二時，悶坐好不急人！乃去江西會館，覓何志高夫婦不見，屋狹人多，留守的老爺太太，都蜷在濕地上。有錢的人已搬住洋房，同謝克環連長談幾十分鐘，謝贈吾港紙一元，錢少義重，不便卻之。

　　回賢藏街見王華育，才吃一頓飽飯。

　　飯後依王指示去海珠橋覓三營，可是因此地沒來過，坐車，步行，一直跑到八點鐘也找不到，跑得又氣又累，結果仍回賢藏街休息。

　　九點將近，孟繼仁來領吾去，見住地尚佳，在一個大樓上，地方很寬，有水而無電，面臨珠江，因吾未帶行李，老鐘找隻畫舫，我兩人住，同鐘在船上，談到午夜，廣東宿艇子，今天尚屬初次，飽覽江面風光，心胸為之曠然。

**提注：一、廣州物價高，人民不說普通話，溝通上很困難，有時用寫字對話。**

　　　　**二、珠江晨景宜人，如詩似畫。**

　　　　　　　　九月十一日　星期日　氣候晴　穗，珠江邊

　　昨晚走錯路，半途見什麼"檸檬頭人"花了一角港紙去參觀。其人已 26 歲，只三尺高，鬚已黑矣，頭太小了，比年前在首都夫子廟，看那兩小孩的頭，還小三分之一，令我懷

疑是否幼小故意製成？還是天生？他還留過歐美出洋像哩！
如在外國早已藏留，豈能拿出來丟人呢？

　　早起看，珠江晨景亦頗宜人，畫舫千百如林，輪船、機
帆棋佈江面，壯麗的海珠橋橫跨南北，真是一幅美好圖畫。
晨間李錦龍請吾早點。

　　飯後編班，八九連仍在一起，因裝備未發，經費無著落，
士兵困窮無法解決，新成立一個團體，就是如此困難，只好
以話安慰弟兄們。

　　中午同王鏞笙去總隊長及團長處同商運兵技術問題，只
以經濟拮据渠等均無法解決。

　　下午來通報沙河點名，整隊畢，因吾精神不舒，乃請副
連長帶隊去。

　　穗市公共車很多，惜上下無秩序，有站而無牌名，使外
鄉人沒法認路。市面很少有說普通話的，食品貴於英德 1/3，
日用品較低，街上大小吃食店林立，使人見之便有 ──〝食
在廣州〞，之感！粵人喜追逐於〝賭〞及〝食色〞與裝飾的
享受中，吃風有南洋派頭。

**提注：一、沙河點名，第三總隊已募得千餘人。**
**　　　二、去年此時離徽州，前往南京覓職，未料大局勢急轉、**
**　　　　　今年卻又來到廣州。**

　　　　　　　　九月十二日　星期一　氣候晴　穗、三營九連

　　局勢自湘西、湘中數度大捷已見好轉，惟粵省多處土共
竄得猖獗。另一驚人新聞！生物上發現，七盎斯份量足毀全

球人類，原子彈如小巫見大巫，成了廢物，使人看來心涼了半截！

天明起，欲趕七點車返英德，何云須等錢，待十一點車。飯後又來通報赴沙河點名，整好隊到團部乘包車前往，與錢華林見面。渠亦欲赴台，惟不參加 2182，怕受人利用，費腦筋，此語不差。

全總隊僅千餘人，天氣太炎熱；點名後未敢耽擱，即乘車急返海珠橋休息。

睡後沉思，錢無著，來此又耽擱誤事。既有現在何必當初？我又懊惱起來！想今日較去年今日，形勢上稍勝，惟精神大受打擊，煩雜心緒與愁慮日增，哪有去年的安閒。想想也是自找的，沒有把心緒安排好。自離開了徽州，我的煩惱實在一天天增加了。

想想英德的餉、假，兵等事，又急！即起欲行，李錦龍、何志高又云明早去較妥。

晚上同鐘雄、吳烈章，談些瑣事，計劃工作進展。

**提注：粵漢路走私多，單幫客多，抓兵之風亦甚熾。**

九月十三日 星期二 氣候晴 穗 —— 英德（幹訓班）

甜睡中被何志高喊醒，月亮尚有淡光，東方才發白，乃起身洗面，吃飯，取了何給的十元港紙，連內事交待了吳烈章。七時同孟繼仁、王光亞，乘巴士奔火車站，坐上三等車，買份報消遣，候至九點方開車。

天氣蒸炎，車廂裡好不悶煞人也？坐臥難安，只好借閱

雜誌來解悶！

　　粵漢路的走私與單幫客，同去、前年津浦，京滬線彷彿，我們這廂內大半是黃衣兒，雖然軍人免票，可是路方辦理不善，一切很亂，與京滬線差遠矣！這一線上部隊番號多，抓兵之風甚熾！如京蕪線差不多。這種風氣不能讓他長此下去的。

　　下午三時抵達英德下車，渡河到小館子吃頓飯，正在恒生休息，老安依約而來，至大同談了很久，對 2182 之事，彼已決定去，吾倆對今後局勢及環境變遷，個人前途等打算，均有縝密計議。

　　到監察組同聶宜爽談了一會兒，吾又徬徨起來，在 2365 又不得志，2182 又靠不住，豈不令人苦愁之極！其實青年人不應如此，一件事不做便罷，如做就別懊悔！錯就錯了，有啥關係？

　　今晚同孟繼仁住在老孫及宋等住的小樓上，蚊子很多，都是小黃蚊，咬人很痛。

**提注：一、23A 在英德幹訓班，生活，環境都比在吉安差些。**
**　　　二、在幹訓班不能按時發餉，所以購日用品都沒錢。**

九月十四日　星期三　氣候晴　英德幹訓班

　　幹訓班的一切仍如前，我們這一批袍澤，又第三次受訓了，隊長及區隊長，還是吉安的原批人馬，只頭兒換了，每天除早晚點名，也就沒得事。不過，有點兒不如吉安的，就是生活起居，房子，床舖，環境都差得遠；吃飯也不夠，不

似在吉安那樣每餐都剩飯。

　　早飯後同孟繼仁過河，到莫排長家去，找好久才得，莫仍在洸洸未回，談些話覺疲倦就睏，一點十分 —— 一下就睡到四點半才醒，睡久了頭實在有點昏痛！

　　過河回幹訓班，詎料飯已開過了，趙保民替我兩借米煮飯，令人有些不過意。

　　傍晚何志高來，同到河邊洗澡，談及 2182 之事，何以為困難太多，模棱兩可，彷徨無信心，吾以為既已出頭露面，當繼續努力到底，不計得失，只要有信心，失敗也是活該，何必猶豫！

　　晚在大同，與劉貴彬等吃茶。

## 58　政府說要保衛廣州，但未見構築工事

提注：一、很早聽說政府要保衛廣州，但未見大部隊的佈置，
　　　　　廣州外圍亦未見構築強大工事，不知如何去防衛？
　　　　二、聽說范漢傑、宋希濂兵團都向西南移動，缺乏決一
　　　　　死戰的決心。

九月十五日　星期四　氣候雨　英德幹訓班

　　早點名，副隊長云今明即發餉，並云局勢在雙十節前後有大轉變，此次將是雙方孤注一擲的攤牌戰。現雙方正鼓吹，政府要反攻，八路要在雙十節前解放全中國，總之現正戰雲密佈，雙方箭拔弩張，大戰一觸即發，無疑衡陽與廣州將為攻擊目標。

　　暴風雨前夕的"南國之都"還在畸形的繁榮著，將來不

久，不卜以何種命運來決定它？

　　淒風苦雨滿江城…滿天風雨英雄淚…。在落了一整天雨的今天，我想起了這兩句斷續的詩句。一天就是悶睡。

　　氣候轉涼，晚上沒被蓋，就到萬和旅社去，同何志高抵足。

## 提注：幹訓班今天才發八月份餉，九塊袁大頭。

九月十六日　星期五　氣候曇　英德、萬和旅店

　　夜間雖無蚊子，然夜風挺有勁的，蓋毯子尚覺有點寒意。早晨回幹訓班正值早點名，副隊長要我等注重身體，發餉後勿亂食，尤以不潔的豬肉與壞香蕉要少食，這是金玉良言，在異地一旦鬧病，那才是太不幸之事。

　　早晨洗衣。

　　飯後到街上看報，廣東沒好報，都以大篇幅登低級趣味的故事、小說等一些扯淡事，以吸引顧客，土語方言太多，看也難懂。

　　遇見老陶，到大同吃茶，談了很久 2182 的事，明上午約安學明及道義來恆生，今夜欲派人去穗。別後又到何志高那兒，談及 2365 及 2182 之出路諸問題。

　　下午五時吳、鍾兩軍需到班內發餉，令人望穿秋水，如今才拿到九塊大頭。又到街上去同軍需們算伙食帳，大伙鬧得烏煙瘴氣，弄得軍需們醜相畢露，窘態百出，威風的他們也有今日，最後還是老何回來做了好人，勸不要打落水狗，青年人做事，要留點〝路〞才好。

　　有錢走路也挺來勁，想回去睡覺，又冷且無蚊帳，就開

個房間，在萬和旅店。

**提注：一、發餉後，很多人嫌袁大頭太重，都換成黃金。**
**二、638團突圍戰役賞罰不公**

九月十七日　星期六　氣候晴　英德幹訓班

天明起身去幹訓班，已點過名，洗面後照例吃一碗豆漿，這價廉而極富營養的大眾食品，正適合我們丘八吃。

晨讀〝青年軍政治教程〞儒道思想之分析。

午前上街補鞋、修錶，見許多人都在購金子，我為了大頭帶著太沉，也購了金子，價十元○七角。

閱報，週來無戰事，雙方正在準備，密雲不雨。

今天本來約安學明至恆生一會，候至下午未見，倦極回去睡覺，一下就睡到五點鐘，今天吃飯再不衝鋒了，因為是發餉有了錢。

晚飯後去旅館見何志高，談及劉仲荻與周在穗鬥法，吾儕須擇賢明的長官，像此次638團突圍事，太令人氣憤了！忠貞誰知？功過、賞罰不清明；本欲今夜赴穗，久候孟繼仁未至，渡船已無。

晚十時同孟繼仁、及劉貴彬在大同聊天，深夜才返。

九月十八日　禮拜天　氣候晴、晚雨　英德車站

今天決定去穗，晚渡河去車站，詎料十一點夜車已沒有了，晚雨又臨，無船渡河，幸好何志高有行李，就睡在車站茶館裡。

**提注：第三總隊，三團三營的駐地已遷到廣州大學附中。**

九月十九日　星期一　氣候晴、晚雨　英德 —— 穗

六時許起，混合車正到站，詢之站方，云十二點後才能開，因前面正在換枕木。

隨何至 211D 警二連訪友，同到站邊小攤吃豆漿，早飯就在二連周處吃的，尚添辦幾樣菜。

在茶館與 70A、416R 孫某同鄉談話，敘及彼此部隊在江西作戰情形，甚覺投機，渠係桐城人，皖一臨中學生。

十二時快車也到，就坐上二等廂，孟繼仁也趕來了，五時抵穗，下車同到志高處休息吃飯，晚雨突降，旋即收住。飯後已八時許，同孟上街購物，買一盒維他賜保命針藥、一條短褲，走幾條街沒見百貨店，只盡是賣吃食的。本營駐地已遷廣大附中，在市郊，好久才候到十二號街車，到了已十一時，見吳、李等云及本部事已漸上軌道，不久赴台。

安學明已來此，因未取上聯繫，故渠去一總四團，叫人請來，到街上去吃汽水，途中吾責其失信，渠默然承認。

十二時許方返，與安抵足，談了很久的前途問題，至雞鳴方睡。

**提注：英鎊貶值，各國貨幣隨之貶值，粵省東北激戰中。**

九月二十日　星期二　氣候晴、晚雨　穗 —— 英德

八時許起，安學明別去，同吳副連長烈章至街，售去五分金子，以給吳餉錢，街店很少開門，惟食店生涯鼎盛，擇

一潔淨冰店，吃些牛奶蛋糕。

時近十點即返附中，上坡見校舍頗巍峨整齊，環境也很優美。

聞鍾雄鬧了事，已被扣於團部，倒教我為難，如去看他，又不能幫忙，如幫忙又恐不妥，依何志高意見還是要保他出來，何的見識倒較高遠，氣量也大，吾不能望其項背也。

本連情形尚佳，吾雖不常在家，但秩序井然，一切不亂，弟兄們也了解，同事也協助，使吾精神得到不少安慰！

飯後欲返英德，連內事匆匆吩咐吳等，趕到站，車正欲開，擠進了悶葫蘆似的車廂，今天氣壓低，太燥熱。

下午五時抵英德，晚雨又臨，在車站買頓飯吃即返英德街，在萬和沖涼（沐浴）　外面雨又落緊，臨窗悶坐了好久才到恆生去。

閱現象報，云英鎊貶值，西洋各國貨幣隨貶，故港紙受影響，金銀上升，各物又扳高。

平潭島棄守，粵東北正激戰，粵局勢是轉趨緊張了。

**提注：幹訓班副主任曹某到差，規定許多事，有些做不到，如每天寫作文一萬字，缺乏主題，則很難完成也。**

　　　　　　九月二十一日　星期三　氣候雨　英德幹訓班

昨夜睡得挺甜而舒適。

早點名喬隊長叫不要遠離，今天副主任點名編隊，昨天新副主任曹某已到差，規定四件事：（一）一律戴小帽，（二）不准外出，（三）作文－"反攻"，（四）編反攻歌。

　　飯後副主任點名訓話，云明天編隊，一二隊合併開始訓練，洺洮尚有三百多人，為二三隊，希同學振作，每人要成為宣傳員，先鋒隊，發動機，…訓練著重於政治，每天須做萬言文章，每周要演劇兩次…。副主任說話挺有趣，故意詼諧，又似神經質，這也是他帶人之手段。

　　午後到軍醫組，找張醫官元鐘給我注射，皮下手術並不痛苦。

　　今天的雨斷斷續續，飯後何志高來了，同至街上商談了好久 2182 之事，因該部後天出發赴台，需要集中人數，但211D 後天出發去洺洮，時間衝突，恐困難太多。

　　街上見到畢應業與藍排長，即請渠帶信約陶炳文，明天來恒生商談。

**提注：一、今天幹訓班發武器，每人一枝 30 步槍。**

**　　　二、曹副主任上課，著重政治講話，見大家精神不集中，乃叫每個人上台演說。強調"思想"**

　　　　　　　　　　九月二十二日　星期四　氣候晴　英德幹訓班

　　為了應約，一早到街上去候陶，可是候了一早上他們竟失約了。

　　飯後編隊，編到五班，發一枝三〇步槍。

　　中午到街上，陶、畢、吳等均來訪吾，乃約張子麟、貴彬等同去吃茶，談了好久，陶炳文做事倒底是穩重，畢也是彷徨。2182 的事，我看不能如理想。

　　下午是政治課程，副主任上課，以報紙為題材，叫每人

發表意見，好像演講似的，我很佩服他的教育手段，不過有時又把我們估價太低，固然大家精神渙散，但應設法運用鼓勵，不該訓責我等什麼〝思想，思想〞的，令人聽了有些傷腦筋。

**提注：一、今天當採買，菜價貴，伙食難辦。**
**　　　二、幹訓班晚上小組討論。**

九月二十三日　星期五　氣候晴　英德幹訓班

　　最怕當採買的我，今天又輪到了我，早起應享受的豆漿都未及喝，就領錢上街買菜。錢本少，而物價又較吉安當採買時貴數倍。所以吃的菜質與量都差多了。

　　211D 今早出發，經英德去洽洸。

　　張子麟自贛抱病至今未癒，全身黃腫，行動很困難，與吉安時大不相同了。病魔實在可怕！它吃掉了人的青春，使人變為呆滯。

　　午後去河邊替子麟覓船，渠等以為不妥，又欲乘車，吾乃寫一信，托其帶與李錦龍。

　　下午照例到軍醫組，請老張注射，已三次仍不覺有何效力。

　　晚飯後小組討論，各班須呈一意見書，我們也好乘機發發牢騷而已。

　　自到英德以來，好像每天都非常之忙，時間不夠支配，很少休息似的，無論身與心好似都很疲勞。

## 59　廣州報紙頭條，始興縣長饒紀錦叛變

**提注：一、今天廣州報紙頭條，刊出始興縣長饒紀錦叛變。**

**　　　二、始興縣長饒紀錦叛變早在八月底已見端倪。**

九月二十四日　星期六　氣候曇　英德 ── 穗　2182 三營

　　深夜得到出發消息，本預定明天忽改今天，早起七點就開飯完畢，隊伍到馬路旁，候軍直屬隊過完，本班為後衛，我想去穗，乃整束行李過河逕奔車站，恰好趕上午班快車，車站檢查是 70 軍了。

　　閱報云始興縣長饒紀錦叛變！並邀宴犒獎國軍某團長，視其過去對吾等之言行已不安份。今日竟變節，既可驚，當可在意料中。

　　坐車味兒太不好受，下午六時許才捱到穗。乘公共車趕到廣大，洗澡，吃飯後，同李副營長及吳、孟等談及本營各連之工作與技術問題，本部前途並不如一般人推測之悲觀，明後天點名即可發八月份餉，赴台日期在即。

　　晚思明天仍須返洽洸，因為尚有未完之工作，到那邊視情況請假離開，那才是明智之舉。

九月二十五日　星期日　氣候陰　穗 ── 廣大附中　2182 三營九 C

　　夜間很涼，一床被單實不耐寒意。

　　晨何志高來，談了一會戰局及英德情形。

　　飯後同吳上街，覓文德路不見，不巧大雨傾盆，就隨跑進路邊一家電影院，看了十分鐘的外國片。

　　閱報見南雄失陷，翁源亦緊，廈門城郊激戰，度之暴風雨將來臨矣！

　　街上恰遇張恒群，同到政工總隊，見了何孰永、張倫元等，略談一會，十二時辭出。

　　到文德路華南中學覓見第一總隊部，云四團尚在小北路，乃返廣大附中，途中又乘錯了車，真糟！下午三時才到。欲返洺洸，就賣了數十斤米作路費，吃了晚飯就去火車站，詎知又乘錯了公共車，坐反了方向竟跑到西郊，再回東站時間已過久了。在街上逛了幾個圈，七時許才返連。

　　約張興漢同去訪安學明，又未見，廢然而返。〝煩惱盡是自尋來〞，自參加 2182 部以來，天天在傷腦筋！耗費心力過甚，奔走不算，討厭的還有人事之不調和，瑣事累累常重壓心頭。實乃莫大之痛苦！想想又何必當初呢？唉！

**提注：一、23 軍由英德移駐洺洸，今天又有部份回到英德。**
**　　　二、23 軍由英德到洺洸，當地民眾熱烈歡迎。**

　　　　　　　九月二十六日　星期一　氣候陰　穗 —— 英德

　　煩惱偏會找著我，鐘雄、孟繼仁、吳烈章、黃湛恩的問題，使吾大傷腦筋，昨夜晚個別同他們解釋，個別予以安慰。七時許到街上吃些點心後，到漢民公園觀虎，該虎百餘公斤，黃色黑紋，兇猛雄偉，其狀可畏！觀真虎今天還是第一次。

　　閩、粵戰事緊張，廈門及曲江外圍激戰，廣州的豪富開始逃難了。

　　飯後十時去先烈南路訪晤安學明，吾責其失信，渠忽流

淚，半為慚愧，半為其衷心苦痛難言！

　　下午二時返廣大，為鐘雄被扣事又商談半晌，吃過晚飯匆赴車站，正趕上五點東站的特別快，好像比坐慢車舒暢多了，人也不擠，到連江口站本欲下去住，明早赴洽洸，到站忽見隊伍上車，原來 23 軍又由洽洸開回，又見楊醫官，渠云係奉命返住英德，那我太巧了，又免往返之苦，真是天助我也！

　　車中與楊敘及洽洸之往返情形。渠云美村、洽洸一帶的百姓熱烈歡迎，懸旗放炮，機關、社團、學校更迎於數里外，此為 23 軍作戰以來，第一次僅有之如此受歡迎。

　　十時許到英德，因恐過河不便，即與楊借宿於一家茶舖內。

**提注：一、與劉俊元同學久別重逢。**
**　　　二、幹訓班由洽洸回到英德後，馬上又實施編隊、合併**
　　　　九月二十七日　星期二　氣候晴　英德幹訓班

　　夜很涼，若無楊的毯子那可糟了！

　　七時起，吃些豆漿回英德。隊伍未到，僅各單位打前站的到了，不知住那裡？早飯就在蔡副官處吃。

　　中午隊伍才到，仍駐原地。

　　晚六時編隊，一二隊合併，三四隊合併，曹副主任發表各班意見書，以我之第五分隊為最具體。

　　213D 及 211D 均駐原地，惟 631R 暫住街上，晚同陶炳文及劉俊元晤談，我與劉還是二月在齊梁分別，今日粵地又重逢，快慰之至！

# 60　共產黨的和與戰策略運用剖析

**補記八**

　　民國三十八年九月二十七日　星期二　氣候晴　廣東英德

　　放眼看大局，自從徐蚌會戰失利，政府軍損失慘重，責難之聲音四起，一群無聊政客，到處放空氣，鼓吹和談，夢想和平，這其實只是一廂情願，等於用〝和談〞兩字來〝自我催眠〞，來打擊士氣，瓦解我方，從政府內部來瓦解，這樣讓共產黨省去很多力氣。

　　殊不知，毛澤東一再強調槍桿子出政權，就是要以武力攫取全中國，做他的帝王之夢，什麼〝土地改革〞等等，都是幌子，都是騙人的，連我們政府內部，也有人相信毛澤東是土地改革者,他會為老百姓謀幸福的,這豈非癡人說夢話？

　　徐蚌戰後，低氣壓籠罩，我方黨政軍人員皆陷入低潮、悲觀，於是，有心人士鼓動無聊政客，先逼使主戰的蔣中正總統下台，然後，抬出主和的李宗仁副總統代行總統職權，這項陰謀，果然實現，今年一月二十一日，蔣中正下台，李宗仁上台，李以代總統身分，命邵力子、張治中等四人，組成了和談小組，前往北平，但共產黨姿態很高，從一月談到四月，一事無成，表面是和談，事實上共方是〝招降〞，他們定了一大堆條件，這些招降條件，政府當然不可能接受，最後呢？政府各部門都不願投降，和談變成僵局，四人小組也就不回首都南京，他們乾脆先投降，留在北平。

　　在數月的和談過程中，政府受害最大，因軍隊士氣受打

擊，政府行政效率受損，再加上金元券改革失敗，物價飛騰，金元券一日數跌，人民不相信紙鈔，最後銀元、銅板都出籠了。

在和談進行中，政府的警覺降低，運作機構也鬆懈下來，軍隊的戰鬥意志衰弱下來；而共軍呢？他們積極備戰，一天也沒閒著，對於華北傅作義數十萬投降大軍，進行密集洗腦，消化他們，把他們融入於共軍之中，再放到第一線，對付政府軍，使我們昔日袍澤來相殘，這一招可真是狠毒！

共軍對待叛變的吳化文也是一樣，將吳的部隊，先進行集體洗腦，最後，卻將吳部拆散，插入共軍中，慢慢地消化、融化，吳化文被架空，最後，吳化文的部隊不見了，但在徐蚌會戰時，吳的部屬又在第一線出現。

# 61　共軍和與戰的交互運用

**補記九**

　　民國三十八年九月二十七日　星期二　氣候晴　英德

記得本年一月、二月，軍部幹訓總隊駐南昌齊梁村，曾同龔節志等辦一份壁報，名為〝流星群〞辦了兩期，我們的主題就是剖析共產黨的和與戰兩手策略，揭穿其陰謀，第一期社論就是〝絕對不能和〞把共軍的和戰策略，分析得很詳細，明白昭告當時的幹訓總隊袍澤們，勉勵大家認清共產黨的真面目，勿為其歪曲言論所蠱惑。

# 62　當前軍事態勢管窺與分析

**補記十**

民國三十八年九月二十七日　星期二　氣候晴　英德

　　當前，軍事戰略主動，仍操之在共軍手中，自五月份上海之戰結束後，共軍主力陸續渡江，經過一段整補，即向西南進窺，本來華中地區居於戰略要衝，可以力拼，以挽狂瀾，但因程潛、陳明仁之相繼叛變，使得穩定的情勢，迅速逆轉，政府軍失去主動；自九月二十四日起，共軍已在閩南、粵北發動攻勢，而蔣總裁於此時由渝飛穗市，在黃埔造船廠，連日召集各將領，開軍事會議，對當前戰略形勢作詳細研討；此次攤牌之戰，各方人士暨觀察家，咸認為是最後一次之決定性戰鬥，鹿死誰手，尚難逆料。

　　以個人所得到的消息，僅知粵境兵力，現有：23A、70A、39A、50A、37A、18A 等各軍，分屬三個兵團，缺額多，不完整者近半數；設若有旺盛士氣，必勝之決心與信念，雖敵軍數量多過我軍，只要我補給不斷，支援不絕，必可擊敗來犯之敵，但必須處處主動，還像去年、前年，那樣挨打、被動，絕不是辦法。不過，現在最大的問題就是士氣問題。

　　目前，政府軍還有一張王牌，那就是人稱小諸葛的白崇禧將軍了，他是眾所仰望的、期待的，他的胸中祕密甲兵，任何人也猜不透、摸不到，有人說，廣西省臨時動員，可成軍兩百萬人，現在湘桂地區，最少也有三十萬精銳之師，這種純樂觀說法，自亦有其道理，以白崇禧過去治桂成績來言，

上述亦不為過也。

**提注：曹副主任總是以政治為題，討論。**

九月二十八日 星期三 氣候晴 英德

昨夜失眠！以午睡補眠，可是睡久會頭昏，白天睡眠怎樣也不舒服似的。

下午又編隊，副主任上課，討論政治問題，晚上街，何志高來了，又談許久 2182 的事務，十時才返。

# 63 討論廣州情勢

**補記十一**

民國三十八年九月二十八日 氣候晴 廣東英德

昨夜與龔節志君討論當前形勢、戰局，以為正在黃埔連日會議之內容，推測之，當係討論廣州之防守與否？穗市背水為陣，作戰十分不利，猜想之，保守派高級將領，是不贊成死守廣州的。但廣州不守，等於中央放棄掉這座南方大城？那麼，中央政府到底遷往何處？重慶嗎？成都嗎？台灣嗎？誰也猜不準！

很早，各方就有人叫著反攻！反攻！不過反攻嘛，絕非輕而易舉之事，只靠著這席背水為陣的穗市一隅，想做為反攻的箭頭，是不行的，再說西南大陸腹地雖廣，但形勢仍未成熟！故而，東南沿海，最好是杭州灣，來開闢第二戰場，以諾曼第登陸的聲勢，在東南沿海，共軍的側翼登陸，用迅

雷不及掩耳之勢突進，攻敵之側後方，必可牽制敵軍繼續南下，江南的半壁河山可以確保，如後勤補給沒問題，當可以先穩住江南，再徐圖北上；民國十六年北伐成功就是先例。

　　曾胡治兵語錄有言：「用兵之妙，莫過於撫敵之側背也！」

　　當今，國軍戰力仍在，中下級幹部優秀可用，端看各將領間，合作與否？各兵團之間協調與否？閻錫山能否穩住大局？小諸葛白崇禧或者有何妙計？我們下級幹部，只能乾著急，聽命令行事耳！如之奈何？

**提注：一、曹副主任訓話：開了一大堆空頭支票，似不切實際。**
**　　　二、幹訓班軍官一律要考試**

　　　　　　九月二十九日　星期四　氣候晴　英德幹訓班

　　早晨朝會，副主任又打氣，擂了三通鼓，題為“新希望”打回老家去，反攻，接收，預備當接收大員…縣長，又預成兩個師，中下級幹部由幹訓班挑選。此後云及處置問題，軍官經考試，馬上衡材任用，軍佐屬則另成立幹教隊，訓練六個月後再分發，九點多鐘才解散。

　　何志高今返穗，我到街送他到渡口，談了幾句話，並托數件事。早餐到蔡處去吃，略休息，即到警一連訪問俊文，未見，同其連長說兩句話。渠很像硬幹型的，說話頗有毅力似的。

　　我也同其他人一樣在街上撞來撞去，也不是企求些什麼！蠕蠕而行也感無聊，沒意思！心想這樣熱，何苦在外亂跑？還不如回去睡覺，以後無事絕不可亂跑。

下午考試，是軍官考試，只考術科，軍佐屬編幹教隊受訓，拿上士薪，如不願就五元大洋資遣。

五點多喬隊長辦交待與陳隊長，喬調班本部。陳乃 943R 副團長編餘的，由副主任下佈達式，又不免推崇一番。

**提注：一、第四兵團司令官沈發藻，到本軍訓話，勉勵官兵。**

**　　　二、廿三軍由江西到廣東，翻山越嶺，辛苦倍至，卻是一路打了黑仗，勞而無功，且各方多不瞭解，致有不利之責難，謠言很多，實在是一項大冤屈也。**

九月三十日　星期五　氣候晴　英德幹訓班

起床就吃飯，這樣又似不習慣了，吃得不舒服。八點廿分集合到軍部，沈司令官訓話，聽訓的只有軍直屬隊同 632R。九點多，沈來，首先就安慰大家，云吾等由贛地數千里來此，實在太辛苦，惟此次本軍卻打了黑仗，勞而無功，由於各方面之不瞭解，多予責難，惟中樞深知底蘊，仍關心本軍，希官兵努力，堅定信心，有機會打一個很漂亮的勝仗。即可擊破各方之謠言，數十分鐘後解散，覺頭部有些暈。

下午覺周身發痠、發燒，很難受！同時胯下淋巴腺又發炎，似是傷風感冒，我很怕病魔會入侵，吃一包檸檬精似感輕鬆。

自去歲至今，吾自幸沒生過病，吉安至此，大夥病的很多，幸吾無恙，可是日常生活須隨時注意，因疾病是在不知不覺中感染上的。

民國 39 年 1 月，在湖口東南訓練團。

民國 40 年在北港克難營房前。

提注：一、羊城晚報刊出：毛澤東已在北京自行宣布成立新政
　　　　權，叫做〝中華人民共和國〞並且說：中國人站起來了！
　　　　二、回想大嶺背戰役那批戰友們，難過又惆悵，是死？
　　　　是俘？未知也。
　　　　三、懷念湖溪村的絕妙風景。

十月一日　星期六　氣候晴　英德幹訓班

　　八月，是在驚滔駭浪中艱難危厄中苦捱過去了，它寫下
了我最燦爛又充滿挑戰刺激的一頁生命小史。　九月呢？形
式上是很安定的渡過，其實糊糊塗塗混了過來，自己不知如
何過的？

　　今天，又是一個月的開始，〝苦盡甘來〞這是每個人的
理想，可是自太和至今，苦是夠苦了，而那裡有一點甜的回
嚼呢？在行軍途中的一切想像成了泡影，事與願違，怎不叫
人惆悵、愁悶再三！

　　國內形勢休整期已過，匪已開始竄動，國際正如想像劍
拔弩張，為了蘇聯有原子彈和飛碟，使英美等大國恐慌起來，
另外一個插曲，中國代表蔣廷黻在聯合國大會控蘇俄助中
共，此官樣文章能有何效？

　　昨天和今天都如此，每到下午頭昏、心悶，皮膚發燒，
似病非病，而十分難受！到了月落就覺輕鬆，惟周身無力、
發軟，坐、立、臥皆不適。

　　傍晚吾獨自坐在河邊，仰觀浮雲片片飄過天空，俯視流
不盡的江水，萬緒千愁湧上心頭，那湖溪村的絕妙風景何時
再能欣賞？此恨綿綿，而我的遭遇偏如此之苦！回想大嶺背

作戰的那一天，好友們啊！現在是不能見面了，是死是俘？令人朝夕難忘，數次曾夢聚首，醒來又是一場空，惆悵何似！

　　〝人無知己不如死〞我現在被跌落在寂寞、孤獨的漩渦裡，內心是如何的空虛與難受啊！

**提注：一、回想在南昌齊梁，曾辦過〝流星群壁報〞，那段日子非常充實而有意義！我很想在英德讓它復活。**
**　　　二、在英德這段日子，身體非常不適，全身痿軟無力、無精神，似病非病。**

　　　　　　十月二日　星期日　氣候晴　英德幹訓班

　　我是一個沒靈魂的人了！這樣的生活過著還有什麼意味？除了寫日記之外，那一件事是有價值的？與其他動物又有何差異呢？回想〝流星群〞壁報社的人都分散了，只剩老龔與我，我還想叫流星群復活，可是能不能如願呢？實在如此生活，過得太無一點意義，時代是前進不停的，我們老是這樣固守，豈非自取退化！

　　如何能夠隨著時代前進和過活呢？

　　什麼樣生活方式，再能鼓舞起我往日的蓬勃精神呢？答案曰：全方位進修，追求新知識。

　　猛想起廣東一帶及南洋群島都有一種病（鄧道明說的），即係因睡眠過多而引起之軟綿無神狀態，外鄉人多不知，此病用冷水頻擦皮膚，少食，不可過量，日久自癒。吾之不舒並非病魔來侵，乃係生活起居之不良所致，（一）中午睡眠過久，（二）食過量，（三）氣候不良冷熱無常，（四）不

大運動消化不良。以後應注意對策與防範：1、少吃多餐，生冷不消化者勿食。2、注意起居，午睡不可久。3、覓做適當工作。4、與重病人少接近，多用冷水洗頭。如此可勿用藥治療自癒。

下午五時軍長點名訓話，敘及沿途行軍作戰，一一檢討，勉吾等安心受訓，併吹了〝反攻〞一大套理論，吾覺其言行不切實際。

**提注：感嘆人情冷暖，人生空虛。**

十月三日　星期一　氣候晴　英德幹訓班

今天清靜的休息，沒參加操課，精神好多了，除了看報紙、煮稀飯以外沒一點事。

〝死得窮不得〞實是不錯，人窮志並不短，志越堅貞才行，人窮不必現出落拓相，要格外莊重些。

人情確實太薄，怎麼有些人是那樣冷酷？

使吾突感人生是如此空虛！

〝錦上添花處處有，雪中送炭世間無〞其不謬也。

## 64　毛記秧歌王朝正式登場，朱德等六人為副主席

**提注：一、毛記秧歌王朝正式登場，朱德等六人為副主席。**
**　　　二、傳統的婚姻制，仍流行鄉間。**

十月四日　星期二　氣候晴　英德

共匪于十月二日已在北平成立「中華人民共和國」，毛

澤東為主席，朱德、劉少奇、宋慶齡、李濟琛等六人為副，這一幕醜劇閉門演出，國體、年號、國旗都改了，年號用西曆，國旗用五星，毛澤東之野心已逞，毛曾常說：「槍桿子出政權」現在目的已達，惟其橫行能到幾時？吾人當拭目以觀之。

〝冷眼觀螃蟹，醒目看醉人〞

今晚吾又觀了一幕活劇，濃厚的封建傳統氣息，仍然存留在鄉間，一個女孩子出嫁偏這麼費周折，拜神拜祖先、親長，一陣爆竹和喇叭聲，奏出異樣的調子，這樣就算完結了它的處女生活，又須要乍到一個新環境，一個人都不認識，怎不叫她懼怕未來而痛哭呢！舊禮教束縛下的婚姻，是多麼可憐啊！

**提注：一、二十三軍第五次換了符號、代號，正由英德渡河到車站，夜宿車站。**

**二、九月領餉九元，卻用掉三十元大洋，透支嚴重。**

十月五日 星期三 氣候晴 英德 —— 車站

翻開了我的支付帳，自己也驚異起來！本月竟用去了光洋 30 餘元，除修錶、購置零物等外，只吃零食與吃館子，就去了 20 餘元，這樣的浪費不是辦法，每月收入只九元，支出了三十餘元，無計算的濫用是有害的，得節省還是要盡量節省，以後要切實量入為出。不要再外強中乾擺架子了！

昨夜突涼，凍得難受，用去數十元，一床毯子也沒置豈不慚愧！飯後集合考試術科，云軍部又成立輜重團，需要幹

部，挑選後以三星期之特種訓練，分發下團，現李團長已赴穗招募並接兵。且本軍有命令在三日內去穗守防。

　　下午又領新符號，此為第五次換領符號了，第一次在進賢是「2385」，第二次在吉安換〝仲〞字〝2365〞紅邊符號，三次又在沿溪渡換信字〝2385〞第四次在唐江換〝精〞字〝愛國愛民〞，第五次便在這英德換此智字〝虎威〞了，以吉安之仲字符號為最精美，換符號之原因，係為迭次作戰遺失太多，免敵混目也。

　　下午五時 632R 及軍部各單位均渡河出發，幹訓班七時才開始渡河，惟船伕跑光，風大浪大，十之八九船被逆回，本分隊無奈，另設法於最上游渡口徒涉，到河中央，覓一破船，喚醒二老嫗撐駛，好容易捱到對岸，草坪上等候隊伍，一時才到齊，行至火車站，見 211D 尚未上車，本預定十時211D 先開，六列車，吾等為四列車在三時開，奈以友軍南下很多，車調不開，只好在大風下露營等候，吾幸好跑到 631R六連吃頓飯，就在飯店裡睏覺。

**提注：一、蔣總裁赴台十日後返穗。**

　　　　**二、曲江撤守，粵漢路將切斷炸橋。**

　　　　**三、去年中秋節曾與長灝兄返六安團聚，度中秋。**

　　　　　　十月六日　星期四　氣候陰

　　　　　　英德車站、石龍（經穗到石龍）（中秋節）

　　三時半被冷風吹醒，起視見 631R 及師部已登車，本欲先行到穗何志高處看看，彷徨不定，見到劉勝漢方知曲江實

於昨下午撤守，白崇禧部已縮回湘，劉安琪部 39A、50A 均已回英德佈防，等曲江來此最後幾輛列車過後即將毀橋梁……到此吾方大悟！怪不得昨晚渡河造成那樣緊張的局面！店主早關門，想人民早已得悉。粵漢路切斷，由此觀之廈門必已危，粵東見緊，穗市必不可保而不可戰，棄之當在意料中，且前天報紙大吹〝確保廣州〞蔣總裁赴台十日返穗…由此推之其不欲守故而強調其說，蔣總裁赴台，何須十日再返穗呢？何況又什麼〝台灣軍登廈反攻〞。此亦煙幕耳，然政府之大計，非吾儕可料者，或其撤守韶關亦有其他用意乎！

　　上午八時 633R、632R 之第二列車方開，候得心焦，肚中又餓，袋無錢，借了一角買些粗餅充飢。

　　車站一片混亂，不堪入目，九時許我們的第三列車方慢吞吞開出矣！再會英德！光復時再會吧！

　　下午四時許到了清遠縣，下車燒飯吃，今天就吃了這一餐。

　　昨夜和今天都受了四次的危險！昨夜船遇風，有翻船者二次，今天我們所乘這節車廂，兩次脫了結合榫，幸兩次車方出站，行的慢，前次係後脫而前仍開故又撞上，後者反是，如若前者車停，後者車也停，再逢下坡路那可糟了！這車廂內人不死也傷。

　　今天月兒被烏雲罩住，想是為了世人過於紛爭，她羞於見人，故而藏起，再者今年大戰亂離鄉人多，她如出現，更會引起人的離愁。想不到月兒竟也深明世故哩！

　　車上人們都在談論〝過節〞瑣事，吾亦陡憶去年過中秋的一幕，離家數年的灝兄，竟與吾不約而同回鄉渡節，雙親是多麼歡喜！今年灝兄在家，可是吾又遠行了，今年在陷區

裡過活的雙親，心中當然更會增加難過！他老人家對久不通信的愛子，遠征他鄉怎不懸念呢？豈不知遠行的我，生活與遭遇是苦一點，但精神上是愉快的。

　　一路為了讓車，很耽擱時間，薄暮到北站，南站、東站均未停，一直到沙河，本欲下車赴穗，又恐無公共汽車進城！袋無分文，奈何！

　　半坐半睡迷茫中，於夜十時抵目的地—石龍，副主任下令車上宿營，明天覓屋，〝中秋〞就如此過去了。

# 65　廿三軍南移石龍鎮佈防

**提注：一、湘西大捷，使韶關曲江暫穩定下來，恢復常態。**
　　　**二、23A 南移石龍鎮佈防。**

十月七日　星期五　氣候雨　石龍鎮

　　蝦蜷式的睡到天明，下車到村內民家煮飯，此處物價多貴！較英德貴一倍以上。

　　今天報載湘西大捷，青樹坪殲敵近萬，兩衡激戰，芷江棄守，然曲江已轉穩。蓋該地因湘東兩衡吃緊，大兵團北調，劉安琪兵團閃出韶市，故成真空，商民疏散物資去桂，粵站人員來穗，造成一時之緊張空氣，然因粵東湘西穩定，故犯曲江之匪不敢入口袋又北撤也。現穗、韶電報及火車又通，曲江市面漸復常態，劉棟材軍長仍鎮曲江。

　　中午才看好房子，軍部駐距車站二里之石龍鎮一帶，面北計，211D 在右，213D 在左翼，均有數里之距離。幹訓班駐市區保安師舊址，此鎮很繁榮，有過於英德之盛，且有電

影院。

**提注：蘇俄及其附庸七國承認中共。廈門兩衡激戰，曲江失守。**

十月八日　星期六　氣候陰　石龍鎮

國際風雲急轉，蘇聯及其附庸七國，先後承認中共人民政府，英美亦考慮中，蘇並擬撤使館。

廈門、兩衡激戰，報紙已發表曲江於昨晨七時陷入匪手。

下午何志高由穗來，云及 2182 無發展，仍如斯，與 2365 相較，則〝烏鴉同黑〞耳！一嘆！

**提注：一、早點名後，幹訓班曹副主任訓話，數十人遭除名。**
**二、政府以銀元�發餉，抵不過物價飛漲。**

十月九日　星期日　氣候陰　石龍 —— 穗 江西會館

昨晚又見一宗奇異風俗，略與吾鄉不同，就是小孩子掉了魂，偏那樣隆重的請方士敲鼓，吹牛角、念咒、弄得煞有介事，另外還有三四個女人扛著米斗，拿著衣服，站在門口講著我不懂的話，手中還撒著米，令人費解！來到這裡，最傷腦筋的就是言語不懂，硬是一句也不懂，去年吾初到江西，以為江西話難懂，渠知這廣東話比江西話更難懂哩！

昨夜又搬一處，蚊子太多，咬得真難受！

早點名後，一二隊齊集石龍中學曹副主任點名訓話，有數十名無案的軍官除名了，馬上離隊也無薪，豈不痛心？且尚嚴格規定加緊訓練，米發代金，吃不飽也要忍受。

　　午睡起正值發薪，拿到九塊銀元券 ── 這貶值的傢伙，見什麼都貴，故在街上跑一圈又回來了，因今天全軍發餉，都到這兒購物，故價目陡漲，原來港價，一變而為銀價，銀元與港幣簡直同值了，豈不氣人！渴望很久的餉金，到手仍不值用，一個月血汗所換者何？晚飯後赴車站，恰巧遇何志高，同登車赴穗，途中論及 2182 與 2365 之事，令人彷徨無主，考慮得頭疼，也沒答案，唉！傷神！

　　七點四十抵穗，下塌在那嘈雜的贛會館，就睡在濕冷的地上。

# 66　雙十節在廣州，有多項國慶活動

**提注：一、中華民國在廣州最後一個國慶日，還是有慶祝大
　　　　　會，以及各項慶祝活動。**

**　　　　二、2182 團長同總隊長態度游移不定，令人困惑。**

**　　　　　十月十日　星期一　氣候晴　穗　廣大附中（國慶日）**

　　六時三十五分就醒了，腹擬著今天雙十節，該要狂歡一下，於是就預定了自己的節目！

　　七時乘車到漢民公園下，欲去吃早點，店門都未開，便到公園內看報，注意到遊藝節目（1）上午各影院招待軍警，並有音樂演奏，（2）六十部宣傳卡車遊行，（3）民眾示威遊行，（4）街頭劇在公園內上演。

　　吃了一碗牛粥，回附中已近九時，邀鐘雄同到中山四路觀電影〝呂洞賓三戲白牡丹〞雖是粵語片，然演技與佈景恰到好處，情景逼真，變幻若神，就是言語不懂為憾！

十一時返，恰遇安學明，同返附中吃飯，同安談及部隊前途，聞三總隊將改第四兵團，一總隊決定赴台，吾特托安代為打聽，設若三總隊不赴台，吾將隨渠決定去台。

與何志高商榷同見團長，叩以部隊動態，渠云因陸訓處補給不上，同時人數不足恐編散，為了團體不散，故欲去第四兵團，可能有時間成長，我聽後甚疑總隊長與沈發藻、劉仲荻係同鄉，會把我們出賣掉。

二時同弟兄們訓話，處理連上的事務。

三時到天字碼頭〝樂斯〞影院看吾喜歡的國片〝神出鬼沒〞，主角王豪與陳燕燕主演，劇情與去年在蕪湖看的〝第五號情報員〞一樣，不過穿插不同，兩片各有長處與短處，第五號的稻田芳子回憶一節，日本留學情景很為優美。

四時到〝民樂〞看歌舞，草裙舞太顯粗線條而野蠻！令人有點噁嘔！而一般人偏那樣垂涎三尺的看得好起勁！歌劇中所可取者就是音樂配得挺美，充滿南洋情調，聽得令人欲醉。

六時回附中吃飯，八時再去〝民樂〞聽歌劇，每次節目有一次〝數學遊戲〞等於賭博，得獎者取全部之八成，一元一張號碼表，每節目完了，由一位粵語小姐，同一位國語小姐唱票，得獎皆大歡喜！我看了好久，才懂其中道理。十時返附中與鐘雄抵足。

　　　　　　　　十月十一日　星期二　氣候晴　穗　廣大附中
六時即起，同黃湛恩到蘇聲中學覓恆群等來此，在渠處早餐，回已八時，到中山紀念堂候點驗官，候得太不耐煩，直到下午二時才姍姍而來，回連招待同學午餐，處理連上的

事，將餘米賣去給士兵理髮、購肥皂、香菸。

下午五時去東站，23A 去琶江，因車未停，至何處未見到志高，跑到〝民樂〞遊戲場去，歌劇場聽不懂粵調，只得返回廣大附中。

**提注：一、東南長官公署訓練處三總隊，有番號，但補給不上，改由第四兵團接手補給。**

　　　　**二、中午團長宣稱番號改第四兵團，下午又說維持原建制。**

十月十二日　星期三　氣候晴　穗　廣大附中　三總三團九連

七時起，帶士兵上街理髮、吃東西。

閱報見衡陽等地失陷。

自昨天 23A 軍需來點名後，全團官兵心中動搖，因大部來自該方，現又回去當然不妥，尤其幹部們感到傷腦筋，我想，總隊長、團長、辛苦至今，當亦不會出賣自己前程，同時也不會把我們出賣了吧！他居心何忍呢？團長賢明，吾相信不會演變到何種程度的。

十二時團長集合幹部訓話：（1）謂人格擔保，絕對保障我們之工作崗位，（2）安心，（3）被服裝具不日可發，（4）因為陸訓處補給不上，故改由第四兵團魪 2365 補給，番號將改〝第四兵團新編訓練總隊〞給予四十天時間成立，但仍按原建制，絕不會編散受別人宰割！（5）可領行軍鍋及水桶。

下午團長由陸訓處會報回來，謂陸訓處已派船來接，明天上午登船，特集合主官開會宣布：（一）明天七時半集合

完畢，（二）六十部卡車送黃埔登船，（三）即刻領款並帶五天主副食，並於今晚各單位將瑣事處理完畢。

今天想不到有如此二次重大轉變！且如此之快！時間太倉促，使吾許多事不能處理，應辦的事，及應訪的人皆未能如願，一天沒出去。

天黑才同黃湛恩出去，到民樂，只聽一段唱，看看溜冰就回來了。

**提注：空候一天的車子，最後仍然絕望，恐誤大事也！**

十月十三日　星期四　氣候陰　穗　廣大附中　三總三團九連

七時起，整妥行裝，準備登車，詎料候到八點車亦未來，八時半上街，想買點日用品，但大店皆未開門，只買些食物回來。

為了等候汽車，故不敢燒飯，焦急地等著，結果十二時才領回米，下午二時才燒早飯，車子仍未來，軍隊一件事，往往這樣自誤誤人，這是不對的，下級應服從，而上面又不知搞什麼鬼？焉有此理！

中午餓極了，同吳烈章去吃館子，回來見七八連均相繼不辭而別，何志高也不來了，渠本要吾再回 2365，但吾以為既已離開，當有決心，成敗不計，大丈夫做事要有果斷，豈能反反覆覆，令人恥笑呢？此事團長很震怒，但吾以私人感情，當亦不便去作評論。

連內增加人又批不下來，主副食又發不足，借支又比別人少，唉！辦事的人就偏如此為難！

　　候了一天的車子，猶如石沉大海，渺然無望，到下午五時，盧麻子（副團長）回來才知已絕望！但為何早不通知呢？使人空候一天，一點事沒做，不能離開一步，豈不害人？

　　六時上街，見店門早閉，秩序混亂，崗警增多，街上來往盡是搬場汽車，與滿載士兵卡車，充滿戰時的緊張與肅殺景象，我恐怕有其他變故，趕早回營舍。

## 67　東南長官公署三總隊自誤船期

**提注：一、三總隊三團於十二時由廣州行軍，下午四點半才到　　　　黃埔碼頭**
**　　　二、台灣來的大船，已於午前十一時開出黃埔港。**

十月十四日　星期五　氣候晴　穗 —— 黃埔

　　昨夜奇冷，風又大，睡在上層，只一床小被單，冷得蜷在一起，早起好難受，渾身似冰樣涼。

　　通報來了，九時集合完畢，八時我連就開過飯，吳烈章回，帶來幾位客人，渠等欲僱車，同楊等跑上街，路上打個岔，又回到團部，因情況緊張，城內已真空，車子又找不到，不能再候車，團長叫隊伍集合，待命出發，雖然緊張萬分，船恐不能等我們這一個團，但為了團體行動，亦不便自己單獨去覓車，只好勉強跟著拖吧！

　　到十二時，只找到一部卡車，載行李、眷屬，隊伍步行黃埔，順著中山一路約四十里，下午四時半到達，聞大船已於十一時開走，第一總隊已登船，只剩何總隊長，在等我們第三總隊，又因附近居民，乘港口司令部撤退，船開出後，

覬覦倉庫之被服裝具及武器彈藥，乃聚千餘人搶劫，並縱火焚倉庫，還發了幾槍，斯時武裝部隊皆已上船，各部隊留守人員及眷屬擁擠不上，乃紛紛又回廣州，許多大件行李都堆在碼頭旁，有幾匹戰馬在嘶鳴；本總隊一、二、四團因乘車先到，碼頭正在騷動，渠等乃移二里路之補給區休息，我團到的最遲，故未趕上船，真是倒霉！盧麻子又笨又不行，不該以〝汽車〞害了我們，提早行軍不也趕上了嗎？偏弄到現在。

七時許才吃晚飯，倉庫煙正濃，軍用品散落滿地，暴民正在搶拾，一片混亂景象，遠處有火光與爆炸聲，大概是機場炸彈與火油 ── 天河機場。

因情況不明，坐船、渡河皆絕望，欲趕到四十里之新塘再覓船，八時許開始夜行軍。

### 十月十五日 星期六 氣候曇 河浦（黃埔）── 沙村

行了一夜，天明已近新塘，但隊伍已走得七零八落，尤其眷屬、行李，看來太亂而不順眼，如此零亂隊伍遇情況也要受拖累的。

正在馬路邊休息，聞前面槍聲不絕，或疏或密，間有砲聲，似在數里之外，前有一村名河浦，何總隊長喚村中一青年，詢及什麼情況？該青年云係土共與自衛隊作戰，要我們協助自衛隊，何請渠協助覓船渡河，渠云無船，且虎門尚有八十里，公路也不通，何即命部隊散開準備，不許射擊，以視情況如何轉變；突見對面高地有人手搖白旗，並有黃衣部隊隨後，執旗者即村中青年，大喊〝不要打〞，前進之士兵亦喊〝不要打〞又聞一聲〝繳槍〞知道不妙，皆以為是友軍

和自衛隊，近前見符號不對已是不及，只好咬牙忍痛的放下了武器，由他們集合，官兵分開、編隊、登記、檢查，有人將證件全毀，我卻捨不得，只撕去一部分，並埋入土裏。

　　頭也餓得發昏，下午二時許才開飯，糙米無菜又無水，但吃得挺香的，吃過就在大樹下悶睡，別的團還在檢查和登記。

　　下午六時許出發，行在馬路前後一看，乖乖！好長的行列，男女相雜足有二三千人，左右都是他們隊伍、馬匹，我們走了幾里即息下，聽說在附近覓住處，候到半夜才進村，百餘人一齊擠在一間屋子。

**提注：由於地理、情況不明，通訊不靈，領導者又缺乏判斷力、**
**　　　果斷力，致使數千官兵遭受莫明其妙的屈辱，教人憤**
**　　　慨，懊惱！**

十月十六日　星期日　氣候曇　沙村

　　今天又只吃了一餐飯。

　　雖然失去了自由，但尚能上街去逛逛，同密司謝跑到大街上去買菜，約幾百公尺，那兒有館子、菜攤、茶館、菜館，但東西太貴！回來同謝到丁君（中研院）及吳烈章君那兒看看。

　　坐臥不安，心中不知焦急什麼？

　　下午又填〝解放人員登記表〞姓名、年齡、籍貫、階級，及解放地點，有無遺失物品等。

　　看樣子，大概昨天由連交來團管理，因為早晨又重新站隊、點名、編班，點名的人已換了，我們仍住原地，很擠。

　　門口有崗哨，巷子兩頭都有衛兵〝不准上街〞！回來想

想也懊惱萬分！為何總隊長不要我們開槍抵抗呢？就如此輕輕地把槍繳了，對不起自己良心與天職，同時他們又不是怎麼樣的狠！憶起昨天早上的一幕，實在憤慨！他們不見得如何凶狠，一樣懼怕地端槍彎腰向前，到了面前還在喊〝不要打〞好像是哀求，那裡像戰勝？由此使我明白，國軍之敗非為不能打，而是不願打，不是兵不能打，而是官不能打。

　　下午有種種謠言，胡璉兵團攻抵石龍啦！云我們所住村子已被圍啦！五里以外已不能出去啦！真是令人又驚又喜！我幻想國軍真的會反攻，我們或可獲救哩！被國軍再俘去也是情願的。

**提注：解放軍強徵民間物資，毫不手軟，要求五個保長交出 100 頭豬隻，沒有討價還價餘地，用人民票購物，也是強迫使用。**

　　　　　　　十月十七日　星期一　氣候曇　沙村


　　早上到李錦龍那兒去看看，渠等皆係乘汽車來，及 23 A 留守處的皆住學校，環境很好。並見了宗家及酈、杜、吳烈章等。

　　今早餐後又編隊，搬房子，操場集合，團政委訓話，略謂生活之不滿意，乃為一切未上軌道耳。曬了許久的太陽，又重編班、排、隊，派下了排長，看樣子像是交到了師部，云須待報告軍部處理。我班原為三班，今改七班，為二排建制，排長劉海樓很和氣，各排帶開，檢查行李後，即劃分寢室，我們五人住一小屋，搭上門板打掃環境，覺得還好！

　　下午洗了個澡，換換衣服，覺得很清爽！因為好久沒換衣洗澡了。

　　聽說今天解放軍召集保長開會，要五保交出一百頭豬，原來他們更比國軍來得狠又爽快！要豬必繳不能討價還價，隊伍一樣散住民房，強買，給人民票，人民不要就綁了起來，強迫使用，我們住的房東，已經說他們〝不好〞，弄得飯都吃不成了，因為家內東西都被〝借〞去了。

　　聽楊永俊說，這裡許多政工人員皆屬於〝南下工作團〞都是北平訓練的大中學生，其中一人，係楊在市立二中同班，一年後由同學變為敵人了，他們說不出，好似被強迫來的，他們不敢有怨言和牢騷，示意我們如逃走，可以協助我們。

**提注：海珠橋破壞後，還有浮橋，小舟可供南撤，而且十月十四日夜，有大輪船來黃埔碼頭接人員，可惜我們耳目不靈，都錯過時機。**

十月十八日　星期二　氣候晴　沙村

　　今天起，生活上了軌道，主副食有了規定，有菜吃了，身體可以得到營養。

　　我們住處很好，門前開闊空氣佳，且門口即有水塘，門內有水井，吃水、洗衣、洗澡非常方便。

　　昨天、今天、都有火車來回經過，只聽到聲音，大概距鐵道不遠，於是楊永俊，和李錦龍、吳烈章等都揣測到，大概石龍過去地方還沒有丟，這車子是廣州開石龍的，昨天政治委員訓話，云及一〇九軍一部，尚在石龍郊外抵抗。到張

子麟、王慶武那兒，他們也如此揣測，同樣的聽到一些渺茫的消息，云海珠橋破壞後，還有浮橋及小舟供應撤退到南岸，到現在南岸還是國軍控制，且十四號那夜，還特來一艘大輪船撤救流亡學生，可惜我們都錯過時機，徒增惆悵而已。

沒有事我們就跟指導員們辯論：為什麼不給吃飽？為什麼不給自由？為什麼不讓我們回家去？一連串的問得他們頭痛！他們吃得好，天天吃魚肉，而為何怎麼那樣黑瘦狼狽呢？垢面長髮，衣服髒得怕人，服裝不整，儀容不修，深黃的軍服多幾道線，工人式的帽子，樣子偏偏像土匪，一點不大方，由此處推之，一時氣焰，不會成功到長久。

躺在床上，東想西想，越想越懊惱！越是不甘心！何總隊長為何叫我們放下武器，不要抵抗呢？總是有他的考量，我揣測其不抵抗的原因，如下所列：

一、第三總隊新成立，裝備不足，每連僅幾枝步槍，沒有機槍，也無步兵砲，倉卒成軍，沒有訓練，一旦交火，勝敗難測，徒增傷亡。

二、共軍使詐，先搖白旗，大喊“不要打”以為他們來投降，及至到了面前，看到符號不對，才知受騙，但已措手不及矣！

三、總隊長知道，在二三千人行列中，有武器的戰鬥員不足三百人，默契不夠，難以發揮足夠的戰鬥力。

四、部隊中夾雜的非武裝人員太多，如江西省政府職員，江西瑞金縣府人員，還有中央研究院的研究人員，廿三軍留守處的官兵、眷屬，江西省府女職員等，眾多女眷夾在部隊中，實在形成拖累，無法指揮作戰，只得咬牙忍痛，接受屈

辱，奈何？

**提注：一、目前面臨到〝前進〞與〝後返〞之思考。**
**　　　二、深深檢討：自己處事，多瞻前顧後，沒有決心，以**
**　　　　　致貽誤很多良機。**

十月十九日　星期三　氣候晴　沙村

　　早飯後看了一段〝中國革命與中國共產黨〞。

　　看些概略，使吾腦中發生許多相對的疑問…？

　　吾靜思一切，〝前進〞與〝後返〞之比重兩方面之後果…假設…可能之演變…。

　　吾怨恨自己只知追求安逸，而不知為事業前途著想，只想圖舒服，天下的事哪裡有不勞而獲的？楊永俊曾說：「現在多走幾個地方只是學經驗，哪裡談得上做事呢？」

　　吾又深悔自己做事無決心，觀望之習太重，一件事不能迅速辨別利害，致穗地很多良機貽誤。

　　今上午又填同 16 號一樣的〝解放人員登記表〞。

　　下午到何總隊長定華、喬隊長、安興那坐了一會，他們正在下棋，行動受限制，一旁有人監視。

　　今天現象報載：廈門、汕頭、舟山群島、梧州皆相繼解放，且已逼近澳門。以理智推之，或者不會有如許之快，這該是誇大的宣傳吧？

**提注：一、深思交友問題，仍是以誠懇做基礎。**
**　　　二、好友不能常聚，突感漂零空悵。**

　　　　　　　　十月二十日　星期四　氣候晴　沙村

　　現社會交友，總是以利害關係作為友情之厚薄基準，幾次迴思，自離家以來精神上總少不掉友情之互慰與惕勵，但數年來究竟交了幾個好友呢？赤誠的知友，算起不過三五人，且未能常聚一起，每次的搭檔，總是到後來弄得很彆扭，不舒服，現在呢？孑然一身的我，是多麼的孤單！如同失群無依的雁，空悵！寂寞！

　　這樣的生活過著又有什麼意味呢？

　　今中午，到八里路以外地方去扎柴，呼吸一些新鮮空氣，勞動一下，身心暢快不少！雖然看管的人不多，可是真不敢隨便開溜，跑到外面，悍強的民性卻是吃不消的。

**提注：解放軍在沙村做工事，有點怪吧！**

　　　　　　　　十月二十一日　星期五　氣候晴　沙村

　　以後無論任何事未作之先，應不管成敗，腳踏實地幹去，不必理想過高，或甚至於幻想，到頭來還是失望，何苦？不要再幻想吧！

　　早晨好似聽到砲聲和重機槍聲，大約在二十里以外。

　　上午見他們 ── 在做工事？

　　從昨天起，對我們的管理就漸漸緊了，不准上街，衛、崗加多，其實我們也沒上街的必要。

　　關於解放軍也做工事我很詫異？好多同學都同時猜測紛紛，因為他們駐地是向來不做工事的，如此看來周遭環境一定不佳，早晨的槍砲聲，或者是在與國軍或游擊隊作戰，此刻不會打靶呀！我們總是幻想，幻想國軍或游擊隊，真會攻到此地來，把他們趕走，我們就可獲救了，我們知道沙村兵力單薄，只有一個警衛營，看管我們幾千人，且住得很散。

　　這兩天，菜是全隊買來後分的，有白菜與山藥旦，不過米是各方送繳的，有白米有糙米，好醜相間不定。

　　上午到街注射一針賜保命，消毒費要一元港幣。

**提注：一、由沙村火車站，步行去黃埔，約三十里，住在黃埔**
**　　　　附近之黃村汽車站學校的校舍裏。**
**　　　二、到沙村附近火車站，站方說小站不一定會停，下午**
**　　　　有土匪出沒，不安全，大家才決定步行去廣州。**

　　　　　　　十月二十二日　星期六　氣候晴　沙村 ── 黃村

　　昨晚就聽得釋放的消息，內心的欣喜簡直無法形容，鼓舞之餘，就聯想到走的方法…與走的路線，考慮可能之演變…往北去南之比較…唉！把頭也想昏了，不想睡，再加之興奮過度，直到十二時半才入睡。

　　人總是富於感情的，無論相處時間之長短，劉排長雖與吾等談幾次話，但每次他總是流露著真誠、懇切！吾沒有什麼送給他，衣服他不要，只開了通訊處。

　　今早四時就起床燒飯，吃完天剛明，收拾好行李，出外見各隊仍未開飯，七時劉排長集合講話，想說幾句惜別話，

可是他又說不出。

　　早上到各處去跑了一圈，要回家的人很多，去廣九的硬漢很少，團長以上的不釋放，技術人員亦留用，我們這車載斗量的武夫，就統統滾蛋大吉。何霹團長等尚欲去台，吾等先行。

　　八點多集合填發解放證，並發路費，按路程遠近分區，華北四元、東北五元、華中三元、華南二元。

　　隊長與排長並向吾等訓話，大意都是要吾等返家務業，這裡不需要，國際國內形勢已是如此，全中國已完全解放，不必再追部隊，就是返回國軍與他也不相干。繼宣傳他們的〝德政〞，要吾等切實醒悟，改過自新，隊上人太多，到十一時半才發到本班，發了錢，拿著解放證，都個別的走向火車站，廣九，粵漢隨便，證上並無地點，只寫要地方政府招待，有效期為三個月，有人稱讚解放軍好，給吃給住，臨走又給光洋，其實這是他們的政治手腕，國軍是做不到這一點的。

　　我同華生、許及楊永俊同到街上茶鋪吃了一餐，才赴車站，見被釋放的人，都陸續聚在一起，覓熟人不見，坐一刻，見車站眾人都步行奔廣州，我以為這樣盲目奔走不是辦法，最後詢問站方，才知係小站車恐不停，且此處不安全，下午四時以後，土匪出沒無定，人們都怕這野蠻的百姓，心存恐懼，故一哄而走，其實這麼多人不走有啥關係？吾本考慮在此等車，不管車向北或南，但因人都走光了，見百姓越聚越多，虎視眈眈，我也只好走吧！

　　下午一時四十行到五時，走了三十華里，距廣州尚有三十，到城恐天黑，找不著地方住，又聞隊長說不准進城，否

則沒收行李還要受處分，為了種種原因，便在距黃埔數里之汽車站黃村，同鄉公所交涉，住在學校裡。

今天等於出險，心中十分高興，晚上到館子吃了二兩燒酒，想想這次遭遇實是羞辱又可笑！諷刺又無奈！

**提注：一、忠誠的游耙生自從四月中旬由樂安接來，雖曾幾度分離，後又重逢，今天迫於環境，只得再分手，實在心中難捨。**

**二、穗市中華路，惠愛路繁榮如往昔，只是旗子換了，標語變多了。**

**三、解放軍三五成群，揹著槍，逛金鋪子，逛錶店，十足土包子，叫人發噱！**

十月二十三日　星期日　氣候晴　黃村 ── 穗　東站　公平旅店

起床已近七時，揹著行李踏上公路，欲赴火車站，街頭百姓云少數人不能去，否則被搶…。我們不敢去，等一會，恰巧有兩部公共汽車，乃搭車直到越秀路下，因為吾自己之漂浮不定，生活無依，只好與華生分離，我心中很是不忍，照理說太無情了，跟吾離家已七個月了，經幾度離別又重逢，但都未離部隊，這一次部隊散了，吾一人無力再負擔了，只好要他自己回家去，給他三元光洋，十包紅金煙，衣服多給幾套，並畫了路線表，與香港通訊處。

把破皮鞋補了，又擦油，洗過面，到點心鋪吃些點心，又理了髮，到德政中路，許去覓他的同鄉，祇因國旗變了，所以人們的臉色與心也變了，王某係吾六安人，黃某懷甯人，

但因利害關係，恐連累到他，故不但不敢留人，連零物也不敢允予寄放，一再催促狀甚尷尬，受不了如此勢利眼，吾同許迅即離開，跑到東站開一個小客棧。

在東站和街上，碰見被釋放的人很多，都扛著行李步行，因粵漢和廣九兩路都通不遠，步行又被劫，人們都散到各處，也無人問，狀極狼狽，去找鍾雄又不見。

到賢藏街，見王華育仍住原地，因未走掉，只好做小生意，許仲堅也在此，談了一會便作別。

中華路和惠愛路仍如昔日繁榮，所不同的就是古怪刺目的標語多了，如打倒〝蔣光頭〞、〝括民黨〞毛主席像多了，紅星旗多了，如勝利後的蔣公像，同青天白日旗子一樣，賣得也多，懸掛張貼的也多，不過現在的像與旗色不同罷了。更好玩的，便是雙十節政府的標語畫報，墨跡未乾，又被十五號解放軍的字紙蓋上了，雙方對罵共匪蔣匪，到底誰是真正的〝匪〞呢？一笑！我看還是留待史學家們去評論吧！

解放軍三五成群，金鋪子、錶店都圍滿了他們，大部分都揹著槍，十足土包子氣，我們一樣的穿著原來軍服也無人問，不過坐公共汽車要買票，許不買，卻挨了一頓臭罵，足見人心變得好快！而車子行在途中，如遇見解放軍，就得停下來，問：「坐車子嗎？」不由人見了怒從心上起，又能奈何？想想只有仍設法去政府區，才是上策。

聽說戒嚴很早，因恐〝國特〞的襲擊，十字街中央都堆沙包，衛兵或四人或兩人，六時許就回到旅店，裡面也住同我們一樣的兩個人，在對坐訴苦哩！令人傷感耳！

**提注：一、二十三日住穗市東站公平旅店，今天移至賢藏街。**
**　　　二、由沙村出來的人，大部分回到廣州市區，散居破屋**
**　　　內，或車站小屋，十分狼狽、悽慘！**

十月二十四日　星期一　氣候晴　穗 —— 賢藏街

　　天剛明就醒了，洗臉畢吃些點心，東站見王慶武等，渠等欲乘車赴石龍，吾等因尚有雜務未理，須耽擱二三天。

　　八時許到南站去，黃沙碼頭附近一片混亂，一堆瓦礫場，一堆汽車殘骸，詢之方知，因聯勤部撤退，物資未及搬運，都焚毀了，實是可惜！由於粵漢路仍不通，沙村釋放的一批人，都散住在破洋房內，及車站小屋，狀極狼狽！因生活之高昂，渠等都各自設法，賣去僅有的被服及日用品，有的賣稀飯油條及小食品，更有傷殘同志在街道乞討，唉！吃敗仗的隊伍就如此淒慘！當軍人就如此下場！這一幅活生生的流亡圖，睹之怎不令人慽慽然呢！這一次被釋放的境況不等，有錢的就可舒服等待交通工具，像我們如此窮光桿，可就著慌了，因粵人性悍排外，乞討無門，想不到會在此受困！去歲在首都南京，流浪飄泊了月餘，誰又料到今年又在這南都廣州落魄了呢？

　　聽說華生等仍未走，找了幾圈卒碰見了，他們想下午去源潭等車。見到徐寶珊，在他那兒吃早飯。

　　同徐寶珊、小胡、何等商量許久欲走的技術問題，渠等亦欲去廣九，子麟等一批人硬想返家，唉！他們的意志如此脆弱！

　　下午二時返，經江西會館見無熟人。

再去新南海仍未見鐘雄。乃乘車返東站旅社休息。六時許回來搬去賢藏街住，以節省金錢。想想今天又是胡跑了一天，同昨天一樣的毫無所獲，反而消耗了許多金錢。

## 68 在廣州首次看到有人教跳秧歌舞

**提注：粵地民風強悍，民間多持有槍枝，見到落單外地人無論軍民，都會劫掠，甚至殺害，手法殘酷！**

十月二十五日 星期二 氣候晴 穗

粵地民風強悍、怪異、現實，曾幾何時，他們的腦筋就變得如許之快！無聊的人們，見了我們落拓像，就說〝你們呀呀無啊！打敗仗的，丟你老母海！〞而對解放軍士兵，就如哈巴狗對主子那樣搖尾乞憐，這多令人惱火！政府軍事失利乃兵家常事，且是整個國家複雜問題，非關吾等也，吾等下級官士兵只是過了河的卒子（胡適說的）又不是罪犯，雖部隊垮了。而吾等個人尊嚴和人格仍在的。不該有什麼貶損，不應受到如此污辱。

在粵境，軍人被殺是常事，不管什麼部隊，他們總想你的錢和武器，聽說前天源潭過去被殘害數十人，衣物錢被剝光，唉呀！好慘！今天又有曲江來一婦人，云沿途有人攔劫，無論軍民，只是外鄉人就劫。

今天本欲赴石龍，但因為起遲，時間未配上，故作罷。洗了衣服，晃到南站附近吃茶，多方打聽仍無什麼消息，我們沙村出來的人已各自星散了！剩下的人更顯狼狽，飢容與蒼天一色，唉！到大樓上同徐寶珊等談談，討論結伴同行的

問題。

　　傍晚，去廣州大學校園散步，在運動場拉單槓、雙槓，見到一群解放軍女兵，在跳群體 "秧歌舞" 邊跳邊唱著，還有人在一旁教學生們跳，教學生們唱。這些扭秧歌的女孩，可能都是 "南下工作團" 的政工隊員。

　　這些秧歌舞，在南方少見，在中國大西北地區，則是農閒時一種民間娛樂，在陝西省尤其普遍，自從毛澤東看重它之後，解放軍便流行開來，漸漸成為朱毛集團的招牌。

　　最近，香港、廣東報紙，諷毛記政權為 "秧歌王朝" 第一版大標題都如此寫著。

　　我的猜想：秧歌舞祇是一時的 "時興" 也許若干年之後，又不流行了，大家又會把它遺忘掉。

## 69　困境中仍未失去鬥志與信心

**提注：一、石龍街頭有昔日戰友在擺地攤，狀甚狼狽。**

**　　　二、生活在飄蕩中，無依無靠，所幸在困境之中，仍未失去信心，仍然懷抱理想，希望，還有鬥志不懈！**

**　　　　　十月二十六日　星期三　氣候晴　穗 —— 石龍**

　　南站有些人，欲去投考解放軍的宣傳隊，我想這些人，該是餓昏了頭的傢伙，或者他們已是失去了理智！政府培植了許多年為何？現在吃了共軍幾天的飯，拿了幾塊大洋，難道這點小恩惠，都會迷惑住我們的理智嗎？本來一個青年人最易入歧途，意志稍一薄弱，就會 "一失足成千古恨"。

　　報紙消息與事實往往差得太遠了，老早插得滿地天花，

結果以理智推之並無那樣快，現在中山仍為十多萬國軍控制、梧州、桂林、舟山仍無恙，可是共產黨宣傳，比政府更來得無根無據而且誇大不實。

六時許起身就奔東站，吃些點心，就鑽進了三等車廂，車上很多過去的同志他們有的已化裝，有的仍著黃色舊軍服，戴舊戰帽，然而帽上少一小物件，他們曾經參加北伐、抗戰、為祖國流了不少血汗，可是現在就被人目為 ── 蔣匪，想來怎不令人疾首痛心？這就是當軍人流血汗的末路？假如將來共軍失敗，他們官兵不是一樣被卑視嗎！歷史在鑑，〝成者為王敗為寇〞功名利祿等於浮雲，凡事不要看得太認真，橫豎現在的世界就是 ── 人吃人。

在車上，許多人談論著省港交通問題，我也順詢港地情形，並不如人傳說的那樣困難與嚴重，路是走出來的，〝人窮志不可短〞我有一雙手，只要有自信，地球上沒有會餓死有勇氣、有決心、勤奮不懈的人的！

九點三十分開車，看報紙反而頭疼，就極力鎮靜，十一時四十五分到石龍，舊地重遊，離此才半月，可是河山易色，怎不令人感慨！

下車到小街一家香店休息，購米、菜、燒飯吃，百姓很和藹，對我們印象並不厭惡，不似穗市人那般勢利，厭舊喜新，逢迎他們的新主子，他們的眼光是看得多近啊！

飯罷到街前街後逛了一圈，似無半月前繁榮了，罩上了一層恐怖氣氛，大店多已打烊，尤其河沿許多大米店一空如洗，秤上也落了厚灰，這是誰造成的局面呢？

石龍街頭上，有昔日戰友在擺地攤，狀甚狼狽！一塊白

布上面，是其僅有的家當。

　　今晚本預住土地廟，但因用水燒飯不便，故又覓了以前幹訓班住過的米店樓上借住，我們很感激店主的不拒絕，這份人情很難得！同胞們畢竟是有同情心的。

　　傍晚坐在河邊凝視，遠眺，思月前的志高，與今日情境竟如〝明日黃花〞實令人感慨萬千！唉！

　　晚上苦中作樂，去看一場粵語片〝玉面虎〞半月前似已看過一次，今天又重看。

## 70　解放軍傷患坐滿整個車廂，其狀亦可憫

**提注：一、昨夜住石龍的米店樓上，今天回穗市，住月台上票房，在車站打聽香港、海口、台灣等地交通狀況。**

　　　　**二、看到解放軍的重症傷患坐滿一車廂，觀其形狀，也十分可憐。**

　　　　十月二十七日　星期四　氣候晴　石龍 —— 穗市車站票房

　　夜間很涼，蚊子也多，很早就起來，七時許，我們七人一齊到石龍鎮公所領米，等了兩小時，每人才領一斤糙米，誰知他們也一樣腐敗，一件事辦得那樣慢，拖拖拉拉偏偏那麼做作，令人有點發急！〝粵贛湘邊〞的符號滿街跑，他們由鄉間轉到了城市，可是國民政府的游擊隊，又鑽進了鄉間，如此看來，中國的內戰永無寧日！

　　上午寫了四封信予長灝兄、梁斯佐、黃思冬及蕭耀華，這是離開吉安後第二次寫信。十二時許赴車站，恰逢車到，上去等到三時才開，車上看報見虎門還未丟，令人懊極！

由增城來此乘車的解放軍傷患，整整坐了一個車廂，他們都是重症去穗醫治的，狀亦可憐！遙遠的東北，來到南方受罪，他們的內心是如何痛苦啊！這都是戰爭的罪惡！我暗想：人類為何這樣的愚笨與殘酷！而自相殺伐呢？

五時許到東站，吃些稀飯大餅，就去中華中路、王華育處把行李取回，步行返車站，今晚就宿在車站的票房裡，也挺美，水電具全，這不花錢的大房間，是給我們特備的啊！

臨睡時，碰見一個流亡學生，他由香港來，詢之港方情形，云及食物比穗還賤，去台灣及海口票價須六十元，去台且需要〝入台證〞方可，這是一件頂困難之事耳。

# 71　賣雞蛋也會被搶劫

**提注：今天在廣州，整天都是奇遇記，上午扮演捉賊記，失而復得，下午在茶館，又遇到類似老千人物，好不容易擺脫糾纏，真險也！**

十月二十八日　星期五　氣候晴　穗車站票房

想賣雞蛋，賺些蠅頭小利，解決燃眉的生計，但由於東站雞蛋價太低，只好提著蛋筐到南站附近去出售，預計售完順購電池，八時許到南站下車，去興隆街行內欲售，突然事出不測！將蛋筐剛放下，剛扭頭與宋談話，許在店內喊〝小偷〞！…吾一回頭見已少一筐，且許在追人，吾亦朝許方向跑去小巷內，明見穿黃衣的提一筐雞蛋在奔跑，可是一轉彎就不見了！附近棚戶皆云去遠，吾推之該棚戶皆與此類偷扒者勾通，說不定這一帶，就是他們巢穴，但未得證只好去請

警察，警先生又推說以無械不敢去，又覓佩帶〝軍管會〞臂
章的，告知又云要找糾察隊，到廣州電廠，找解放軍，候了
一小時又云無空；但不能如此干休呀！這七個人的生活之源
可就完了，這怎麼辦呢？再跑到輪渡碼頭，找到一位解放軍，
渠很熱心，馬上同吾去出事地點，很巧，那小偷真膽大，化
裝在那兒賭博，卒捕之，送派出所拷打一頓賠錢（165 元港
紙）了事，至十二時才辦好，這也算不幸中之幸！僅費三小
時完案，等於自己演了一幕現代劇。

　　到南站吃了飯即去購電池，渠二人先回，吾去中華中路
覓王華育，在坊間問了衣服價錢，剛出門又碰怪事！不相識
的江蘇人老周，請我代售西藥及絨呢貨，在館子吃茶，糾纏
數小時，吾見他太狡猾，精明而世故，不敢同他纏，卒無成
而別，雖有數十元可得，但吾亦不願為耳！五時又見鍾雄，
談話到七時許才同吃飯後別去，因無公共車，乃步行返東站，
仍舊睡在〝票房大旅店〞。

# 72　七條好漢決定追隨政府軍

提注：一、今天一早回石龍，閱報見三灶，海口、灣仔等地尚
　　　　有政府軍駐守，乃決定明天先赴香港，再計議。
　　　二、連日來打探政府軍消息，為要繼續追隨，雖費盡艱
　　　　辛，但堅定的決心不曾改變，我們七條好漢始終團
　　　　結一致。

　　　　　　十月二十九日　星期六　氣候晴　穗 —— 石龍米店

　　夜間的呼吸很不衛生，解放軍的隊伍，也在票房裡與我

們擠睡在一起，許多隻臭腳對著我，幾乎使我窒息！

六時許起，洗過臉吃些粥就登車，站上人員留難我們，他們的態度變得如許快！

這班車更擠，一張座位竟擠了四人，簡直太不受用，尤其兩個女人夾在一起，一個胖女，更有些咄咄逼人，只好站起來讓她們，還是他們狠！

九點四十才開，十二時到，車中閱報，也沒什麼消息，只注意港、穗交通情形及貨價。

回河邊住處休息，徐等亦未吃早飯，正候吾等，向老闆借五斤米，到下午二時才吃飯。

二時許上街，費許多口舌才將電池售去，恰巧買一張星島日報，是二十八號的，上載虎門及湛江已預撤守，中山為國共雙方各據一半，現國軍以三灶島為海空基地，以封鎖神灣，虎門一線之海上交通，現澳門及海口、三灶等地往來船很多，且灣仔山前有國軍集結，該等地可由香港去，閱之不禁使人欣喜欲狂，可是為環境所限，不敢形露於色，只有暗作去港之計。五時回，與同伴計議明天決定去，由東莞、太平一路詢之前進。

我們住處保長及房東，已催促數次，因軍方不准蔣軍及反動者居市內，渠等恐懼，我們只好再搬到馬路旁，找一間小民房借住。

**提注：東莞地方不大，但有縣政府，我去縣府借主副食，府方派人偕同去米店取米，取些罐頭、油鹽，倒算不錯。**

　　　　　　　十月三十日　星期日　氣候晴　石龍 ── 東莞

六時起床，欲乘船赴東莞，乃到輪船碼頭等候，見時間尚早，乃燒飯吃，正逢船已到，乃上去於十時開，柴油機帆順水很快，好久未乘舟，覺甚有趣味，坐眺沿岸風景，不覺十一時即達，只行一小時，本欲搭十二時船赴太平，但因去縣府領米耽時未果。閱 29 日報載港、澳、三灶、海口交通均便利，故心中欣喜不已。午睡起，洗衣兩套，染衣一件。今天算是休息了半天，精神很舒暢。

東莞無石龍之繁盛，夜晚無營業，因無電燈。


### 十月三十一日　星期一　氣候晴　東莞 —— 太平米店

兩週來的漂泊生活，吾並不以為苦，反覺過得有挑戰性、考驗性，我七人猶若小旅行團，做事互相合作，精神上誠感不寂寞。

今六時起做飯，七點四十上船，原定八時，候到下午二時才開，因裝軍隊菜蔬，故而耽候誤時，我們就在船上自行做午飯，吃得飽飽的，小徐高興跳起來！

下午七時薄暮登岸，太平尚不及東莞、石龍，僅一條大街、一家戲院，我們先找一家米店欲借住，店主很不了解我們，因而恐懼！我們又找到第二家，結果給住了，但他們總是以懷疑目光來看我們，這是渠等缺乏認知，我們不能怪他。

晚上到街走走，見到一家小歌廳，有位中年婦人在唱粵語歌，還正流著鼻涕，我差一點笑出來，因聽不懂粵語歌，坐一會兒就走出來。

民國 43 年春師對抗演習。

民國 44 年春特等射手選拔。

提注：一、在困阨境遇中，仍須時時惕勵自己，勿灰心喪志。

二、首次踏上殖民地的九龍與香港，許多感受，紛至沓來，總是不太習慣。

三、香港九龍地區，著短袖短褲的武裝警察很多，他們執法嚴厲不苟。

四、掠過香港、九龍，見珠寶店、金店皆有端槍的紅頭阿三 —— 印度人守門。

十一月一日 星期二 氣候晴 太平 —— 香港 新台山旅店

　　自上月 22 日起，我就離開了規律生活，而踏入漂泊無定的生涯了，這種生活我已經歷過，吾不以為苦，更不以奇，反覺其有意義！何以呢？因青年人必須歷盡艱險危困與阻礙，方可鍛鍊出其鋼鐵之意志。

　　非飽經各種不同之生活，不能瞭解真正之人生。今天，又是一個月的開始，雖然前程渺茫，但吾仍舊樂觀，我總時常憑著自信，認定肯幹肯奮鬥的人，總不會挨餓的，有一分熱發一分光，越在艱困之環境中，越不可沮喪其意志，要有韌性，環境不是人給予的，每每是自己造成的，吾儕絕不可相信命運與機會，要相信自己的神聖毅力，更不可有依賴與僥倖之心態。

　　六點鐘起，洗漱完畢到車站，今天車子特多，約二十餘部，皆野雞式的招攬客貨，吾六人分乘三部車，七時四十開，路似久未修，坑陷太多，幾乎無平地，開車的又係〝新花〞顛簸得無法形容，人們就似跳舞，臀部幾乎欲破，這樣乘車真是 —— 活受罪！

　　九時四十分途中停車吃飯，再經寶安由海關檢查，十二時經深圳略停，再行兩公里即停車，此處就是文錦渡，中英交界處，一邊飄著紅五星旗，一邊插著英國旗，雙方進出口都嚴密檢查行人與車輛，中國海關尚較鬆些，英國則嚴細，但那耀武揚威的警與探，竟也是同胞！他（她）們英式裝備，傲慢驕矜，專會找自己同胞的麻煩，但對洋大人們則恭而敬之了。

　　由下午一時候到二時仍未見徐來，乃叫小胡留候，吾與許乃先行，我們過了界橋，到了殖民地土地上，在巴士站候了一時許巴士，終於擠上，吾心中異樣感覺：在國境內為何不守秩序？到此地又這樣的服貼呢？

　　文錦渡的英界公路與鐵道修得都好，車行快而不顛，沿途見建築甚好，山中有英國部隊帳篷、卡車、戰車，不時有英兵走過，卡車拖著大砲在跑，這是中國的聖潔土地，為何讓外人馳騁！經營、管理呢？吾並不羨慕英人，我只以為中國人比他們能得多，只是不合作而已。

　　五時到了九龍市區，見那些物質文明，吾沒有什麼新奇感覺，市民的服飾比穗市奢侈多了，享樂程度更高。

　　由佐敦道碼頭渡海，海景與滬地相仿，艦艇輪船星羅棋布，遠視九龍洋房幢幢如畫，香港視之更美觀，山巔幢幢散佈的洋房，似有規律地擺著，未十分鐘即達彼岸，沿堤即干諾道，下塌於新台山旅館，晚上到街蹓躂時許，鬧市似滬之南京路，惟洋人較多，日用百貨低於穗多矣，只是錢太少，什麼也未敢問津，只購一瓶魚肝油。

　　八時回旅店，徐等四人均已來，皆住在一起。

# 73　石龍東莞太平到香港澳門看看

**提注：** 一、我們七壯士，一路上相互照顧，合作良好，只有一
　　　　　個"小瘦"，怪點子很多，但又無助於大夥，使人頭痛！
　　　　二、香港雖好，但非久居之地，經眾議，決定先去澳門
　　　　　看看。

　　　　十一月二日　星期三　氣候曇　香港 ── 澳門小旅店

　　像我這樣一個楞頭楞腦假精明的人，我真是十分懊惱也
十分自責！也不知如何痛罵自己才好，每逢一件失意的事，
事先明明是判斷得很清楚，但每每是很清楚，而就在這清清
楚楚明明白白之中上了當，明明知道要入別個圈套，偏偏就
一直鑽進去！豈非自找？今晨、昨晚、〝小瘦〞之變心搞怪，
出吾始料而在吾預料，我時時防他，但又時時受其捉弄，他
好像有催眠術似的，竟會迷惑人！我聽了徐說，才恍然大悟！
如夢初醒！過去事歷歷如憶，沙村藏票…逼走華生…公平旅
店，中華中路…石龍…太平…文錦…及新台山設計…一點不
錯，唉！人心…世道…什麼？心給人吃尚云膽苦！以後交
友，尚能馬虎不擇否？越想越惱！吾心碎矣！

　　七時起，看報、寫日記、後曬台遠眺，對岸九龍、山巔
的香港，景物雖如畫，但亦無心情去欣賞。

　　十時去街上，欲購物，跑了幾圈子，總是嫌貴了，只購
一件毛背心、牙膏、手帕。十二時回旅店，吃麵包，與同伴
商議，還是赴澳門，往利安輪因錢不夠，乃乘劍門輪，五時
半開，船由峽內駛出，可見港背貌，海景無他，只洶湧澎湃

大浪，它會勾出人心底事。八點二十分到澳門，今天和昨天都是走在國土上，可是三天就走了三國，前華、昨英、今葡。

下船後在碼頭休息好久，才住進又臭又小的旅店，真是不舒服，此處市容比港差得遠，物價稍昂。

在碼頭上休息時，有一位年約六十歲長者經過我們身旁，他仔細打量我們這群人，然後對著我們說：「小伙子，看樣子你們都是從內地出來的，心中定有目標，朝著目標走去就好，眼前的挫折、困頓難免，只要堅持目標，最後必可成功……。」

他這番話，猶若暮鼓晨鐘，發人深省，對我等有鼓舞的啟示，乃金玉良言也。

這位長者，奇人也，他怎會看穿我的心事？豈不怪哉！

## 74　水上縱隊不願收容失散官兵

**提注：一、沙村脫險後，由廣州、石龍、東莞、太平、香港來到澳門，一路打探政府軍消息，但到澳門後，在澳門海面見許多國軍艦艇，兩度去水上縱隊交涉，但對方一直懷疑，不被接納。**

**二、澳門街上有葡萄牙警察在指揮交通，他們矮矮的、黑黑的。**

十一月三日　星期四　氣候曇　澳門小旅店

這幾天天氣老是如此陰霾，局勢 — 國內外 — 亦如此，比喻吾前程更如此，這幾天來，我的腦子也夠疼痛的了，平生以來沒受如此窘境，始終呼吸不到一點新鮮自由之空

氣。自去歲至今吾未嘗生過病，且吾自任何環境中，神智始終是很清醒的。但今天一天，確實把我推入了五里霧中，腦中所受刺激，幾乎使吾發狂起來！

由穗到澳門，一路上幾天，沒有那一天不是注意看報紙上的各種消息！每天總要看好幾份報，昨夜晚為了研究，考慮，如何走法，看報看到凌晨二時方寢，今早一爬起身又購報紙，得悉：前山、唐家灣、乾霧等處已丟，只三灶、南平、灣仔為國軍控制，且澳門海面很多國軍艦艇，汽船，乃決定上艇交涉，八時同徐去水上縱隊，報告一路情形，渠等很懷疑我們，盤問許久，又等了許久，吾見他們互相推託，也就不耐煩，乘小艇返澳門。每天盼望能夠到國軍區域，今天倒是見到了青天白日旗和國軍，可是遭到碰壁，這多令人難受呀！

早飯十二點才吃，又到二十號碼頭，候乘小艇去汽車團木船，可是該船已無負責人，有些人多已化裝上岸，只剩幾個駕駛兵，坐到下午二時看無辦法，又再去水上縱隊，爭執了好久，不允見參謀長，又再碰壁，只好再折返澳門。

在澳門碼頭上，眼見插青天白日旗子的艦艇往來調動，而不能上去，心中急煞！又惱煞！吾等赤膽忠心由陷區冒萬苦千辛，希望有一日得到國軍區域，獲得精神，及生活之藉慰與照顧，詎知迭受碰壁…唉！

呆坐到五點鐘，見各艦船已連接，且船頭向外海出口處，預料今晚該船隊必開，而〝望洋興嘆〞徒喚奈何？黑魔吞滅了大地，在絕望中吾六人悻悻然離去碼頭，提著無力的足，走在馬路上，本想臥於路旁簷下，但恐違警，不得已又找一家小旅店住宿。

晚上有位小姑娘，推門進來，提一籃水果要賣，我們沒錢，心情又不好，只有請她出去。

**提注：奔走、交涉兩天下來，似是有眉目，109 軍留守處答允收容。**

十一月四日　星期五　氣候曇　澳門船上

房間又小且暗，八時方起，跑到碼頭，果見艦艇開走大半，只餘少數輪船木船，看看無情的海浪，廢然而返。飯後覺無奈，徘徊於室內外，此時煩噪心情實無法形容，乃試叫小胡去 109A 留守處向戴科長交涉，請渠收容，並允予加入該部隊行動，以便去海口，小胡去了兩次已有眉目，下午吾又去見戴，承渠慨然答應，並隨即寫字條與衛生營，以便行動，吾甚欣喜之至！友軍真是可愛，不比老廣部隊多疑！下午四時，吾六人齊上通商木船等候大輪。今天起，流浪了將二十天，又能在青天白日旗下過生活了，內心的喜慰無以形容。

傍晚在船頭，呼吸著自由空氣，遠眺青天白日的旗幟，飄揚在各種艦艇中，這蒙有火藥味的海景，顯得格外淒美，蒼涼！

**提注：十一月二三日在澳門旅店焦急等待機會，四日終於登上友軍 109A 的船，等待兩天，仍然是焦急不安，五日由木船換上大貨輪，駛向海口，總算有了希望矣！**

十一月五日　星期六　氣候晴　澳門船上 —— 海途

　　這幾天的睡眠不足，頭總是昏昏的，但昨晚太興奮了，故總是不能入睡，靜靜地欣賞著夜的海景，那不夜的澳門，建築得確是挺好，沿堤馬路，有排列整齊的街燈、盤山的公路…都各具優美，尤其那如林的艦船，更顯聲勢百倍。海浪澎湃，代表我的韌性，我覺得我的理智與自信心，及堅強的意志,終於戰勝了一切,我自慰而勝利的笑了！哈哈！哈哈！

　　沐過浴八時許欲眠，忽 963R 之全興輪人員已由小輪運走，且隨後木輪亦走，因斯時砲聲機槍聲很緊密，情況有變，故靠碼頭再上大輪，而小汽輪自運走全興後，久候未至，各艦艇往來頻繁，木船多已拖靠澳門岸，本船不能發火，故需汽輪拖，視此情形頗為緊張，因船上人少不能抵抗，故令人焦急！然而風向不佳，船漸漸吹近灣仔附近山岸，夜間雖可渡過，倘天明共軍至，開槍射擊因船上砲彈太多，中彈必爆炸起火，那跑也無處，吾又不會游泳奈何！急得吾，坐立不安！約午夜後二時許，小汽艇方來，載吾等去上大輪，恰大輪剛開，只得加足馬力拼命猛追，巨浪中小艇顛極，追了好久，大輪途中才停下，方得爬繩網上去，人已擠得很密，我們就坐在二艙的走廊角，思忖著，現在到海口總算有了幾成穩妥了，近一個月來的的漂泊，終算找到心中歸宿的目標。今天我的神智更加清醒，不像前兩天那樣急躁無主，如久像那樣，必將變為精神錯亂了！

　　靜下來想一想，那澳門碼頭的長者，預言神準，我們的目標，總算是完成第一步，下一步如何？端看機會與運氣了。

## 75　上了懸英國旗子的貨輪去海口

**提注：凌晨二時，攀乾網上了掛英國旗子的貨輪，名字是成興號，客貨雙載，又濕又擠，下午二時抵海口外海。**

十一月六日　星期日　氣候雨　海途 —— 海口海面

碧波驚濤，靜視之也有其趣，浪花翻白時出奇觀，有時水浪如柱如山，實有駭人之勢！此時的心胸百無一物。我們乘的成興號輪係貨輪，僅能載客百餘，而現載四百餘人，故上下艙擠得太滿，走路也不便，更兼天雨，二艙盡濕，彆扭之至！下午二時到了靠近海口的海面，可是無碼頭，又無木船，只得等待到明天。

船上有叫賣橙子的，太貴，只喝一杯阿華田。

**提注：一、貨輪無法靠岸，我等六人用繩子吊懸到小舟，直達岸邊，無錢支付，以雨衣毛衣相贈。**

**　　　二、離開成興號貨輪後，上岸找到胡述武同學，蒙暫收容。**

十一月七日　星期一　氣候曇　船上 —— 海口

雖然很侷促的睡，而睏得挺熟，不覺天已亮，忽見小木船已來，吾六人即收拾起身，用繩子懸吊上小船，小舟掛帆，其行如箭，海口困灘多，水淺故無碼頭，上下皆賴小划。清晨的海景最富詩意，艦艇如林排立，到處飄揚著青天白日旗，心中欣喜無法形容，第一個目的地已達，一路難關具破，終

於化險為夷，到達理想地，亦非易事！更乃幸運耳！吾於舟上高歌、大笑，這才是真正獲得了自由、解放！

八時到岸至街，略休息，即喜覓得 23A 留守處找到胡述武，承彼照拂，並予招待。

到了政府地區，才知一切確息，沈劉兵團仍在雷州半島，此處僅各部留守處，街上一片汙穢！盡是眷屬，行李、垃圾，市容很難看！物價太貴，較穗還高。

下午將行李拿至胡處，因兩日來少食，又兼船顛搖太甚，身子很不舒服，雖坐臥間，猶覺身子晃晃然，頭有些量，房子、床鋪也是轉動的。睡在床上，猶如在船上搖晃不已。

# 76　暫棲身海南大學屋簷下

**提注：11.7 日海口登岸後，蒙胡述武同學收留一天，不能久留他家，今天決搬至海南大學，暫棲身宿舍屋簷下。**

*十一月八日　星期二　氣候曇　海口 —— 海南大學宿舍*

這裡的氣候較穗、澳尚熱，與港相仿佛，受海洋影響，晝熱夜涼，雨天較晴天涼，窮人在此過冬倒是挺適合的。

住在海南大學，教職員宿舍的簷下走廊，環境倒挺優美，雖是深秋初冬，而花草樹木仍綠，蕉葉搖曳，充滿了熱帶情調，這裡的菜館、茶舍很少，盡是咖啡館林立，據說這島上的人性情很強悍，吾未深入農村，見市內人還是同其他都市一樣的。

這裡物價之昂令人咋舌，小菜要幾角一斤，一元大洋僅購五六斤米，市面通用銀元、港紙，銀元券因兌現很難，故

商民拒絕使用。

今早把內外衣都換洗,覺得很吃力,飯後已十一時,同胡克賢去平民客棧,覓前東南長官部,第三總隊長雷振聲,等候好久才見到參謀長,渠等也是拖得狼狽不堪,我們呈訴理由後,參座借了三塊大洋,要吾回來造名冊,以便領主副食,下午三時冊造好送去,參座又嫌人數太少,留難許久,才借一塊錢,他們房內皮箱光洋成堆,我們捱餓,他還無動於衷,這樣的腐敗渾蛋!竟然毫無同情心!把自已部屬棄之如敝屨,正義在那裡,軍中倫理又在那裡?豈不叫人心寒!

五點回來,還是煮前天拾 109A 的米,弄到七點才吃,這樣的流浪生活過得也真曲折辛酸!

**提注:一、來到政府區已三天,沒有補給,到處碰壁,棲身海南大學的屋簷下,情況悽慘,但仍不失其志,決意追隨政府到底。**

**二、流浪飄零生活的感受。**

**三、海口寫真:高官朱門酒肉臭,失散官兵豈問天,飢容與蒼天一色,孤忠與赤膽俱灰。**

十一月九日 星期三 氣候雨 海口 —— 海南大學宿舍

夜雨敲碎人心,昨夜似失眠,今晨起遲,睡在人家走廊下,尚能避風雨,不知屋主人以何等眼光視吾儕,是憐憫?討厭?自離家以來過著軍隊生活,由於行蹤難測,生活當然不安定,居處更是隨處可眠,高樓洋房也住,草棚、屋簷、走廊、月台、票房、學校、廟宇…凡是民所不齒,那就是我

們軍人休息的聖地，吾並不以此為苦，吾覺得最富挑戰性，最有試煉意味了，不當軍人哪裡有福來消受呢？

自脫離團體生活已近一個月，每日總想設法逃回政府區，希望得到一點慰藉和著落，可是來此三天，並不如理想，官僚們仍是那樣冷酷面孔，只知己肥不知人瘦，前天欲到2365 去報到，聽說手續又很刁難，昨天 2182 給了一天給養，可是今早小胡去，他又不發了，不收容我們，豈有此理！這兩部分吾皆不擬去。另外高德發云可到 9700 去報到，那裏可能收容官兵。

中午出街，蹓躂了一趟，還是滿眼汙穢，見聞盡是刺激！一邊是高官無恥朱門酒肉臭，一邊是飢容與蒼天一色，雖未有凍死骨，但那可憫勁也就夠了，唉！人類為何有如此殘酷不平的對照呢？失散官兵走投無路，孤忠赤膽有誰知憐！

**提注：一、淒風苦雨中，在海南大學已住了四天，生活無依，米也吃完了，徬徨、苦惱、何去何從？焦急不安！**
**　　　二、來到海南四天，經洽 2365、2182 及 9700 等單位皆拒絕收容。**
十一月十日　星期四　氣候陰　海口 ── 海大宿舍

午夜的疾風暴雨把我驚醒了，雨飄進來，我們這屋簷下的一群可憐蟲可著了慌，搬家也無處可搬，只好任他，吾幸有雨衣，可以抵擋一陣。

我們這幾人也真是多災多難，到此政府區該見天日了，可是前途茫茫，一切仍舊沒著落，2365 吹毛求疵，2182 又拒

絕，高去 9700，可是也無眉目，今早米已吃光，下午怎麼辦？

報載蓉（成都）三千青年軍，發起重建〝十萬青年〞，這對吾似注射興奮劑，可是路太遠了，遠隔大海又怎麼辦呢？

來瓊幾日，每天總是淒風苦雨，這象徵著吾個人，也似象徵著國家與世界局勢，離鄉人最怕雨天，那簷滴的殘聲，最易勾起遊子的愁悶與惆悵！

下午上街，上街去欲兌銀元券，須機關公函，每十天僅領取一成，這太麻煩了，一怒便請約幾人，去僑安咖啡館吃西點，吃了三塊幾，結果給了他銀元券，多費一番口舌才接受。

晚上還有人去看電影，我可沒有興致，今天聽高德發云 9700 似又絕望，民生問題沒有著落，可更令人焦急萬狀！晚上就早早睏覺。


十一月十一日　星期五　氣候陰　海口　海大宿舍

都市的清晨，偏是那麼一陣混亂，嘈雜之聲就會把人吵醒，總似睡眠不足。

早晨洗面時，看看憲兵團出操，又看見附小升旗，使吾有所感觸！半月前在石龍，看見升五星旗，今天又見升青天白日旗了，一樣的國土，同樣的同胞，為何有兩種旗子呢？

九時上街，先在南華吃些西點，又同宋去青島飯店大吃一頓，這兩餐都是給他銀元券他不要，結果欠賬；看政府經濟又臨崩潰邊緣，銀元券不兌現，又要勸募什麼〝愛國公債〞這樣治標又不治本哪能成大事？

報載香港中央，中國兩航空公司總經理投匪了，現僅民航仍照舊如常飛行〝疾風知勁草〞半途投機的傢伙到那裏也

是不能成事的。

　　午睡後，下午二時同宋去中山橫路八號，向台灣高雄要
塞司令部守備三團報名投效，吾含糊其詞並未說出身分，階
級，因渠等只招收軍士、學兵，與東南部隊在穗市一樣情形，
故吾等只須隨他們船到台灣再說。

　　晚上八時二十分，去訪前教四團同學江多慎、周漢泉，
渠等現服務於 109 軍，別久情深，暢談到十一時方作別。

## 77　台灣高雄要塞招兵，決定去投效

提注：〈國父誕辰〉在海口流浪已是第五天，今天決定去金湯
　　　部隊報到。

　　　　十一月十二日　星期六　氣候曇　海口 ── 海大宿舍

　　晨起淨面後，本決定去金湯部報到，但因別人參加意見，
考慮良久頗以為苦！一個人猶豫兩途最是難受。比較雙方利
害關係，去台又恐難離開，難覓理想工作。留此又無好辦法，
即隨劉沈兵團去粵桂，我看也是很渺茫，流浪太久亦非良策，
同時青年人須冒險！犯難！方可收意外之果…考慮再三還是
去！去！去！

　　八點多鐘，跑到河邊小木船上，向鍾連長報到，才來十
多人，差不多全係軍隊下來的，十一點才開飯，飯後鍾連長
集合我們編成兩組，今天我又從二十餘天流浪生活中，又納
入團體生活了，自離軍官隊一個月，今天又受人約束了，再
鼓舞起四年前的勇氣吧！細胞還年輕得很哩！再拾起四年前
的入伍精神，來接受新的洗禮吧！

　　為了行李頗累贅，乃到街頭去擺攤子賣，買家雖多，只不給價，許多雙不同的眼光，盯著我這落魄者，我覺得怪尷尬！自離家以來，擺攤子賣東西還是第一次，這是誰造成的呢？

　　今天國父誕辰，標語貼得挺冠冕，也有學生遊行走過，憲警也整隊走過，至下午一時，忽而一陣騷動，街上人亂跑，店門關閉，情形同吉安的妖風，與廣州十三日晚一樣，此想係搗亂分子從中鼓動所致，未幾、大批憲警趕至，即冰解，市面漸復常態，事後詢之沒有一點兒事情。

　　下午二時，市況不景，徐、宋賣去幾樣，我的沒有發市，晦氣！乃收攤回河邊。

　　昨天就見了小同鄉王澤林，渠在獨汽五營任駕駛，今天特來覓吾，承彼厚意誠懇留吾在此，謂吾不必急去台灣，在此處徐圖工作，吃飯可無問題。但吾再三思之，去台固屬渺茫，胡撞，可是在此無工作可做，只是依賴他人，吃一碗閒飯，終不能算長久之計，青年人能以此為滿足否？考慮還是決心去台灣。

　　下午四時，去覓江多慎及周漢泉，又未見。

　　在南成行寄放行李，睡了一覺，起來坐在河邊，見碼頭、駁船上盡是女眷、行李，前方撤下來全係私人東西，公物均未帶出。金湯部船上又增加了很多人，都是各部隊來的，與東南部隊在穗成立時一樣情形。

　　晚飯天黑方吃，昨前兩天都無今天乾飯吃得舒服，今天又算過一天，明天上〝天平號〞大船，晚上木船太小，仍回住海南大學校長室屋廊下。

# 78　登上赴台灣的天平輪，住在煤倉

**提注：一、今天是在海口流浪第六天，中午總算登上天平輪船，
但艙位早滿，我們分配在煤倉，哪能住人呢？
二、天平輪擠滿部隊、眷屬，我們來晚了，沒有位子，
到處亂轉。**

十一月十三日　星期日　氣候晴　海口市 —— 天平輪

　　早晨突然碰見了楊誠等二人，驚喜欲狂！渠等敘及當天
由穗分手，即去石龍，巧趕上火車到深圳，在九龍、香港流
落十多天，備嘗艱辛，幾乎活不下去，後來才到馬鞍山作煤
鐵苦工，王慶武、楊永俊等均在，渠等亦不堪其重負，故隨
東華醫院遣送傷兵的船來此，聞之令人感慨萬千！想不到我
們這一批飄零兒，又會在這天涯海角見面了，欲去信給慶武、
永俊等，但以地址不詳徒令人著急！八時許，我們五人一齊
去到要塞部，他倆也報了名，在木船上吃了早飯，十一點半
就開船登輪，今早王澤林來訪也未見，衣服也未洗，想預買
些乾糧水果，倉促未辦。

　　天平號船很大，可是裝載了很多部隊，行李、眷屬也塞
滿了，船上因部隊住久了，太髒、又缺水，下午正裝煤，明
天上淡水後方可開船，我們來遲了，艙下已睡滿，甲板上有
空，但不能避風雨，我們分配地方是在煤倉，那裏能睡呢？
只好到最上層的瞭望台一隅休息。

　　船上吃水要持桶排隊，用水喝水則困難，須接水管裏鹹
水，或汽鍋及機器滴下的汽水，洗衣洗澡就屬難事，因人太

多了。

　　船有三層艙，都已住滿，聽說還有一千五百人未上，上來那真夠擠的。

**提注：登上天平輪已第二天，淡水未上，船不能開；下午又是淒風苦雨，船擠、無處可躲雨，眞是苦不堪言！**

　　　　　　十一月十四日　星期一　氣候雨　天平輪 —— 海口峽

　　今天風挺大，尤其夜間，好似北方初冬，蒙頭睡還是很冷。早飯太遲了，下午三點才吃，今天只有一頓，餓了一上午，真太難受！

　　下午又是厲風苦雨，逼得我們亂轉，無處藏身，三二層艙，坐臥得挺舒服，我們連避風雨地方也找不到，淡水沒來，船不能開，這兒硬待著受洋罪！我懊悔不該上來太早！乾糧沒預備，不能耐餓，同時船不曉得哪一天開，早來此就是多吃苦頭！

**提注：一、今登天平輪第三天，無淡水，不能開船。**
**　　　二、夜間大雨，水淹舖蓋，人只能在廊下站著，包袱掛牆上，等天晴。**

　　　　　　十一月十五日　星期二　氣候雨　天平輪 —— 海口峽

　　昨夜是太不受用，用被單扎起小蓬子，也被風吹垮，雨大不管用，夜間又整理了三次，雨水一樣透濕了衣服舖蓋，四面是水，舖下是鐵，也成了半島，不久水上了舖，逼我們

逃呀！逃水啊！把包袱掛在牆上，人就在廊下站著，就這樣
等著天晴，等著天黑，今天無淡水，仍不能開船，我太悔上
來早了！

九點半吃早飯，為吃飯又淋濕一身，至十時雨才停落，
肚子飽了，再遇天晴，那多麼好哇！

昨夜醒了兩次，在二次入睡中，夢見了母親硬逼我回去，
我到那裏，她老人家就在那裏擋，我說：「除非〝石沉大海〞
方回家」不知此夢是凶還是吉？

## 79　船上人多，缺水又缺糧，挨餓是常事

提注：一、今天是登天平輪第四天，淡水停止供應，不能炊飯，
　　　　也不能開船，大家面臨斷炊，叫人彷徨不安！
　　　二、本船缺糧又缺水，船上人多單位多，消息也亂，一
　　　　日數驚，教人無所適從。

十一月十六日　星期三　氣候晴　天平輪　海峽

昨夜怎麼又做夢，同父母弟弟逃難，也不知逃什麼難？
雖依稀而情景逼真，醒來恍惚！又奇怪！怎麼連夜夢在家鄉
呢？最近我並沒有想家呀！十月不通信，到底家鄉不知什麼
情形了！頗令人焦急之至！

夜間風大很冷！

今早起，現出太陽了，可喜之極！老天爺也應該幫幫我
們窮小子的忙啊！

十二點才吃早飯，這三天都沒米，故吃稀飯，今下午就
要〝絕食〞了，我們為何如此多災多難呢？中午來了幾隻小

船，本想上岸，但人太多未擠上，頗令人悵然！

　　下午三點起，淡水停止供應了，全船將要絕食。有錢的人可以吃餅乾水果，餓死我們窮小子！今天我們團部也不送米來，送米亦無淡水來煮。

　　船行一週方可到台灣，需淡水 280 噸，今晚或明早僅能上數十噸水。聽說 18 號開，又云 20 號開，依此缺水情形推之，20 號還是不能開，我們該晦氣！趕到這裡找洋罪受！

**提注：38.11.17 在天平輪上活活餓了一天，真不好受！**

十一月十七日　星期四　氣候曇　天平輪　海峽

　　今天就這樣直挺挺的餓了一天！

　　半夜送來了飯，可是吃不下，我想上街，就乘小艇去海口，夜深了，檢查哨不准進，天太寒，就借睡在鄰近木船上。

**提注：下午二時去獨汽五營訪王澤林，因頭昏腦脹躺下休息。**
**　　　思惟未來如何選擇？去大後方？── 台灣？**

　十一月十八日　星期五　氣候晴　天平輪　海口峽　瓊市（獨汽五營）

　　天亮鑽出了船艙，承主人的好意，總算給我兩人 ── 高鵬，很舒適的睡了一夜，衷心很欣慰！

　　從海南大學後方登岸，念舊的我又到原住處看看，眷屬們搬走很多，到街上繞個圈子，景象也變了許多，街上再無大堆行李，眷屬與游散官兵，因多已遷下鄉住。十字街口多

了哨兵，氣候很冷，部隊多穿棉衣。吾頭昏腳軟似很狼狽！大概兩天來太餓了吧！乃去咖啡館吃一頓。

八點多鐘到胡述武那兒，詢及渠等情形，云第四兵團官兵全赴北海轉南寧，眷屬則留此。

到大同戲院訪江多慎、周漢泉未見，4025 亦遷下鄉。

這裡的早市冷淡，中午又繁榮起來。下午二時赴秀英碼頭，獨汽五營訪同鄉王某，渠不在，覺疲極，又頭昏腦脹，就睡在駱有琴床上。

一陣微微發熱之後，身體較輕鬆，就左思右想，應走哪條路？北海乎？台灣乎？職業如何決定？守舊？改行？總之錢多去那裡也不愁，就這樣躺著天馬行空想到天黑。王某晚上才回，孩子的他沒有一句話。

## 80　台渝發動重建十萬青年軍

**提注：一、政府黨政軍顯然不和，蔣中正在重慶，想與李宗仁商國是，但李飛海口，飛南寧，又飛香港，就是不想見蔣。**

**二、台渝發動重建十萬青年軍，但雷聲大、雨點小，只見報載，未見行動。**

**三、在海關候船，突遇見久別的陳釋同學，程雲程同學。**

十一月十九日　星期六　氣候晴　海口峽 —— 北衡號

和衣睡到天明，醒來早但懶起。

八時起，洗過臉就跟車到秀英村下，好不容易才找到5573 部，高德發與胡已上街，看見了何憲章與潘世強，解釋

胡克賢所搬弄的是非。〞君子只求當面〞什麼事也就冰解。

　　吃了早飯已十時許，乃與世強商量，如天平輪不開可來該部，就同潘赴海口，擠不上車，步行十里到市區，看報沒什麼消息，戰事方面金門及舟山沉寂後轉緊，黔匪越貴陽，川東亦緊，政府成立大陸前進指揮所，閻錫山為主、顧祝同為副。

　　台渝發動重建十萬青年軍，瓊市響應發動。港政府只允中國大陸旅客去港，台瓊則要護照，此不合中英條約，我大使正提抗議中。李代總統前天飛此，數小時後又轉南寧，現已飛港云療疾，現蔣總裁在渝再三促李去渝商國是。而李終未去，看樣子又似鬧別扭！

　　到高雄要塞部，團部云船明天開，吾獨自到河堤邊覓小艇又無。欲隨袁營長去，從海關候至下午兩點也未有。不料，意外的奇遇！竟看到闊別兩年餘的陳釋同學。〝他鄉遇故知〞怎不令人欣喜雀躍呢！同渠一道到其住處，又見陳鵬，共訴別後，吾先簡述我的經過，渠等繼述別後滄桑，他鄉遊子，同聲一嘆！

　　晚同釋上街購物，順至胡述武處，不在，佩君云欲赴台。因欲趕船故未久等即別。十點鐘才弄到一支小划子，上了北衡號水船。夜宿北衡號運水船，又臭又髒。奈何？將就些吧！

# 81　境遇不佳時，常背誦南華經、西江月來解悶

提注：一、報上壞消息多：

　　（一）李宗仁白崇禧又與中共談和，白部已撤出桂林。

　　（二）貴州主席谷正倫槍決軍長劉伯龍。

　　二、境遇不佳時，常背誦南華經，西江月來解悶。

　　　　十一月二十日　星期日　氣候晴　北衡號 —— 海峽

　　北衡號昨夜、今早未開，又得下岸待一天。

　　一早到中山路口去看報，一件驚人事！云李、白又將與共方和談，現白崇禧部已撤出桂林，共軍距桂林僅十三里，李、白正與共方代表在桂林談判，但此事已經華中長官公署發言人〝闢謠〞，認為係無稽之談。貴陽失陷，貴州省主席谷正倫，槍決貽誤戎機之八十九軍軍長劉伯龍。

　　十一點在胡處吃午餐，本欲洗衣洗澡，但天色並不是响晴天，到正興街 31 號，約陳釋，羅克上街，在五芳園吃些西點牛奶，結果給銀元券不收，又掛了帳。

　　午後到海南大學後邊堤上漫步，靜坐，見海面艦隻如林，碧綠的海水蕩漾，一望無涯。一週後的氣候，竟由酷夏又變為深秋的景象了。此時吾心境平靜無波，焦慮什麼，憂愁什麼呢？天下的事情往往皆是〝庸人自擾〞大凡一件事情您認為〝能辦〞那就好辦，如認為〝嚴重〞那就確乎嚴重，〝事實〞與〝心境〞也有關係。記得南華經云〝巧者勞智者憂，無能者無所求，蔬食而遨遊，泛若不繫之舟〞。又吾最喜愛的一首詞，西江月：滾滾長江東逝水，浪花淘盡英雄，是非

成敗轉頭空，青山依舊在，幾度夕陽紅。白髮漁翁江渚上，慣看秋月春風。一壺濁酒喜相逢，古今多少事，都付笑談中。

　　三時許，換了二元銀元券，僅得一元六角港紙，就買一些零食當晚餐。

**提注：一、北衡號是平底船，很像登陸艇，此船負責將岸上淡水運送上天平輪，因天平輪太大，無法岸靠也。**
**　　　二、台灣屬美國託管，可能是無根據的傳言。**

　　　　　　　十一月二十一日　星期一　氣候晴　天平輪　海峽

　　北衡號本預定夜間開到天平號去送水，怎麼半途就停了，天明八時才又啟錨開到天平輪，船上的人，還是如有什麼期望似的，看著這隻"北衡"水船，因為淡水就是生命的泉源啊！

　　上了天平輪，見連內人事略有變動，因團營連長都已來了，也都發了符號，人數增加很多，又編班，把我名字本已去掉，費了口舌才又查出。

　　陳釋在 54A 吃飯，陳鵬因病不能補名，故暫在原政工班傅隊長處搭伙。

　　今天開始船上一切有了規律，各單位組糾察隊，糾正軍風紀衛生等事。並檢查各部隊符號與人數，以免奸宄混雜，零星人員無入台證者下船。

　　有人云台灣本係美國託管，此次在海口市聽說現又將交回美國，現台灣如香港一樣實施海上封鎖與出入境管制，任何部隊到那兒都得整編，重新裝備加以訓練。本來台灣出入

都得憑證，而現在執行更嚴了。如此看來，共匪如攻台灣勢必引起全球性之關注也。聞高雄要塞抵台時，與昔日遠征軍一樣待遇與裝備，我想這可能是傳言吧！

## 82　住煤倉呼吸困難，睡不好、吃不飽，如人間煉獄

**提注：一、在天平輪上寂寞的等待，生活水準降到最低，無水喝，無水洗澡，洗臉。**

**二、天平輪裡住煤倉，生活品質比不上監獄，因糙米飯又摻入砂粒，吃不飽，睡不好，又得忍受煤煙，忍嘈雜聲，呼吸困難，痛苦！真的是人間煉獄！**

十一月二十二日　星期二　氣候晴　天平輪 —— 海峽

不准思慮！什麼事物也不允許在腦中盤旋！一天吃飽兩餐大米飯就算功成德就啦！何必焦急呢！人生就是這樣胡胡塗塗過去的，有錢的人去買麻醉，我看還不如我們自己根本〞沖淡〞和〞樂天〞的好。

住煤倉裡本來就很不衛生，上下午的煙味，和叮咚噹啷的劈柴聲，就幾乎令人窒息和頭痛！這樣的過日子，嚴格的說起來，雖是一天很容易胡過去，但由於生活方式的不合理，—— 不能喝水、用水、和適當的運動，與物質的缺乏 —— 多過一天的船上生活，也就減少一天甚或幾天的壽命！譬如糙米摻砂子飯又吃不飽，沒菜，睡眠雖足但太擠，簡直不能洗澡和洗臉…這種種都是摧毀健康的因素。

我想：這樣的船上生活，品質上應比監獄還差吧！

**提注：一、自從十一月十三日中午登上天平輪，算來已十天，啟航日期不定，每天在盼望開船，因缺水的日子實在不好受！**

**二、困在天平輪十天，枯燥、單調又無水，日子好難挨，幸好有北衡號往來送水，偶而可上岸購物，透氣。**

十一月二十三日　星期三　氣候晴　天平輪 —— 海峽 —— 北衡

　　這兩夜擠得真夠受！自蕪湖、赭山以後無過於今日之擠！故使一天疲勞難以恢復。

　　天平號遲遲總是不開，好似有什麼神祕的樣子。今說明天，明天又明天，如此推了十天之久，仍是躺在海口峽。十三號上船，云係十四號一准開，結果預定的日期，十六，十八，二十，都不開，昨又聽說廿五或廿八可能開，又云廿五不開，月底就無希望，蓋因金門島戰事緊急，有泰生等三隻船開金門增援。故北衡號水船，僅能往來該三船上水，故本船又仁兄大人擱下了。

　　今上午各單位組織之糾察隊，開始檢查各部人數，有無混雜人等，結果有一老嫗和一女士，及散兵數人，聽說都要送下船。

　　枯燥而單調的海上生活，過得確實夠人厭倦了。我覺得比沙漠猶不如，簡直連活動的地方也不可得。尤其用水問題嚴重，每早洗臉和漱口就費難到極點，喝水更是如欲登天！

　　船還是如此遙遙無期啟航。我看這下半月，就如此這般的在船上〝活受罪〞過去了。那一天才能到台灣把這身上污垢洗盡呢？

晚九時已睡，聞北衡號又來上水，船上太別扭，尚有數日不開，何不上岸呢？躊躇一番之後，乃決然上了北衡宿于船上。

# 83 十天才洗一次澡

**提注：一、廿三日在北衡號住了一宿，廿四日來海口沒任何事，只是洗澡，洗衣服三套，忙了一天，都是為了清潔衛生。**

**二、十天才洗一次澡，才換洗一次衣服。**

**三、報載軍政人事大調動，安徽省主席李品仙，發布為廣西省府主席，石覺主浙，胡璉主閩。**

**四、行政院發布王治岐主甘，馬鴻逵撤職，附逆立法委員五十餘人一律通緝。**

十一月二十四日 星期四 氣候曇 北衡號 ── 海口峽

天明潮漲，北衡開入淺灣，八時登岸，在海大洗個痛快臉，好不舒暢！本來海上空氣還要新鮮，為何反覺海口市的空氣輕鬆得多呢？上了岸如出樊籠小鳥，滿懷希望似的投向天空，其實又有什麼可梭巡的呢？還不是好動的我，過不慣那監獄式的海船生涯之故。

這一次來海口，沒有任何目的，只是十多天的衣服要洗換，要沐浴。今早同陳釋吃過了點心，就到胡述武處，費了整個上午時間，總算把三套衣服洗得很潔淨，向來沒洗過這麼多而又污的衣服，今天出盡了九虎二牛之力！

午後又洗了個熱水澡，身輕似燕，飄然欲飛，其樂也何異神仙，倒在床上，一覺就睡到吃晚飯。

　　補好衣服，晚七點出去蹓躂，失業的我，雖然窮酸，但吾並不羨市上的物質文明，本來一個青年人就不能追隨奢侈，何況我們條件不夠，就根本不可作如是想。

　　街上許多事看來很不順眼，黃衣兒們，除戰鬥員外，盡是呢絲質服裝，這些後方人員不知刻苦從公，盡知享樂蔚成奢靡風氣，互相追仿，這也是國家不幸。

　　街上很難找到一家像樣子書店，縱然偶見一二小型書屋，也是冷落得很，哪有吃食店和百貨舖生意興隆呢？這也就可測知一般人的心境與興趣了。

　　報載行政院又實行戰鬥體，全部人員百餘參加行動，其餘遷後方辦公。川、黔戰事深入匪軍進退兩難，粵匪由廉江窺梧州。澳門當局效顰香港，限制台、瓊旅客入境。政院改任黃旭初為華中副長官，李品仙長桂，石覺主浙，胡璉主閩，王治岐主甘，馬鴻魁撤職，政府通緝附逆立委五十餘人。夏威昨來此又返桂，桂永清去榆林將來此，將來粵桂瓊台的聯防，將有具體的計劃。

**提注：一、自己深刻檢討：並無任何技藝與專長，當軍人終非終身的職業，未來又將如何？**

**　　　二、一個人要常檢討自己，才會有進步。**

　　　　十一月二十五日　星期五　氣候晴　海口　留守處胡述武

　　健康的年青的我，為何頭腦竟不夠用呢？讀了整個上午的報紙雜誌，走回來連一篇也記不起了，為啥會如此的健忘！

　　北衡今早又開返，午後去海大，仍未見來，就同陳釋等

去街上蹓躂，看看雜誌，又覺無意味，乃好奇買一隻椰子回來吃，今天是吾平生第一次吃椰子，很費事，去了硬殼，還有一層，用釘子釘破三小孔，倒出椰汁液，並不鮮甜可口，略帶土氣和荸薺味，喝幾口便覺難以下咽。

　　下午三時至五時，在海大參觀多種球賽，見生龍活虎角逐的他們，使吾慚愧！吾亦一健康青年，何竟沒有一樣專精呢？既無謀自立生活之本領，更無任何技藝，只靠玩槍桿，就算吾終身事業嗎？國家澄平又將如何呢？百無一長笨伯的我，便又愁慮起來了。

　　聞明天辦事處將空投服裝與 23A 部隊，吾即寫信三封與陶炳文、孟繼仁、何志高，以便交胡述武由飛機投下，一直寫到半夜才就寢。

提注：一、美國參議員諾蘭訪華，是大新聞之一，他是親中派，
　　　　　　但對中國的國情，仍欠深刻了解，多是霧裡看花。
　　　　二、當下的國內情勢，很明顯，就是黨政軍各行其道，
　　　　　　不團結，給中共可乘之機也！
　　　　三、在動盪生涯中，只有多跑圖書館，追求知識！
　　　十一月二十六日　星期六　氣候曇　海口 ── 北衡號借宿

　　依賴成性又缺乏自信的中國人，對外國人偏是那樣感覺興趣，昨夜聽廣播要歡迎美參議員諾蘭，今天報紙也登要歡迎，其實還不是望梅止渴！何況他只是一個參議員，只有建議質詢而不能採行動，當年什麼〝特使〞〝專使〞之流的馬竭爾、魏德邁、司徒雷登等也都搞不好，他一人還能有何效

力呢？只有〝自食其力〞，政府各首長再不要你東我西，意見分歧，大家要真誠合作，昔日劉邦以南鄭彈丸之地，尚能成大業，何況政府尚保有西南諸省，且兵力尚雄厚，共軍只是一時軍事勝利，只要不氣餒各方團結一致，自由中國的前途，絕不會為赤焰所焚而陷於絕地的。

　　今八時半方起，洗過臉就到振東路 70 號辦事處去，欲乘運輸機去前方一視，因 23A 部隊又移動，故暫停，真太不湊巧了，看一陣子報就快快而回。早飯後已下午一時，聽佩君說〝斷腸相思〞電影故事情節曲折過於〝哀〞了，使人有些黯然！

　　三時許去海大，見北衡仍在，乃放心！到六層樓民教館看報紙雜誌，並細看各種地圖，洗去吾不少的心中茅茨，時代是前進的，寧可一天不食，不可不讀書報，吾儕軍人更應對地圖熟悉，閱後須記牢，今下午兩小時的閱讀，使吾不但了解國內各層面情形與明暗面，且對人生又有一深切認識。可惜只來了一次！六時許上了北衡號。夜間借宿北衡號。

**提注：一、昨夜在北衡號過夜，天冷，又無行李，不能睡，在**
**　　　　機房坐了整夜，許多往事湧上心頭！**
**　　　二、同陳釋在北衡號機房坐了一夜，想了很多，也檢討**
**　　　　很多，喟然而嘆！**

　　　　十一月二十七日　星期日　氣候晴　北衡 ── 天平輪


　　一個青年人，凡事本不應計較得失，但也許有些懊惱，上了天平輪，受了徒刑似的半月活罪，這半月的精神損失，

與身體之受摧折，是任何也不能補償的，唉！明天即要開船，徒自懊惱何濟於事？

昨夜很冷，我與陳釋在機房內坐了一夜，彆扭之至。

今早九時，方啟錨去天平，一上岸不覺又是三天，在岸上過得不知不覺，在船上就似度日如年。

想想自己也太慚愧！我竟，像一隻蒼蠅，飛一圈又飛回原處了。唉！如此飄零生活，究不知何日稍止？過一過稍微安定的生活，橫豎像我們這號人，目前一切茫茫然。也不知前途在哪裏？希望在何處？

## 84　天平輪啓航赴台灣

**提注：一、自本月十三日中午登上天平輪，忽忽已半個月，望眼欲穿，總算今天一早鳴汽笛開船，但突然又拋錨了！**
**二、長時間生活不調和，常挨餓，飽一頓、飢一頓的，因而胃痛。**

十一月二十八日　星期一　氣候晴　天平 ── 海口

八點鐘鳴汽笛，船是開了，他給許多人的希望與歡欣，望眼巴巴了一月半月，終於開了船，我相信有很多的人，已經在編織著一幅美麗的夢，希冀得到理想的境界…，突然！機器又壞了、拋錨、修理，又得明天才能開，這又給人喜中帶來了憂！

生活不調和之極，一頓乾飯、一頓粥，有時飽，有時不夠，或早或遲，故而胃部常發痛，不適，每在清晨，入夜，是否不常運動之故呢？或是胃部發炎呢？想不透，也猜不準。

**提注：一、昨天開船不久，便突然拋錨、修船，今天又再啟航。**

**二、胸脹、胃痛、又吐酸水！是胃痛？是胃發炎？還是胃與食道逆流呢？**

十一月二十九日　星期二　氣候晴　天平 ── 航行途中

夜間醒來，覺心胸脹悶而痛，嘔出許多酸水，痛也並不在胃部，在胃之上，似是食道不適，是否胃神經痛呢？青年人不應有心痛的，大約還是飲食之不調所致，以後應慎重減食，尤不可飲食生冷之物。

今天上午十點鐘，船總算千盼萬望的啟航了，這一艘四十八歲的老船，時速僅六海里，遇風浪還不行，比新輪之時速十四至二十海里者，那是望塵莫及了。

營長命令要剃光頭，今天又得要再受戒了，我考慮之後本不想理，但再想想又何必呢？理掉也省事，果然五分鐘後變成了一個小和尚。

**提注：開航第三天，看到許多大小不等的島嶼，料想應是香港、澳門附近。**

十一月三十日　星期三　氣候曇　天平 ── 航行途中

今天有點小風浪，船的速度也就減慢，像一隻老水牛似的蹣跚而行。所可幸的船大吃水深，很穩，沒多大的傾斜與顛搖。

閒時同袍澤們討論著海水為什麼會鹹？而且汙不可飲呢？蓋以海洋為河川各水流所匯合處，一切動物植物，各種

脂肪、渣滓、汙穢之物盡流於此，由海水分解如分解不掉，就形成污染，使水不潔而不可飲了。

下午看見許多大小不等的島嶼，便有人猜測，這是香港，或澳門附近的小島，更有人說是汕頭，那可不太像，航線走不上汕頭，且如是汕頭，那就走得很遠，快抵台了，老水牛式的舊船，必不能走得這麼快！今天所幸風平浪靜，天氣晴和，機艇、帆艇如林般的由島邊叢出，增加船上人不少興奮！

# 十一月檢討

這一個月就大半在海洋中漂流過去了，月初由港而澳，由澳而至瓊，月底又由瓊赴台。

旅行的生涯，當然不如安定時的有規律，這一個月挨了好幾次餓，比在江西作戰猶有過之，斯時因有部隊，有職有權，如今卻是孑然一身，飄盪無定，就人籬下，或受制於他人，受窘之極，恐再莫過於此矣！然吾嘗作如是想：〝惟貴人多遭難〞惟大英雄多受折磨，越受折磨則更越加強其奮鬥之意志也！觀古今中外偉人成功，莫不由艱苦困難之境遇中磨練出來的，故吾儕不怕貧困，只要有骨氣，有毅力，有堅定意志，一切困難只是一種考驗而已。

這一個月是在艱困中過去，毫無所得，只是多見一些人間眾生相，自己生活中多了幾個不同鏡頭。但吾亦以為這是吾生命史中可貴的一頁，他日回顧，三十八年十一月份該是可記憶的一個月吧。

## 本月大事小記：

（一）粵南，大陸，由一面倒之勢而穩扎住

（二）共軍攻入川、黔心臟。

民國 55 年 12 月，訪問駐韓泰國部隊。

民國 52 年 3 月，在太平洋美軍授課。

民國 52 年 4 月，於巴基斯坦馬立克少校合影。

**提注：原來的一天一乾飯、一稀飯，已是吃不飽，今又改二餐**
**　　　稀飯，更加不能飽足，奈何？**

　　　　十二月一日　星期四　氣候晴　天平 ── 航行途中

　　胃脹、胸悶今天已好多了，精神也愉快多了！

　　今天起，一天一乾一稀改作兩餐稀飯，哪裡吃得飽呢？根本無營養的食物，僅能維持生命而已，此種生活過久，當然會使健康惡化下去的。

　　三十七年的下半年，是那樣不愉快而出乎意料的走了過去，誰料到三十八年下半年，竟也同去年如出一轍呢？一樣的走了下坡路，局勢像一輛拉擋不住的火車頭。去年之失利，由於國軍將領之〝倒戈〞與〝不和〞，今年又是一樣，且尤有過之，不然也不會由長江之隔，數千里之遙而逼退至海上，想來怎不令人疾首痛心呢？

## 當前局勢檢討

　　三十七年底徐蚌會戰，天候不佳，雨雪、泥濘、使得機械化部隊不能發揮所長，而各兵團之間欠缺密切合作，中央的調度總是慢了一步，以致被敵人各個擊破，幾個精銳兵團竟然被深濠所困，最後彈盡援絕土崩瓦解，整個國軍士氣受傷很重。

　　長江以南的二線兵團，如能加緊整備、訓練，應該可以一戰，因為中下級幹部很優秀，士氣也高，可惜江陰要塞叛變，重慶號兵艦也叛逃，湖南省主席程潛也變節，中樞領導乏力；廣州本可一戰，不料又倉皇撤退，士氣大傷，中下級

軍官求戰，而高層拿不定主意，使局勢一瀉而不可收拾也，十分可惜！令人扼腕耳！

**提注：一、船上空間狹小生活沉悶、枯燥、在煤倉裡不見天日，偶而上甲板，看海水悠悠，海鳥飛翔，心情略為舒緩！**
**二、收音機傳來重慶已失，這消息實在驚人耳！**

十二月二日　星期五　氣候晴　天平 —— 航行途中

細思自己往往所受煩惱，莫一不是自己找來的，我的心裡是多麼矛盾得可怕呀！在某一環境待久了，便常常感到不滿，總是想跳！可是跳到另一環境，倒又懊悔不該，反而追憶、懷念，以前的可戀之處了，在 2365 如聽孟、劉，等忠告，也不會有今日之奔波，吃盡苦頭。但到了海口也該安穩休息一個時期，縱然寄他人籬下，也是必然而預料到的，何必又要亂跑呢？度日如年的船上生活又過了半月，豈非自找？經此數次之打擊與教訓，深悟亂世生活之逼人，吃住確是嚴重問題，局勢如此，個人何談其他！只要衣暖食飽即心安理得矣，由此次實地經驗教訓，以後謀得一職，應抓住機會埋頭苦幹！以工作與事實來表現，不要再亂跑了。

今天又看見很多機帆船，在海面慢行，不知是商船還是漁船？船上有四面蓬，都撐起，他這四面蓬帆，大概可以利用任何那一方向來的風。

人們傳說船上收音重慶已失，共軍且離成都不遠，這消息實在驚人！抗戰八年的司令塔，兇狠的鬼子都沒法得逞，想不到被共軍衹用三年，拿下了這許多地方！

提注：一、沉悶的船上生活，十分無聊！難免胡思亂想，天馬
　　　　行空，漫無邊際！

　　　二、從江西、太和、到廣東英德、廣州，一直籌劃想來
　　　　台灣，夢想中的目的地，終於快到了，袍澤們都很
　　　　高興！我個人尤其興奮不已！

　　　　　　十二月三日　星期六　氣候晴　天平 —— 航行途中


　　　是我個人的病態現象，還是一般青年都是如此呢？總是
追憶著〝過去〞，又不滿著〝現在〞，而希冀著〝將來〞這
三個問題始終在腦中盤旋著。尤其是苦惱貧困之時，偏偏會
回味那〝過去〞，認為過去的日子都是挺寶貴的，即是過得
並不舒服呢，也總是甜蜜的，其實過去已是〝過去〞，值得
什麼留戀？再也不能把時間向回拉呀！一切事物都是向前推
進，唯有不智者還是戀舊，我是多愚笨呀！船的行程已忽忽
五天四夜，今天有點小風浪，船行又慢了，云明天上午可能
到台，到是到了，惟麻煩的檢查手續，是否讓我們明天能登
陸呢？

　　　台灣到了！它帶給我新希望，這一次再預備接受一次嚴格的
訓練洗禮，在新的洪爐中再鍛鍊吧！重新做人！重新做大事！

## 85　台灣終於到了

提注：一、盼望很久的台灣終於到了。

　　　二、對台灣高雄港印象很好：二山合抱，氣勢雄偉，港
　　　　內泊有巨輪。

　　　　　　十二月四日　星期日　氣候曇　天平輪途中 —— 高雄碼頭

　　早起就看見了台灣的山，在薄霧中隱約閃忽，越近越顯，十點十分抵高雄港外下錨，船上以無線電及〝旗語〞作聯絡，並鳴了一長聲汽笛，不久，港口果來了一隻小汽船，上來幾個憲警，來船上登記各單位，統計人數，旋即返回，云須將各單位名冊送審，批准後，方可叫船開進港去。

　　高雄港形勢很雄偉，二山合抱，僅有可容一隻船出入的口子，兩山都有工事與砲台，雖屬冬季，山上還是林木蔥翠，十分可愛。陳釋弟緒厚來了，聽說下午可能進港，程鵬下船事已不成問題。

　　中午心血來潮，突然作悶！想想…一切總得〝自力更生〞靠人吃飯不長久，不要依賴別人，只有靠自己才是真實的！

　　下午五時，船進港口，因下船手續很麻煩，天色已晚，明早八時，開始下，這樣又得要在船上住一夜。

　　鳥瞰高雄港，八字型小山圍成，港內水平如鏡，然很深，可泊巨輪，有很多商船貨船靠著，碼頭多，汽艇，小划更多，不很高大的日本式建築物倒也整齊。漁夫和水手們裝束別具風格，雖然不說話，卻帶著一股子〝台灣氣〞；婦女赤足著裙，女學生戴尖草帽，挺神氣的。船上生活久了，對於岸上一切建築及人物，都似異樣新奇！今晚飯八點才吃。船上來了幾個憲警守衛，船的附近也佈滿了警戒。

　　今晚還不能下船，只能在甲板上，呆呆地靜觀岸上的燈火，岸上人物的活動，也聯想到不可知的未來……。

**提注：早上八時開始下船，一連串的驗關、檢查、點名、等待…**
**　　　直到下午二時才到高雄火車站候車，忍著飢，耐著渴，**
**　　　下午四時上了火車，直到 8：40 終於開車，9：50 到橋**
**　　　子頭車站，再行軍到新莊營房，等到半夜 11：30 才開**
**　　　飯，白米乾飯，白菜湯，凌晨一時才睡。**

十二月五日　星期一　氣候晴　天平輪下岸 ── 新莊營房/橋子頭

　　夜間海風很勁，覺似感冒，不過肚皮沒有油，也凍不壞，
頂多頭稍痛一下就好了。

　　今早飯是台灣米，司令部昨晚送來的，可惜又涼且無菜，
只好摻些水，借鍋煮稀飯吃，吃得挺來勁！

　　八時開始下船，由鐵二團、54A 及本部之次序先下行李，
後眷屬，再官長，而士兵，行李排好檢查，官、兵逐一點名，
抽中盤問，檢查是統一機構，其中包括憲警，及要塞司令部
的，起先細密而嚴，因人太多了，輪到我們便鬆一點，下來
到岸集合，已是十二點半。由現在起，我算領略有生以來第
一次的師管區式新兵生活，一切行動─包括大小便─都受了
拘束，但吾並不以此為苦，我能以親身來實際體驗最底層士
兵的生活，該是多麼難得？

　　在岸邊休息，有金湯部校級官數人來點名，使我驚奇的
發現了金大江營長，在英德他還在 631R，已升了副團長，怎
麼又會跑到此地，懸上了兩顆梅花呢？真使人莫解；我站在
士兵行列裡，慚愧無地可容，簡直不敢仰視他，而渠時以目
光掃吾，注視許久，落魄的我，是喜還是驚呢？

　　為了候車去新莊營房，隊伍帶出警戒線，在軌道旁休息，

所見到的只是那末一隅庫房，和來往的人們，這使我感覺到〝自由〞的可貴。

下午二時到火車站候車，坐在月台上我細細的想：先發愁，繼即莞爾一笑！自得起來，愁什麼呢？老早有遊歷夢的我，究竟已經實現了部分，我在中國的地圖上，畫了一個小長圓圈，這次總算很幸運的達到我〝到台灣〞的目的，台灣帶給我新的希望，不久以前為生活威脅，老是懷著〝下意識〞的我，現在又被〝上意識〞戰勝了，從今天起 —— 雖然現在仍然餓肚子 —— 我又復燃起奮鬥的火花！鼓舞起了強烈的事業心，我一定要在新的環境中，去創造事業！再有什麼值得愁的呢？

四點上車，八點也不開，肚子很餓，勤務連送來了無菜飯，匆匆也未吃飽。八點四十開車，九點五十到橋子頭站下，沙灰陷足的馬路上，一個急行軍，五里路趕到營房，十一點半才開飯，白菜湯，久違了近月的〝帶湯菜〞今天榮幸的見面，飯後又第一次的吃〝台灣水〞，味兒當然不如皖贛的甜。

今天很興奮！凌晨一點才睏，睡在冰涼的水泥地上。

**提注：來到新莊營房，第一天就是重新編隊，編班，整理內務，發衣服，洗衣服。**

十二月六日　星期二　氣候曇　新莊營房

昨晚、今早，金副團長兩次召見我，詢及離開2365後一切情形，及儷、杜、吳、等情況，最後他說：「好吧！很辛苦的來到此地，暫時待著吧！」細體語意，看來也無辦法。

但相處數月，人與人之間總有一點感情，何況別離又重逢，或者總有些關懷的。不過也不應該存著過大的〝依賴心〞有辦法，有路子，還是自己去找。

六點半起，很久違的用自來水洗面，發了一套夾衣和背心，新衣上身精神百倍，到河邊洗衣，因水髒我未洗。

十點多，金副團長與袁營長親自編連，只夠兩排人數，副座示意袁，要我擔任班長，不知何用意？我只好忍耐出列，編成後，金訓話，對國內外形勢，及台灣與本部情形報告均詳。

各班拿行李弄鋪，整內務就弄一整天，頭也昏了！

本連番號原屬第三團，因二團人撥併一團，本連又為二團先頭連，連長由鐘、王而楊，士兵 60 餘，軍官十九員，編餘大半，士兵也 1/3 靠不住幹久，我看本團前途也暗淡，本連更不必談了。

**提注：自三十三年底從軍以來，戎馬生活，匆匆已是走過了五年，這五年的變化真大，由二戰中的四強又陷入國內的紛亂。**

十二月七日　星期三　氣候雨　新莊營房

現在的生活情形，恰似去年冬天的第一訓練處時期差不多，斯時受訓嚴格，現在一樣，自三十三年從軍以來，計算每年必經一個時期訓練，但同樣的，每年也有一個短時間的較愉悅生活，這五年來，每年的生活恰恰相對，一榮一困，也如一個國家的歷史演進，也恰似社會進化的演變規律；這殘冬快點過去吧！一個年首總有一個企望，憧憬著一個美麗

的遠景，等著迎接新生的明年—或者明年一切不會如此糟糕吧！

　　早晨集合到河邊洗衣、洗面，使我想起了吉安長塘的生活…。因沒鍋灶，十二時才吃早飯，下午去郊外取柴，不准砍樹，蔗田裡取蔗的枯葉，第一次大嚼一頓台灣的甘蔗，雖很硬，但很甜，識著云此係糖蔗，甘蔗嫩甜些。

　　這附近盡是蔗田，我們這樣偷吃是不合法的，想想也難受，這是國家待遇太薄，不能使士兵過著最低生活，這是雙方損失。

　　下午聽到一個喜訊，云各地有收容失業軍官的機構，十五號截止，我想請假赴高雄去看看。回思上月今日到海口，本月又到台灣，一個九十度轉彎，總計海上生活十七天半，大陸十三天半，雖歷盡折磨，總算衝破了難關而到達彼岸。

**提注：楊連長報告國內情勢：南寧、成都吃緊，政府預遷台北，　　　李宗仁棄職飛美養病。**

十二月八日　星期四　氣候陰　新莊營房

　　人生的道路是坎坷不平的，假如一路平坦的過去，也就沒有意味，需要一些波折，波折越多，越增加個人閱歷，越增強其奮鬥意志，假如中途洩氣，那只有被淘汰而落了伍。

　　從今天起，生活漸漸上了軌道，飯菜有剩，使吾稍感滿足，前幾天似有點牢騷，其實不對，〝識時務者為俊傑〞，這種環境並不新奇，橫豎現在衣暖食飽，衣食住總算有著落，雖受制於人，順之則安。

　　近來連內士兵患病增加，大半是痢疾，如此環境患病，確是痛苦之至，吾尚自幸，一路頻受艱辛、挨餓與磨難，還是無災無病，這該是何等幸福！

　　午前袁營長來訓話，報告本連本團經過，並打了些氣，要大家在物質、環境不滿之下，忍耐吃苦，幹下去。

　　晚上楊連長報告國內形勢，因南寧、成都吃緊，政府預遷台北，胡宗南守蓉，英國預備承認中共，看上了生意眼，但美國反對，李宗仁飛舊金山養病，他倆似有彆扭，因李預租台灣九十九年與美，蔣租東北五十年與日，結果兩事皆未成；都是自己國土，何必出此下策？不自力更生呢？不過，這都是傳聞，是真是假？吾儕難以分辨。

　　楊連長報告內容，不知來自何處？令人有些震撼！有些出人意料。因國土租借茲事體大，須國會無異議通過方可，豈能一個人就可決定呢？

## 86　兩個月來第一次唱國歌、升國旗，很興奮

**提注：一、離開廣州已近二個月，第一次升旗，唱國歌，很興奮！也感慨良多。**

**　　　二、來台灣已六天，生活漸漸上軌道，今天第一次加菜，大盆豬肉白菜，吃得過癮！**

**十二月九日　星期五　氣候晴　新莊營房**


　　來到新莊就陰天、霏雨，今天老天爺張開笑臉，給我們帶來了希望！

　　早晨升旗，本連參加，此為逃出陷區後第一次唱國歌，

向著青天白日旗敬禮。

　　早餐又弄到十一點才吃，今天可像過年了，抽十四天節餘副食，買了四十多斤肉加菜，分兩餐吃，枯燥月餘的腸胃，要該加點油了，如同一部機器，只用不加油，要會損壞的。

　　中午到河邊沐浴，半個月才洗，身心意外舒暢，並且又穿新襯衣，內外全新，想想國家對待軍人也算寬厚，抗戰時一身衣服要穿幾年才能報銷，現每年每季都有新衣發，中產百姓也不過如此吧！

　　睡一覺起來，運動一下正好吃飯，一大盆白菜豬肉，份與量都夠，吃得挺舒服，好來勁！

　　金副團長云渠欲去海口募兵，約兩旬或一月，要吾忍耐，等待團之成立，可有機會，設若撥編，當另外發展。

　　楊連長性躁，近日的逃亡，已引起他的煩惱！飯後各班個別談話後，又集合，要不願幹的登記，眾皆愕然！結果真讓他走了，而且送出門口，這不知是屬於那一套統御術之一？

提注：一、第一次請假來逛高雄市，感到新奇，高雄市的房子，與內地風格不同，人民穿著也異於內地，都市人、鄉下人皆不同。
　　　　二、拜訪高雄市，陳釋同學，渠亦在港口待命，沒有適當工作，程鵬同學寄居鳳山，也在賦閒中。

　　　　　　　　　　十二月十日　星期六　氣候晴　新莊營房

　　昨晚電話中知道陳釋已由鳳山回，今天想請假赴高雄，然而請假談何容易！還是金副座面允，天大的人情才獲准。

　　早飯後，借了兩元台幣，帶著愉快的心情，同徐踏出營門，沙土陷足，跑了一頭大汗，才到橋子頭車站，候了一會兒，就搭十二點客車，這裡的火車是雙軌，客車到站停時甚短，軌道、車皮，都較內地小巧，所以叫做〝輕便火車〞車頭更小巧，鳴聲都不同，台灣的一切建築，雖是台胞動手，還是日本人的規劃，故一切建築物皆矮小，但玲瓏美觀。

　　車子上的旅客，一個個都似很安詳的樣子，乘客不似內地擁擠，秩序井然，一切都與內地迥然不同！我以新奇的目光，留心觀察一切，好像〝鄉下佬〞初到〝上海〞那樣感覺到新奇和榮幸！

　　過了楠梓和左營站，約二十幾分鐘就到高雄市，問路，話很難懂，比粵語還難懂，就搭公共車去中正四路，詎知多坐了幾站，下了車又得向回跑，一路詢問，好不費神也！

　　街上大人小孩，走路都挺神氣，台灣人與內地人，在裝飾與舉止上，一看便知七分，我想那擺鵝步的，或者，大約總是內地人吧！鄉與鎮的婦人，服飾還是不脫〝日本式〞短袖褲，裙子，一律光腿赤足，拖著木屐，鄉下工作婦女，有護袖，用布包罩整個面部，尖草帽，上衣既短更小，緊紮身上。

　　市區很整潔，攤販也有集中處，不像海口觸目汙穢，就是屋子太低，似乎要低頭才能進屋去，我看見了西瓜攤，稀奇的同徐吃了幾塊，很甜，香蕉味兒也挺好，似較穗、瓊味道好些。

　　同徐幾乎跑遍了高雄市，才找到憲八團一營部，見了陳緒厚，因渠等考試很忙，陳釋在港口，乃又乘車赴港口，在檢查站張班長（同學）處會見釋，敘談之下，一切果在吾之

意料中,粥少僧多米珠薪桂之今日,謀一理想職業實非易事！現傅隊長已在岡山賦閒,程鵬往鳳山寄居,陳釋之現狀亦不太佳,就食他人籬下,尚不如吾等食應得的二十八兩來得〝心安理得〞也。

同陳、張,談了時許,所得結論只有兩條路,一是靠〝登記失業軍官處置〞,二是盼政工班成立,傅隊長替我們設法,另外不太穩妥的,就是王金來和汪少伯處,或可臨時寄足,渠等與吾身分差不多,但環境則較優。拿出寄放東西,收拾一下,取出證件、身分證、銀元券三件事託付陳、張予吾代辦,五時許步行回車站,又以走錯了路,以致天黑才到站,站內有洗臉台設置,月台很秀麗,候到七時開車,趕回營房,回來的心情似無去時興奮,到廚房找些冷飯吃,感覺挺疲乏,老早睡吧！

**提注：星期天不放假,去撿拾柴火、洗衣、沐浴。**

十二月十一日　　星期日　氣候晴　新莊營房

今天雖是禮拜天,然我們新兵老爺沒有放假的,僅僅免去了操課,形式上是一休息。

早飯後去〝打柴〞,撿拾甘蔗皮,排長帶著,時間縮短,也就沒有〝偷吃〞甘蔗的機會,累一身臭汗回來。

午睡後起床,去河邊洗衣沐浴,汲水機停開,水也淺了,又髒油又多,所幸日暖風和,浴後只覺全身發酸,懶洋洋地。

晚飯三點就吃,我太貪食了,吃得過量,胃裡不好受,到販賣部,本想買點水果吃,以助消化,不知怎麼陡然發愁

起來，羨慕著〝橘子酒〞就借酒來澆〝愁〞吧！很久不吃酒，哪裡耐得住，未吃二兩就頭暈目眩，脈也加速了，好難受！就如此迷糊地悶睡，也是件快事！

# 87　昆明盧漢叛變，西南岌岌可危，政府遷台北

**提注：國內局勢變化快速，自昆明盧漢叛變，西南岌岌可危，政府遷台北，胡宗南掌西昌。**

十二月十二日　星期一　氣候霧、曇　新莊

　　早晨的國父紀念週，站了一小時，二營營長規定了一大套，報告國際國內情勢：聯大已如二戰前國聯，成為無用機構，東西集團，明暗衝突仍是不已，國內昆明因盧漢叛變，扣留張群、李彌、余程萬。成都國府遷都台北，胡宗南部集中西昌，白部將入越緬，轉海防到北海，去瓊或台，雷州半島無事，北海失而復得。桂粵將有大戰，現全國已劃分三個軍區，陳誠管東南，白總以海南為基地，轄雷州半島、桂粵等地區，胡宗南部則在西南大陸、川、甘、陝、康，以西昌為大本營，仍與台北行政院呼應，陸海空三軍則仍由西昌發令。

**提注：連上逃亡，一直未斷，這些人可能連絡上在台親友，或是找到了出路，而不願在此磨日子。**

十二月十三日　星期二　氣候曇　大風　新莊

　　牟大維自昨天出去送信，至今未回來，諒已不會回來，這幾天連內逃亡已司空見慣，不過他應通知我一聲，連暗示

也沒有，使吾仍候汪少伯的回信哩！

記得一句俗諺：〝只扶竹桿不扶猪大腸〞看來很有深長寓意，與〝寧為玉碎，不為瓦全〞有異曲同工之妙。吾儕青年做事應頭腦冷靜，不可胡塗。

今天起了個大風，沙塵遮天，幾乎不能出門，此或者就是什麼〝颱風〞麼？果如，海上波濤當可想像，行船的又該晦氣了。

操課一天天緊了，整日沒有了空時間，〝一二一〞和唱歌，實在使人厭煩！

## 88　懷念摯友梁廷芳、鄧道明

**提注：一、由南京到江西齊梁村，有青年軍同學梁廷芳、鄧道明二人，跟我談得來，不幸二人被俘後失聯。**

**二、老二梁廷芳失聯之後，一直教人十分懷念，生死患難之交，實在難得耳！**

十二月十四日　星期三　氣候晴　新莊

精神的禁錮，是金錢與物質所不能補償的；我覺得一個人，每天應該做一件所樂意做的事，勉強被迫而做的工作，一定不會滿意。

由南京到江西，這樣長時間，唯一志趣相投的朋友梁廷芳不幸被俘，其次鄧道明同學亦遭同樣命運，這是我精神上最大的損失，吾深知人既不能離群而獨居，當然需要志趣相合的人來互勵互勉。廣州撤退，使我又失散很多同學朋友，輾轉來台，一路備嚐艱辛，在海船寂寞無趣生活中，總算找

到一個談話對象－牟大維，到此地後，可是他又不辭而別，使吾悵然！若有所失，一個人的精神與感情，得不到適當慰藉是最痛苦；一個人日常生活，有動作也必須要有聲音與對話，在此被動的環境中，雖不能有聲，但也要有記錄，以及有時間就須多讀書報，有靈感也要養成多寫的習慣。

　　"台灣是國民政府復興基地" 這是中外人士所一致公認，但在高喊 "新生" 口號中，軍隊中的舊腐習氣仍然流行著。其實司令官不知哪一天來，天天就嚷著 "司令來了" 要整內務，如果依此看來，那麼逢迎之風仍盛，不知踏實、務實，非復興進步之作法也。

　　午前，又去打柴，大吃甘蔗！午後去注射〝維他賜保命〞，處在被動位子，一天也就很容易過去。


**提注：一、一成不變的生活模式，有些膩了，軍人不是我理想**
**　　　　職業，但要變換跑道，談何容易呢？**
**　　　二、在枯燥呆板生活中，總是有些苦悶，因為明天的希**
**　　　　望又在何處？沒有奮鬥目標，日常生活總像機械。**

　　　　　　　　　　十二月十五日　氣候晴　星期四　新莊營房


　　離家數年，闖蕩了許多地方和環境，可是至今對吾自己職業，仍舊不能抉擇確定，始終以為 "軍人" 不是理想職業，然無一技之長，謀生何易？廣大社會中，吾應學習二三職能以作自立。最近兩天，老是覺著軍人生活過膩了，羨慕那些自由的勞工大眾，我認為以血汗換來的工錢是偉大的！我想做工去，但人地生疏的台灣，能否讓我鑽進工廠去，嚐試一

下另一種生活方式呢？

　　這幾天老是什麼〝司令要來〞，〝內務〞〝環境〞忙得昏天黑地，其實太呆笨了，使吾憶起在吉安讀的一本雜誌中，有一篇文：〝訓練不是教育〞，意思是訓練與教育根本衝突，截然兩回事。因教育是依各人聰明才智與特長，以自由而自然輔助其成長與發展，使每個人有貢獻於人類社會。而訓練呢？是某組織或某集團下的一個木籠子。其主旨無非要被訓者，硬生生的把主持者的思想、言行貫注進去，不管你的特長、天才，須在統一規範內接受〝注入〞。即使訓練者是壞人！但被訓者仍舊要跟壞人學，不許有異議，所以這樣〝反常〞下去，後果很可怕！雖然有一部份人被〝注入〞進去，但另一部份人被壓太緊，一旦放鬆，其反應也就可想而知了。今天本欲赴高雄，因〞司令要來〞就未便請假。

**提注：請假一天，訪憲教四團同隊袍澤倪世剛，他留我等住宿。**

十二月十六日　氣候晴　星期五　新莊 —— 左營

　　今天例外不出早操，指導員帶領著開檢討會，徵詢每人對連上意見，有的發表很詳細，不外是我們的困難與痛苦太多。飯後連長又依樣畫葫蘆，逐一答覆，吾不願多說話，只希望他多給一點時間以修養身心。

　　午前，承連長開恩，准我一天事假。把符號發還給我一同出去，途中談及連上管理情形。到車站恰遇陳釋，同去候車，登記事尚未辦，因填表不詳，在站內乘空填好。下午二時才有車，欲去世剛處，就在左營站下，經市區到海總部通

信處，會見倪世剛，因未下班，渠派人引吾至自立新村家中，原來他已在前年於南京結婚，並且把母親接來了，海軍生活比較安定，不似步兵之過於機動，尤其渠等是後勤人員。

　　候至五時倪回，三年闊別，今又海外重逢，當然欣慰。但見面又欲言無語，渠堅留吾等晚餐，並置酒款待，還有二客相陪，我不喝酒，陳釋多吃一點就微醉，倪即留吾等宿。日式的矮木屋，簡單精緻的陳設，沒想到今晚會住這兒，躺舖上睹情景，恰似南京高門樓之一夕，一年後的今天仍然飄泊。一半固由於局勢，泰半亦係機會不佳，自己太笨，以致如此一副落拓相，一樣是三年奮鬥，現在如此懸殊！我很慚愧！

　　睡前同世剛談些赭山趣事，並寫了五封信，到十一點才就寢。

**提注：一、汪少伯云嘉興青中的事件，是許聞天夫婦策動，後**
**　　　　來還是失敗收場。**
**　　　二、相較於倪世剛的成就，我並未氣餒！更會激勵我今**
**　　　　後奮發圖強的決心！**

十二月十七日　氣候晴　星期六左營 —— 新莊

　　夜間睡得挺甜，四時醒後再也不能入眠，乾脆起來看書。七時早餐畢欲辭赴高雄，世剛又堅留午後再去，適值汪少伯亦來，人情難卻。少伯云吾老莊些了許多，別後都在社會打了幾年滾，嚐盡辛酸，大家都變沈默，失去以前的天真，每人內心創痕累累，面部更刻劃上風霜與勞頓，總還算幸運，能在海外相遇。少伯自述別後簡略經過，及嘉興預幹團事變

前後詳情，原來係許聞天夫婦策動，賈亦斌僅係工具而已，學員們被〝演習行軍〞而受了欺騙，結果一個個又回到嘉興報到，陰謀者白費一場心血。

今報載民航公司由港遷台，陳納德險遭毒手。美援大量運台灣。

閱〞美頌艦平亂專刊〞使吾有所感動，這個時代，正是一個人意志的考驗時期，政府的後期革命，一方面對象是外線，但一面也是對內線來個大清除，踢開了叛離份子，整頓自己的陣容，將來做事也較平順！免得叛離者從中亂喊、亂挑撥、礙手礙腳，擾亂了自己的步伐。

同倪老太談話，才知汪少伯，亦係十月底隻身由閩來此覓世剛者，閒住月餘，才弄個上士缺，現在找倪覓工作的很多，可見台省人浮於事的現象，要想在台省找一個安定而且理想的職業，真是談何容易！

陳釋也言及渠之同鄉來台，最快也得住一個月的閒，才能找到事做，真令人咋舌！設若這次不隨金湯部來台，個人亂闖，遭遇的困難更多，後果更不堪想像！況舉目無親的此地，那裡有穩妥的食宿之所？比如在今早的環境中，靜坐數小時，已是惴惴不安，如坐針氈，何況住一月兩月呢？在這日常生活中，人與人之間，難免有些地方不調和，那時尷尬局面何以自處？

中午，倪、汪都下了班，置了很多酒菜，剛好一桌人，吃過飯，因倪來友相訪，吾即與釋辭別，渠二人送至門口，汪謂如有佳缺當為我謀之，隨時通知陳釋轉告我，他倆雖以憐惜目光送別，而〝自尊心〞極強的我也很體會得到。乘公

共車二時許到陳緒厚處，休息一下。登記及兌銀元券事均托緒厚代辦，吾與釋又至港口，見海南島等處來的船很多，皆載 21 兵團部隊，因桂系夏威兵團已開瓊島，此外有美船二艘，載來器材肥料很多。

又寫一信去香港，整理一下東西，同張愛民在憲兵隊吃飯。五時許乘公共車到火車站，候搭六點半客車返新莊，同事們及長官除胡克賢及小董外，皆以吾〝開小差〞，這不是侮辱我麼？逾了一天假，連長罰我午夜二小時衛兵。

午夜帶班，回想昨晚今天在倪處雖受盛待，但侷促難安，分別數年，今日環境懸殊，就使我倆中間似有鴻溝，不若士兵生活之親密無間，這是我的〝自尊〞心太強，而深於世故的他，必亦洞悉吾之心理與表情，故不作俗人客氣態，然而我處處總是覺得不自然。

吾不羨慕他人！我的人格與骨氣，絕不為貧困潦倒而降低，應該勉勵自己，迎頭趕上他人，什麼都是自己幹出來的，糞堆也有發熱的時候，何況是一個年輕有為的人呢！訪倪歸來吾只有一個結論：〝今後將更激勵起我事業的奮鬥心〞。

**提注：今日放假，值星官帶隊去欣賞台灣歌仔戲。**

十二月十八日　氣候晴　星期日　新莊

天大的恩惠！早晨增加了睡眠時間半小時。

飯前，連長集合班長訓話，加以勉勵。

飯後值星官帶隊散步，去參觀橋子頭製糖廠，被拒絕，乃折回街上，各班帶開，沒什麼可耍，又無趣，連長借每班

三塊錢吃東西，本班到小館子吃五加皮，一碗魚肉丸，一包糖，一堆香蕉，低級的享受，我也覺得榮幸無比哩！下午二時集體去看戲，劇目是包公案，派頭、唱調是京劇模型，可是台詞則是台灣語，聽不懂；樂器稍有不同，無內地聲勢粗壯！劇詞雖不懂，但憑過去觀劇經驗，視之劇中人舉止，亦可領會大半劇情，其中裝束稍差，因係小班子，丫頭還有燙髮，穿拖鞋的，宋朝哪有如此發明呢？但自吉安至此，半年來尚屬第一次看戲，雖然不太好也覺新奇！回來已薄暮，吃飯洗足後，八時許，第一團團長訓話，娛樂後特別疲乏，站久了身子似感難受。今天本是快樂假日，可是值星官帶給我們不愉快之事太多了。

**提注：昨天看〝包公案〞感嘆再三，中國政治，自唐代貞觀以降，難得有清明的政治，老包的正直，無私傳千古！**

十二月十九日　星期一　氣候晴　新莊

身體似覺不舒服，就懶於操課。於是休息了一天。

想想昨天劇中的老包，以清官而聲振天下，正直無私，一件事合理合法就做到底，不畏生死、艱難，最後居然也辦通了，與今日之大太子蔣經國相仿，但太子差了一些，有些事竟也辦不通—如在滬打老虎—何況又係太子身份呢！我想他對老包該有點慚愧吧？中國的政治，自古以來總是沒有一個長期的清明。（除了文景、貞觀之治）

## 89 大陸各戰區傳捷報，人心為之振奮

**提注：79 大陸各戰區傳捷報，人心為之振奮！**

十二月二十日 星期二 氣候曇 新莊

有小恙得硬撐，一撐就好，否則一懶就糟！

這幾天各地捷音與佳訊頻傳，使我們枯燥而機械生活中稍感安慰，特簡記之：（一）主席陳誠辭去兼職，由吳國禎主台，（二）21 兵團陸續乘船抵台，（三）川中國軍反攻收復射洪，成都外圍激戰，殲敵二師，（四）昆明于十九日為國軍攻克，（五）南澳島保安團突擊汕頭，戰果豐隆，（六）毛匪澤東赴蘇會晤史達林，（七）贛游擊隊活躍，（八）國機遍襲匪區，國艦襲沿海匪區，（九）各地舉辦之失業軍官登記，可能月底集中至中訓團，分儲軍、政幹、後勤、屯墾，四個班訓練，陳誠為團長，李良榮、方天為副。

一連串不愉快之事發生，午前蔣利成同營長打鬧。午後指座要我們同刑元鈞周健等辦壁報，因 24 日司令部校閱，我的意思還是研究學術為主旨，使大家精神有所寄託。

## 90 換衣服，捉到三隻蝨子

**提注：工具、材料俱缺，要辦一份超水準壁報，不易也！洗衣換衣，捉到三隻蝨子，真新奇！**

十二月二十一日 星期三 氣候曇 新莊

在這工具缺乏、參考材料無有的情形下，來辦一份壁報，確是不易，硬要從腦中掘出，時間緊迫，憑靈感也來不及，

就只好〝現蒸現賣〞絞著笨腦汁，慢慢撰寫了，好不苦也！

　　下午洗了個痛快澡，衣服也換洗了，捉到三隻小蝨子，我很新奇！好像很久沒有，現在怎麼又發現了呢？

## 91　國軍戰力仍在，只是高階者不肯賣力奮戰

**提注：一、目前整個大陸只剩下西南一隅，中央軍與桂系不和，不能同心協力，這種仗很難打，國軍實力仍在，土地也夠大，就是不合作，奈何？**

　　　　**二、國軍幾個大兵團，戰力仍在，只是高階者，為保存實力，不肯犧牲奮戰，中下級軍官皆求拼戰，但志難伸，徒嘆奈何？**

十二月二十二日　氣候晴　星期四　新莊

　　朝會，副團長訓話，首先要求守軍紀，繼謂新莊營房，有不少士兵係軍官出身，此輩人不計本身得失，為國家服務，人格偉大，希能安心待下去，將來必有機會，國家不會埋沒人才，否則是國家的損失。

　　晨操後就計劃著排版，稿子投的雖多，而質不足，題及意無中心思想與重點，好多不便採用。飯後想上街，就同宋由小路徒步走到車站，恰好趕上車，一時到港口晤陳釋，云第四兵團已由湛江開來，明天入港。牟大維在崗山。程鵬在鳳山，近況橫豎都比吾強。銀元券仍無下落，憲兵隊所登記的三百多人已呈核，成敗難測。近日入港船很多，都是 21 兵團軍船。大陸局勢由劣轉佳，昆明已由李彌將軍克復，渠旋任滇省主席，余程萬為警備司令，成都的仗打得挺漂亮，

已擊潰劉匪伯承五師，這是不得已的哀兵之死拼戰，再也沒法退了。

桂省撤退最無代價，蔣李不和，致八桂子弟不願入川，入越南，傳又被繳械，一部由南寧翻過十萬大山來雷州，而半途被截，已化整為零；現黃杰、夏威、張淦、沈發藻、喻英奇等部，是否有呼應而且協調呢？沈兵團調台灣，夏威又增防榆林、雷州、北海，未來如何？難以預料。

同釋作別已下午二時許，取了趙金聲及小唐身分證，去火車站，四點才有車，就進冷飲店吃西瓜，看看雜誌。

四點慢車很擠，到橋子頭似有點餓，走進集中市場吃兩碗臘肉麵，只花五毛錢，又賤又可口，味鮮美無比，第一次試台灣小吃，使吾很滿意。

途中見佈告，要持外省身分證，須元月底前申請核發。

去時興奮，回來又鬆勁！拖著沉重腳步，想想今天跑一趟，又有什麼收穫呢？不過是呼吸了一些自由的空氣而已。薄暮回到營舍，吃些冷飯，一進門頭就痛，感覺不自然起來，腦中突起變化，胸中發悶，格外煩躁！

**提注：軍校二十二期十位軍官，即將離開連上，各奔前程矣！**

十二月二十三日　星期五　氣候晴　新莊營房

我想在此苦守，是否有價值呢？阿 Q 的想法，留之也可以，但多方相較又覺划不來，去呢？

1、副座尚無消息，2、年關已即，3、沒有目的之亂跑，我實在不願再試了。

　　昨晚徐、宋等欲叫我隨渠等去新竹 207 師，考慮之下，十分渺茫，因無人事，學歷不同，而且往往興趣相左，還是靜待吧！不可妄動，凡事需有主見，不可沒腦子。

　　連上編餘十位大將，今天全部去奔赴前程了，中午我送楊澄等，互留通信處，他們走了，也似冷清不少。

　　今天整個精神用在壁報上，這一期因辦的是袖珍版，比較費事。

**提注：在資訊不足，封閉的環境中，能辦出一份壁報，十分難得！**

十二月二十四日　星期六　氣候晴　新莊

　　勞心與勞力對比起來，覺得勞力還是愉快！勞心良苦，但勞力也需要適當的休息。

　　午前陳釋來了信，云銀元券已帶去台北，汪少伯帶信要我 23 號去，事已可能成功，但不能抽空去頗以為苦。

　　今晚壁報總算完成，看看也頗滿意，而美中不足之處仍多，衷心也有點安慰！

**提注：一、第四兵團已來到高雄港，二十三軍軍部見到孫蘭州，張建璋，戰後重逢，十分難得！**
**　　　二、在政工隊，見到蕭志清，她由廣西博白，翻過十萬大山，來到雷州半島，又經東海島來台灣，千辛萬苦實在不易也！**

十二月二十五日　星期日　氣候晴　新莊營房

年終校閱原為昨天，又展延明天，天天為〝內務〞忙個不休，今天又不能例外。

飯後同楊連長上街，到車站，我就惦記著第四兵團來了，一定要去看看才放心，於是就搭十二點十三分車去高雄，換乘公車到港口，陳釋不在，張云王金來已來過一次，想去看我又恐我不在，故又回屏東。詢之第四兵團前天即下船，在第三號碼頭，就去看看，原來部隊都已乘車去潮州了，只剩軍部仍在碼頭，先見了孫蘭州，繼見張建璋，喜出望外！想不到他們竟也在千辛萬難中掙扎到了台灣，已是不易，何志高夫婦均來，未見志高，只見志清在政工隊，真想不到又會見面！暢談了兩小時，敘及陷後穗地情形，下午四時就在那兒吃飯後才別去。

到中正四路又未見緒厚弟兄，天已不早就奔車站乘五點半車返營舍，途中思維，感慨萬千，吾之眼光，究不及志高之高遠，在英德一念之差弄得如此落拓能不慚愧！

起先我老是一連串的下意識，但一想倚靠別人總是不便，一切還是要自己去奮鬥！估量仍不能過於樂觀，但朋友還是患難的好，以後只須多連絡，待志清到潮州來信後視其處境，再隨機計畫之。

提注：一、在人生中難得有三二知己，雖死亦無憾矣！

二、知己友好常聚，可以交心，相互惕勵，相互安慰，只可惜，軍旅生涯行蹤不定，人事常調動，好友難常聚也。

三、今天同邢元玠長談，上自宇宙自然科學，到社會科學，再而神鬼問題，無所不談，竟然有些想法是相同的。

十二月二十六日　星期一　氣候晴　新莊

在此處不能太待長久，外面雖有路子與連絡，但究擇何處最恰當？（一）仍以登記核準為妥，（二）設若不行，海總可暫棲，落個安定，（三）何志高處倒是無問題，只太慚愧！萬一陶、王等處均可暫作休息處，（四）屏東之事可託王金來慢為打聽，不可失聯絡。

今天五點起床，吃飯時天尚未亮，就忙著整內務，約九點鐘校閱官才來，只校閱第二營的學術科及內務，我們並不參加，在寢室裡由連長上講堂，約十一點才由一位人事大員點名，我們不能隨便跑出去，就躺床上睡覺。下午二時又集合，有一個某上校來訓話。

下午三點多鐘才吃午飯，當中距離太長了。

連長想要我當排長，考慮之下不能接受，因各種條件之不許，決定婉詞謝絕。

晚飯後同邢元鈞，談談社會科學、神鬼問題及自然科學，星球諸問題，獲益匪淺，我兩互有同感，原來吾十餘年來不能解答之問題，今日得一同感者，諸如此類談話，除龔節志外，只有邢為知音！談得投機。因吾十餘年來，每於月白風清之夜，或黃昏、清晨、每覺人生究竟為何？明知有機體、

生物之生滅互果，動植物相培之循環，但總感虛無縹緲，此身無所寄，十分空茫！人為什麼要活著？宇宙究為何？我未生為何物？是〝生物〞就不能免于〝死〞，我亦難能例外，但吾死又為何物呢？從稻之變糞，糞之肥稻，可以推其循環道理。吾人數十年生命，雖云是一場春夢，有人云〝人生如夢夢如人生〞但亦人人覺得生命是可貴的！沒有一個人聽到〝死〞而不怕的！即如在戰場，並不是不怕，誰不知子彈的無情！但斯時〝不能怕〞之故也。邢亦有此天賦靈感，且更銳於吾，渠亦思從渠在被製造生命時，由母體之 1/2 卵子，及父親千萬精蟲賽跑中，竟能捷悍勇猛先奔進子宮，而致受胎，該是多麼僥倖！那些被犧牲的，才真正是真同胞呢！故人早有一種同類相殘的特性，戰爭當是天賦本能，是亦無所謂忍心與否了。渠之靈感與吾相同，是吾生平以來第一次發現！我真想不到我竟不是〝多餘的〞想！也有同感的人哩！

**提注：登記的事，尚未公布出來，只在等待；托倪世剛在海總找工作，已有眉目了。**

十二月二十七日　星期二　氣候晴　新莊

　　氣候是漸漸涼了，好似中秋後，但籬外仍是黃花開滿地，使人有新奇之感！亞熱帶如此的氣候，這該是第一次體驗吧！

　　早晨讀書最入腦，可是也要視心情如何，心情不寧就看不進去。

　　飯後應石同學宣化之邀，請假外出，先至連長家看看就去車站，候十二點車到左營，海總部自立新村 96 號，晤世剛、

少伯，渠已將吾之事覓妥，某某信號台上士，意料不到如此之快，反使吾躊躇起來，使吾難以回答，蓋渠熱心相助已是不易，但金湯本部與登記事似乎皆有望，若斷然回絕，使渠冷心，若應之，以後是否如願進退隨意呢？他處果有望，不是又多找一層麻煩嗎？以生活安定舒適當此處較優，但青年人又不能只顧〝下意識〞；他處雖苦，但身分可以保留，總算是國軍軍官。如此倒不便抉擇引以為苦了！　二時上班，同倪去見科長，已允，乃攜表回去再填，手續頗繁。同石搭四點車回營房，一路為此事考慮好久，總難決定。

今天下午陳釋曾來覓吾，然吾不在，至為憾事！

## 92　無職軍官登記，分三區考試

提注：一、窮苦、等待了近三個月，才有發薪俸的消息，真乃
　　　　　天大的佳音。
　　　二、石宣化同學告知：報載無職軍官登記、考試，已有
　　　　　眉目，注意報紙，全台北、中、南分三地考試。

十二月二十八日　星期三　氣候晴　新莊

發餉在三十日有望，這是三個月來望眼欲穿第一件大事！早上集合，指座就詢〝如何吃法〞？如何過新年？決定兵扣一元，下士以上，均按階級遞增，拿出來加菜，但每件事總難討眾好，眾口紛紜，結果仍舊是指導員的職權，否決了民主爭論。

休息三天，這該是最大幸福！沒有進度的機械式操課是最厭倦人的。

　　下午四時，吾一人去河邊沐浴，並洗衣，衣上有小蝨子，這可糟了！真是〝野火燒不盡，春風吹又生〞難道蝨子竟與我結下不解之緣嗎？

　　晚上石宣化來訪吾，他好似很興奮！告訴我一個好消息，云新生報載，失業軍官將要在台中、北、南三地考試，日期和科目未定，不過以意度之，或可是：〝自傳、國文、口試、體格檢查〞，或對時事來一個論文，最好是事先多少有點準備，免得臨時抱佛腳。

　　石請吾到合作社吃了半瓶酒，有感慨似的道出他的故鄉被〝解放〞後逃出鐵幕情形，經過比我還要艱苦得多，我很欽佩他的耐性，居然能在惡劣境遇中，苦撐硬磨下去。以我的修養較渠太慚愧了。

# 93　一支舊水筆，伴我寫下生命小史
# 94　一雙破皮鞋，陪我走過萬水千山

**提注：一、一雙破舊黃皮鞋，為我服務二十二個月，整修數次，**
**　　　　早該退休，但找不到代替者，還得繼續替我服務，**
**　　　　看它疲憊樣子，叫人難過！**
**　　　二、一支舊水筆、陪我渡過萬水千山，走過兩年多動盪**
**　　　　歲月，寫下生命小史，生命的樂章。**

　　　　　　　　　十二月二十九日　星期四　氣候晴　新莊

　　早操後，幹訓班邱隊長訓話，答覆昨晚要求的事項，渠說話誠懇，極有素養。我們好像是洩氣筒，接著又被指座咆

哮一頓，連長、值星官也等因奉此照辦！使我們腦子裡實在盛不下這末多。

　　連長說話，由今天起，把我調到連部服務，這也省去許多麻煩，不過要我幹排長，吾還是不願接受的。

　　前天陳釋來，要吾兩天內去，今趁公便就再去一趟，還算巧，趕上午班車，下站後乘公共車到鬧市，欲購一雙鞋，因為隨吾辛勤，在困苦中服務了二十二個月的黃皮鞋，本來在粵省就狼狽不堪，修整三次，到今天卻已分了家，片片碎落了，走路也不方便，但買了好久，竟然鞋鋪罕有，盡是昂貴的，再跑遍各商場，不是太小就是太貴，結果一氣不買了！跑了兩個多小時才去港口，晤見陳釋，敘談良久，二時才同至街上購物，高雄雖來數次，因無錢，鬧市沒去過，今天才算跑了幾條鬧街，生意都是集體的市場，很少零碎地攤，飲食店多〝公共食堂〞招牌，惟房子矮小，招牌、貨物都不醒目，一個刻字鋪找了好久，走了幾家書局，想買一本合理想的精美日記，看來都差不多，就花 6 元擇購一本，稍次於今年的這本日記，但紙張很好，接著買了瓶墨水，又配好筆管，這次上街可算滿意，停用多天的水筆，又開始為我忠誠地服務了！同我這雙破黃皮鞋一樣有功，能在這疾雨狂浪中，隨吾走過兩年多動盪歲月，渡過了最艱辛的難關，我應該歌頌〝皮鞋〞和〝水筆〞，一個載我走遍了萬水千山，一個替我寫下了生命的小史、生命的樂章，在這有意義的大時代中，留下了絲絲不可磨滅的痕跡，我該是多麼感謝它們兩位啊！它可比美劉邦的樊噲，和劉備的諸葛孔明！

　　辦完了事已近五時，就吃些點心，乘車到火車站，在空

車廂內休息一會，趕六點五十分客車，初坐上二等廂到達橋子頭，在塵沙飛揚中，又走了五里路才到營房，時已八點半。

**提注：司令部派人點名，怕是下級會吃空缺，或是有冒名頂替者，事實上，此二弊端很難根絕！**

十二月三十日　星期五　氣候陰　新莊

早起同陳釋在營房四周漫步，閒談著過去，互愁著無技術、特長的失業可怕和可憐！

飯後十時司令部派人來點名發餉，30 元一月的我，七除八扣只剩下十元了，這是三個月的唯一收入，是多麼可貴！

下午，陳釋別去，錢少鞋又破，也懶得出去，只有悶睡。（今晚心情格外沉重）

十二月三十一日　星期六　氣候陰　新莊營房

連長催吾幾次填寫履歷表，考慮再三還是填了吧，免負好意。

中午同胡到橋子頭取回照片，吃一個鮮波蘿，在金副團長家坐了一會，副座已來二信，因無船，人沒帶回來，這樣頗令我為難！他不知而我離開，顯吾無修養與耐性，但渠果真久不能回來，那不是叫我失去其他機會嗎？真令人無可奈何！耐心再等吧！

晚餐四時就開，有魚有肉又有酒，痛快的吃喝，怕吃酒又想藉酒澆愁，麻醉自己，結果被捲入漩渦，吃得很多，面

紅耳赤，血液循環加速，提高了興奮。

　　下午六時開晚會，情景比在齊梁是熱鬧得多，我們一面吃喝，一面由各同仁表演各種節目，大家很有興趣，節目表演精彩之至，唱做都有，連長也跳舞助興，該到我的節目，因嗓啞難唱，就吹口琴，和他們大眾唱，近九時才散，酒精發作似有三分醉意，坐在操場，欲靜思，也不能思索到些什麼，頭腦發脹而昏，有點想家，想年老的父母，疼愛我的大姐和誠實的哥哥，聰明的弟弟，有些悵惘！黯然！再視大地無聲，一切景物似異於平日，星月被雲遮了，有人說，今晚不該多吃酒，應清醒頭腦，回想一下這一年來的種種經歷比較有意義，似吾拿酒換醉，該是多愚笨啊。

## 回顧與檢討

　　一年前的今天，正在那粉飾太平的江西南昌齊梁村，歡度著新年，誰又會料到今年今天，會在這美麗的小島上送舊歲呢？回想去歲今日，南京的一堆政治垃圾正在鬧著〝和平〞醜劇，本來戰爭是可怕的，誰不願〝和〞呢？但共匪始終無誠意，故意訂苛刻條件，致使戰火再起，徐蚌戰後，政府軍精銳大傷，再以內部將領不和，牆頭草投機誤事誤國，致使這三十八年一年，局勢成了〝一面倒〞，如此快速逆轉，絕非去歲今日所料到，真是：〝王小…〞一年不如一年，今年的轉變，竟比去年還快！怎不叫人痛心疾首呢？所謂：〝國運、家運、命運〞三運齊衰，近一年少有通信。去年今日所憧憬的一切…，所希冀的一切…都給赤火給燒掉了，去年今日怎會料到今日之落拓如此呢？

　　一個人的〝意識、理智〞與教育程度是相連的，吾往往在受窘或高興的時候，〝上意識〞與〝下意識〞就很激烈的交戰起來，但結果還是我的〝理智〞與〝自信心〞否決了〝下意識〞，雖然今日當兵，但在江西吃敗仗後，我也不會料到，會到這寶島來過年，該是多幸運！在廣州流散的千餘袍澤，今日不知如何？我為他們掛念！又為自己慶幸！

　　奮鬥吧！要在自由中國的寶島上努力！吃苦！

民國 55 年 12 月在駐韓美軍第七師第一旅營房前。

# The end of 1949

　　民國三十八年，在風雨飄搖中，走到盡頭，三十八年，從頭到尾，國家在動盪中，社會在不安定中，教育幾乎停頓，政治空前混亂，軍隊沒有作戰目標，高級將領不和，人盡皆知，中下級軍官忠誠可靠，優秀可用，而且多數求戰，但高級將領極力避戰，閃閃躲躲，害部隊在山區打轉，在人蹤罕見的窮山惡水間疲於奔命，丟掉很多重裝備，部隊有叛變的、逃亡的、走散的，戰力損耗大，將領們！難道都不知道嗎？

　　二十三軍，轉戰數千里，由江西、廣東、廣西，又回廣東而撤回台灣，兵力損耗不小！

　　慚愧！我是失散者之一！但我忠貞如初，冒險犯難千辛萬苦追隨政府，但由一個上尉連長，變成一個小班長，可笑吧？諷刺吧？

## 附錄一：作者 1949 年軍中生活流水帳

P.411

### 收支一覽表

| 月 | 日 | 摘要 | 收入 | 支出 | 結存 |
|---|---|---|---|---|---|
| 1 | 1 | 12月份餉 | 200 元 | 金卷 | / |
| 1 | 22 | 〃 | 19 元 | 〃 | / |
| 1 | 27 | 元月份薪餉（88個） | 1700 元 | 〃 | 米1.5西 |
| 1 | 31 | 〃 | 100 元 | 〃 | |
| 2 | 2 | 存米1.5西管店 | | 〃 | 金成一錢 |
| 2 | 17 | 買城3綿襪各一 | 3000 元 | 〃 | |
| 2 | 29 | 二月份借支 | 600 元 | 〃 | 禮 晚車 |
| 3 | 7 | 二月份六成餉 | 3100 元 | 〃 | 子例事物 |
| 3 | 20 | 補二月份四成薪 | 910 元 | 〃 | |
| 3 | 23 | 三月份三成薪 | 2400 元 | | |
| 3 | 25 | 三月份二成薪 | 1000 元 | | |
| 3 | 31 | 售晚大西散佛各一 | 銀圓 | 元3角 | |
| 4 | 2 | 三月份借支 | 3600 元 | 螢卷 | |
| 4 | 5 | 四月份 借支 | 銀圓 | 1元 | |
| 4 | 10 | 四月份 借支 | 銀圓 | 1元 | |
| 4 | 26 | 四月份 借支 | 銀圓 | 少角 | |
| 5 | 1 | 〃 | 〃 | 3角 | |
| 5 | 5 | 借支 | 〃 | 5元 | |
| 5 | 8 | 五月份供支 | 金卷 | 1500000 | |
| 5 | 13 | 供支 | 銀圓 | 10元 | |
| 5 | 22 | 舊菱棉被一床 | 〃 | 1元 | |
| 5 | 28 | 五用供支 | 〃 | 2元 | |
| 5 | 29 | 雹口工藝一艾 | 〃 | 5角 | |
| 5 | 31 | 花髮 | 〃 | 1元 | |

P.412

收支一覽表

| 月 日 | 摘　　要 | 收　入 | 支　出 | 結　存 |
|---|---|---|---|---|
| 6 14 | 茄66.吃飯.洗澡 | | 肥皂等元1毛8角 | |
| 6 16 | 帽子一頂 | | 銀元1元二角 | |
| 6 27 | 吃飯.買菜.茶水.器 | | | 1元 |
| 7 5 | 上月份薪 | 收銅洋多 | | |
| 7 9 | 借茅榻所一床 | 〃 1元2角 | | |
| 7 11 | 摘金6斗 | 一斗寄家1斗角 | | 6斗 |
| 〃 〃 | 補襪.錢.C.吃茶 | | | 1四角 |
| 7 12 | 卞亦毛火 | | | 1角 |
| 7 15 | 電池.擦衫.吃茶 | | | 1角六 |
| 7 28 | 本月份薪 | 銀洋3元 | | |
| 8 5 | 吃飯.零食.鴉 | 〃 | | 1元 |
| 8 9 | 米.糕.牙膏.電池 | 〃 | | 1元 |
| 8 10 | 零食.斗笠.給華生 | 〃 | | 1元 |
| 8 11 | 口所等薪餉 | 銅洋九元 | | |
| 8 23 | 鞋.零食.肥皂.糕 | 〃 | | 1元 |
| 8 29 | 吃本心.洗衣 | 〃 | | 1元 |
| 〃 〃 | 針布.零食 | | | 1元 |
| 8 31 | 吃餃子.洗米 | | | 1元 |
| 9 1 | 車代.糖餅.菜.牙生理髮.枝.去水.剃刀 | | | 1元2角 |
| 〃 〃 | 修算 | | | 三元2角 |
| 9 3 | 副食代.吃茶.麵.點心.糖 | | | 乙元 |
| 9 5 | 吃零勤得12.吃餃子 | | | 2元 |
| 9 5 | 分途吃麵等 | | | 1元 |
| 9 6 | 吃飯.給華生利 | | | 3元1 |

P413

收支一覽表

| 月 | 日 | 摘　　要 | 收　入 | 支　出 | 結　存 |
|---|---|---|---|---|---|
| 9 | 16 | 八月份費 | 銀洋 | | 11元 |
| | | 補金3.84 | | 銀洋 | 4元 |
| | | 維昶保命盒 | | " | 3元2角 |
| 9 | 21 | 大同住氣泡E差主廚魚肉 | | " | 1元 |
| | | 巴油牙膏空盒 | | " | 2元5角 |
| 9 | 23 | 糾南麥米15.0斤 | " | | 10元 |
| | | 三水封捲金中用 | | " | 10元 |
| 10 | 9 | 九月份費 | " | | 9元 |
| | | 肥皂酒底麵包 | | " | 1元8角 |
| | | 菊奴吃水 | | " | 8角 |
| 10 | 10 | 翔剝吃糖 | " | | 1元 |
| | | 行街吃糖 | | " | 1元8角 |
| | | 菸糖 | | " | 3角 |
| 10 | 11 | 米飽餅 | " | | 3元 |
| | | 照費兵 | " | | 1元3角 |
| | | 球子 | | " | 2角 |
| | | 坐車劍 | | " | 七角 |
| 10 | 12 | 點心 | | " | 3角 |
| 10 | 13 | 經費 | " | | 10元 |
| | | 宴新排書 | | " | 6元 |
| | | 片鉛奶菸 | | " | 2元 |
| 10 | 17 | 雜物途世 | | " | 1元 |
| 10 | 13 | 補金出錢谷造伯58元餘費銅絲谷士二魚 | | | |
| 10 | 13 | 官銅十二斗全集去 | | 銀洋 | 此之9角 |
| " | " | " | | 銀之壽 | 87元 |

P 414

## 收支一覽表

| 月日 | 摘要 | 收入 | 支出 | 結存 |
|---|---|---|---|---|
| 10 18 | 信箋一〇 郵票 | | 結牛 | 卅四角 |
| 〃 〃 | 米，香蕉，紫 | | 〃 | 2角 |
| 10 20 | 枏藥噴蟲，香茸 | | 〃 | 3角 |
| 10 21 | 打針手續費 | | 〃 | 乙角 |
| 10 22 | 旅費13.10寄路費 | | 〃 | 4毛 |
| 10 22 | 剪紙 | | 〃 | 3角 |
| 10 23 | 給華生 | | 〃 | 3元 |
| | 又給華生毫寄物）十元 | | 〃 | 1元3角 |
| 10 25 | 吃錢 | | 〃 | 1元 |
| 10 27 | 吃錢 | | 〃 | 1元 |
| 10 28 | 吃飯 | | 〃 | 1元 |
| 10 29 | 檸毛寄信の郵 | | 〃 | 3角 |
| 11 2 | 紗背心 | | 金元券 | 3元 |
| 11 2 | 稻草毛巾 | | 〃 | 1元 5角 |
| | 輪色八分磅（女） | | 〃 | 2元 1角 |
| | 燈草弘 | | 〃 | 10分 |
| | 茶葉毛巾（婦） | | 〃 | 1元 5角 |
| 11 3 | 早茶，稻菜 | | 〃 | 6角 |
| | 揀紙 | | 〃 | 1角 |
| | 洗臉費 1次 | | 〃 | 1元 |
| | 牙盒 | | 〃 | 10元 4角 |
| | 晚飯 | | 〃 | 6角 |
| 11 4 | 早茶 | | 〃 | 6角 |
| | 吃飯帳 | | 〃 | 1元 |

P415

## 收支一覽表

| 月 | 日 | 摘　　要 | 收　入 | 支　出 | 結　存 |
|---|---|---|---|---|---|
| 11 | 3 | 零食 | | 銀元券 | 4角 |
| 〃 | 〃 | 〃 | | 〃 | 7角 |
| 11 | 4 | 英國香煙四盒 | | 〃 | 2元5角 |
| 11 | 8 | 亦三塔附近雜貨飲食 | 銀元 | | 4元 |
| 〃 | | 副食 | | | 1元 |
| 〃 | 〃 | 300粒紙 | | | 5角 |
| 11 | 9 | 點心 | | | 5角 |
| 〃 | 〃 | 牛奶一瓶 | | | 3角 |
| 11 | 10 | 菜 | | | 3角 |
| 〃 | 〃 | 7時往高橋在尖沙咀西餐 | | 銀元券 | 3元 |
| 10 | 11 | 餅乾 | | 〃 | 1元 |
| 11 | 14 | 餅乾蠟燭上 | 銀元 | | 6角 |
| 11 | 16 | 奶菓、蛋糕、餅干 | 〃 | | 4角 |
| 11 | 18 | 牛奶點心 | 0 | 銀元券 | 1元 |
| 11 | 20 | 點心、咖啡 | | 〃 | 2元 |
| | | | | | |
| | | 〈計結存銀元券 3元4角5〉 | | | |
| | | | | | |
| | 12.30 | 十一月份伙食等費 | | | 30元 |
| 〃 | 〃 | 魯迅往返車費 | | | 2元 |
| 12.29 | | 日記一本（39年用） | | | 6元 |
| 〃 | 〃 | 墨水毛線受 | | | 3元 |
| 〃 | 〃 | 郵票 | | | 2元 |
| 〃 | 〃 | 豆瓣香煙 | | | 1元 |
| 〃 | 〃 | 洗相毛 | | | 2元 |

P416

收支一覽表

| 月 日 | 摘　　要 | 收 入 | 支 出 | 結 存 |
|---|---|---|---|---|
| 12 29 | 馬綁生麥 | | | 1 元 |
| 〃 | 鵬利私事 | | | 6 元 |
| 12 26 | 鉛筆、供女 | | | 8 角三 |
| 12 30 | 牙兵 | | | 5 角 |
| 12 31 | 菠蘿 | | | 1 元 0.3 |
| 〃 | 加女 | | | 2 元 7 角 |
| | | | | 兩比半佰 |
| | | | | |
| | | | | |
| | | | | |
| | | | | |
| | | | | |
| | | | | |
| | | | | |
| | | | | |
| | | | | |
| | | | | |
| | | | | |
| | | | | |
| | | | | |
| | | | | |
| | | | | |
| | | | | |
| | | | | |
| | | | | |
| | | | | |

P417

## 書籍登記表

| 來信人或受信人 | 收或發 | 事　由　摘　要 | 月 | 日 |
|---|---|---|---|---|
| 如此莫联 | | 叢谱 一集 | | |
| 在鉄幕之後 | | 〃　〃 二 〃 | | |
| 如何度月球 | | 〃　〃 三 〃 | | |
| 海軍暁記 | | 〃　〃 の 〃 | | |
| 旅台須知 | | 自 由 信 | | |
| 古文观止 | | 台北所 圖 | | |
| 我们偉大祖祖 | | 筆 绝 一 厚册 | | |
| 台灣旅行滴 | | 〃　〃 二 | | |
| 中國共產党是什么東西 | | | | |
| 軍人魂 | | | | |
| 日語會話 | | | | |
| 政治教程 | | | | |
| 軍用日語 | | | | |
| 科學的直理 | | | | |
| 重正指示 | | | | |
| 各党各派前途 | | | | |
| 怎樣做軍中政工 | | | | |
| 〃　〃 社会運動 | | | | |
| 國軍政工人員手册 | | | | |
| 軍抗保務办污 | | | | |
| 中共又败涂 | | | | |
| 坎台 〃 〃 〃 | | | | |

P418

## 姓名地址錄

| 姓　名 | 地　　　　　　　　址 | 電話 |
|---|---|---|
| 閭石麟 | 永久株萍東林部地卫菊支隊左支· | |
| 梁斯枯 | 江西吉江廬陵州梁柏國懷 | |
| 章媒里 | ″　吉水县八都镇叫方 | |
| 吳恩冬 | ″　吉安縣城市青唐村三雄　求麻院收转各 | |
| 劉宗倫 | ″　吉水縣城内磐東屿方 | |
| 楊宿圆 | ″　吉水縣金雉鄉 | |
| 許思遇 | ″　吉水　金雉中心小學 | |
| 高柄森 | ″　樂安河浴新7号美局太沒學居弓信柏柱 | |
| 徐庡功 | 湖北鄂邾金牛鎮邵郑田寨 | |
| 福茂南货号 | ″　吉安中文山路 | |
| 羅金朋弓 | 廣西桂林十卫爬为虞陸系三延登格朋号簪 | |
| 劉迎 | 湖南滿柴若恭土藥引 | |
| 胡富林 | 湖南 | |
| 周永暗 | 信豐樓纪局,吉安高塘墟咖方· | 商高灵仙 |
| 蕭擎楔 | 太和岩淫/海化月津村 | |
| 地目生 | 南东狃央果光市窗弓寡查聲馀公司 | |
| 许老普奉 | 香港十诺道中新青山旅舍 | |
| 鍾雄 | 中華中路雪台里南銀速風绪台 | |
| | 中央公国专稜镫私菊海拨千廿 | |
| 方露友 | 襲陽头岛鋪劳敘署 | |
| 滂犯美 | 江西学生蓄涂鄉三俅引流桥西 | |
| 劉志雄 | 程市一隧路28号婼安引 | |

p419

姓 名 地 址 錄

| 姓　名 | 地　　　　　　　　　　　址 | 電　話 |
|---|---|---|
| 胡述良 | 漢口樅東路70号三樓23A室 | |
| 張學迅 | | |
| 李遵震 | 台北市和平東路 | |
| 王金貴 | 台灣屏東市榮東安兵隊 | |
| | | |
| 汪卅伯 | 台灣左營海枑部 | |
| 倪世剛 | 台灣左營海枑部通信支 | |

藏書目錄　　　　　　　　　　　　P420

| 購置月日 | 書　　名 | 著　作　者 | 備　　註 |
|---|---|---|---|
| 36 9 | 魯迅傑作選 | | 榮校手旅州巴 |
| ✓ 36 12 | 魯迅名言鈔 | | |
| | 蘇綠漪創作選 | | |
| 37 10 | 軍中文摘 | | |
| ✓ 37 7 | 日記文作法 | 賀玉波 | |
| ✓ 38 6 | 戀愛‧結婚‧家庭 | | 榮校手志水陽 |
| ✓ | 情書尺牘辭典 | 靜宜女士 | |
| | 學生字典 | | |
| 37 11 | 抗戰文藝 | | 榮校手正口二冊 |
| | 文藝 創刊號 | | |
| ✓ | 文藝人雜誌 | 舒白林 | |
| 37 | 真善美雙兒會司 | | |
| 36 | 剪貼 (一二三集) | 袁中敏 | |
| 38 6 | 西湖雲代客 | | 榮校手吉生陽 |
| 38 8 | 洪　美 | 吳白清 | 敬校手什 口道陽 |
| 38 12 | 中國小說史略 | 魯迅 | 于務庵 |
| | | | |
| | | | |
| | | | |
| | | | |
| | | | |

424

## 藏書目錄

| 購置月日 | 書　　名 | 著作者 | 備　　註 |
|---|---|---|---|
| 38 4. | 蔣主席傳略 | 鄧文儀 | |
| 36 7. | 〃　〃　畫史 | 〃 | |
| 36 6. | 宣傳組訓情報 | 政工處 | 青年軍教程 |
| 37 5. | 最新公文程式 | | |
| 36 5. | 步典（一） | | |
| 〃 5. | 作戰兩要 | | |
| 〃 5. | 清查組編運用 | 政工處 | 青年軍教程 |
| 〃 5. | 宣傳技術 | 〃 | 〃 |
| 38 5. | 步兵新兵器教範 | 23軍事訓練 | |
| 36 5. | 青年軍週刊 | 鈇祥台 | |
| 38 11.2 | 步兵道 | | 拾來湖行 |
| 〃 〃 | 挪威戰役 | | |
| 〃 〃 | 中東各大戰役記錄 | | |
| | | | |
| | | | |
| | | | |
| | | | |
| | | | |
| | | | |
| | | | |
| | | | |
| | | | |
| | | | |

# 附錄二：邱清泉將軍傳略

　　將軍名清泉，字雨菴，浙江永嘉人也。天賦穎悟，少時勤讀經史，百家典籍，知炎黃之教，習春秋之義，其忠國家愛民族之思想於以肇基。中學時喜研中西政治思想，目睹國政窳敗，民生困頓，發為言文，大氣磅礡，溫州時彥極表贊許，將軍亦毅然以革命救國自任。民十二年在上海大學肄業，時值五四運動之餘，新思潮瀰漫全國，國民革命運動，在孫中山先生領導下，勃起於廣東。將軍以革命救國，武備為先，乃離滬赴穗，進黃埔陸軍軍官學校，接受革命軍事教育。畢業後即參與北伐，轉戰湘贛鄂豫諸省間，由排長擢升至團長，及中央軍校政訓處長等職。旋留學德國，再求深造，入柏林陸軍大學，於德國現代軍事學說，及機械化兵戰術，心得獨多，而將軍作戰攻擊精神旺盛，臨變果斷，未嘗不受普魯士精神之影響也。

　　民國二十六年夏，由德歸國，長教導總隊桂永清將軍戎幕，「七七」民族抗戰起，參與上海南京保衛戰，民二十七年任陸軍二百師副師長，率領機械化縱隊，參與蘭封信陽之役，以兵寡未能痛殲日寇為憾。迨民國二十八年冬，日寇在欽防登陸，南防告急，時將軍任第五軍新編第二十二師師長，奉命率師援桂南，當時桂南要隘崑崙關已陷敵手，將軍運其妙算，出奇制勝，以主力迂迴敵後，埋伏於五塘六塘間，俟敵大部通過後，予以猛烈腰擊，終以二團兵力，繞過界首，攻擊崑崙關正面，卒於十二月三十一日攻克崑崙關。是役將日寇中號稱最精銳之第五師團第十二旅團殲滅殆盡，且斃其旅團長中村正雄，創我國抗戰史中攻堅戰成功之首頁，時人

雅以狄將相稱焉。

嗣以戰功榮升第五軍軍長，任陸軍中將，駐防雲南昆明，積極訓練機械化新軍。其練兵也，注重下級幹部及士兵之戰鬥動作，提倡沙盤教育，實行同學競賽，復嚴之以校閱，使官兵動作，均能純熟精到。其率屬也，懦者壯之以膽，頑者服之以理，智者忠直者則獎掖之惟恐或疏。故部屬愛之如父兄，敬之若神明。將軍平居，惟以讀書為樂，於軍事教育，戰術思想，頗多發明，每有所得，輒筆之於冊，教戰之餘，著述成書，有教戰初集，教戰二集，軍隊生活教育，建軍叢論等著述行世。第五軍在將軍悉心訓練下，越年成勁旅。民三十三年冬，率所屬第二百師參與滇西及緬北反攻之行，與國內外遠征軍，協同作戰，連克龍陵、芒市、遮放、畹町等地，建樹奇勛，蜚聲國際。

抗日戰爭勝利，匪次猖獗，第五軍奉調京畿。旋參與剿匪戰事。兩年以來，自克復淮南之天長、盱眙始，繼續向北掃蕩，直抵魯西、冀南，旌旗所指，匪軍望風披靡，皆將軍智勇兼備，指揮若定，有以致之耳。而將軍神機獨運，克奏奇功，更有足多者。三十七年夏，黃汎區大戰開始，開封受圍，將軍奉命馳援，當大軍進抵蘭封，開封已失，且獲悉匪軍在開封大肆搜括，將軍乃僅以一旅兵力，續指開封，而親率第五、第七十兩師直趨西南，兩日後，果與撤退之劉匪主力遭遇，當頭予以猛擊，匪倉皇他遁，而將被劫物質奪回。攻開封之一旅，亦於同時收復開封。開封既定，復東向馳援友軍，距友軍陣地僅九公里時，遇匪主力頑抗，將軍突下令全軍退卻，官兵星夜啣枚疾走，翌晨白霧迷濛中，即轉進至

敵之側背，出其不意，予以猛擊，迫使匪軍全線崩潰。共匪圍殲黃百韜兵團之計畫卒告失敗。

將軍百戰功高，升任陸軍第二兵團司令官，職責既重，報國之心亦愈切。民三十七年中秋，在碭山舉行就職典禮，焚香燃燭，陳列三牲，將軍自撰誓詞曰：

「余在　總理靈前，對天盟誓謹以至誠報效黨國，盡忠領袖。殲滅奸匪，完成革命，不苟安，不怕死，不被俘，不投降，有敵無我，如違誓言，天誅地滅，雷打火燒，皇天后土，實共鑒此心。謹誓，宣誓人，邱清泉。」將軍忠義薄天，肝膽照人，三軍肅聆之下，莫不感動而潸然淚下矣。

十一月徐州大戰起，黃百韜兵團被圍於輾莊圩，將軍奉命赴援，由徐西霸王山提兵東向，遇陳毅匪主力頑抗，血戰一旬，殲敵二萬餘人，率以匪多方牽制，節節頑抗，迫攻下大許家，雖距離甚近，而黃部已遭解決。時宿縣失守，蚌埠告急，乃奉命撤離徐州，向西南轉進，兵次蕭永交界之陳官莊，大雪紛飛，補給不濟。陳匪乘此天時，發動數十萬民兵，挖溝十數道團團圍困；軍食斷絕，人馬困疲，而士氣仍旺。乃定一月十日晨突圍，共匪先發制人，自六日起集中砲火轟擊，繼之以人海衝鋒。將軍率部勇猛突擊，輪番衝殺，血肉橫飛，山河震撼。戰至十日侵晨，匪兵衝入核心陣地，全軍通訊聯絡中斷，將軍見大勢已去，回天乏術，仰天嘆曰：「我奮戰二十餘年，原為國家求獨立，為民族求生存，時至今日，惟有一死以報國家暨領袖耳！」旋顧左右曰：「我死迅即密為掩埋勿令敵人辱及我身。」言已，轉身面南拔鎗自戕殉國。嗚呼烈矣！

## 附錄三：我所經歷的徐州會戰　　高吉人

# 徐東之戰

三十七年十一月七日，第二兵團駐黃口（在徐州碭山之間），七十軍的主力駐大和集，該地在黃口西南，離黃口約五十華里。

七日晚上七時許，邱司令官以電話指示吉人說：「七十軍即速準備移駐瓦子口，第二兵團擬即日轉移於宿縣，保持生命線，使徐州爾後會戰可以得到安全的保障。」並說他已向勦總提出此項建議。審察當時敵我的態勢，的確需要作這樣部署。

八日晨邱司令官又來電話說：「勦總不同意我的建議。七十軍限於八日十三時以前在黃口集結。」

八日晚上十二時，第二兵團全部由黃口東進，七十軍任最後掩護，向徐州推進。

九日拂曉全部進駐徐州。七十軍駐於徐州西端之夾郝寨，郝寨，臥牛山，馬山頭，向西警戒。當時左翼的友軍是十六兵團的四十一軍。

當晚在九里山營房開會，邱司令官曾強調說：「陳毅匪部主力已向東線黃兵團（第七兵團）圍攏，應該使用第二兵團即日參加李兵團（第十三兵團）作戰，俾可迅速解黃兵團之圍。」但上級遲遲未作決定，一直等到十一日晚，第二兵團始奉命解黃兵團之圍。

十二日二兵團推進到柳集，六埔圩，七十軍推進到土里

灣，溝上，十里溝上。三十二師留在徐州西端臥牛山參加守
備徐州。

十三日拂曉開始攻擊，攻佔鄧家樓，范家湖，盛山，尖
山，環城山。匪第十一縱隊之一團，被殲大半。匪守鄧家樓
之團長是徐博。

十四日七十軍攻佔馬山，中山最高峯，城西頭之線。是
日中午奉命派九十六師（欠一團）星夜馳援徐州飛機場。自
晚十一時起，匪之第八、九、十、十一、二等縱隊猛攻七十
軍防線之環城山，馬山，城西頭，中山。結果馬山被匪奪去。

十五日上午十時，九十六師由徐州趕回盛家庵，接替中
山最高峯防線。一三九師對馬山反攻，傍晚收復馬山。消除
了我軍陣地上的一大危險。

十六日一三九師奉命側擊匪軍之右翼，協同七十四軍夾
擊匪軍，乃有潘塘鎮之捷。

九十師是日攻佔中山北峯，狼山，鼓山。

十七日七十軍又奉命派九六師（欠一團）馳援徐州飛機
場。夜間十二時匪的第二、六、九、十、十二縱隊以人海戰
術，一波一波猛撲我中山北峯，狼山，鼓山，結果我失掉鼓
山一個重要的山頭。

我向邱司令官請求調回九六師，十八日上午九六師趕回
盛家庵。

七十軍於十八日下午反攻鼓山，於晚上十時收復鼓山，
並進佔黑山，山王等據點，此役九六師鄧軍林師長將失守鼓
山之營長當眾槍決。

十九日、二十日這兩天晚上激戰至烈。匪第二、六、八、

九、十一縱隊及魯中南縱隊等番號部隊均參加作戰。魯中南縱隊猛攻中山，狼山，鼓山。二十日夜間我中山北峯狼山幾乎又失，幸三二師於危急中趕到，才挽回危局。此役敵、我傷亡慘重，但敵人死傷更數倍於我。

　　廿一日兵團部向徐州補給司令部請領不到彈藥，以致不能充分發揮戰力。當時從地圖上看，黑山下之山王與何窰，單集距八義集十公里。而黃兵團這時已在不能支持的狀態中。

　　邱司令官次日聽到黃兵團潰圍時，頓足嘆氣說：「費盡氣力一場空！」

## 突圍會議中的反面意見

　　三十七年十一月廿九日，國軍第二兵團，第十三兵團，第十六兵團奉命撤離徐州，命令中規定第二兵團於三十日夜間經過徐州，限十二月一日到達紅廟，王白樓，陳官莊一帶地區。可是二兵團三十日夜間一開始行動，其他兵團及蘇北，豫東，魯西，各專署各縣保安團隊徐州各機關人員亦爭先恐後，蕭縣南端的夾道，被人馬車輛堵塞不通。千餘輛滿載彈藥的輜重車輛竟因此陷於敵手。

　　同時，匪軍已事先得到了情報，國軍三十日夜開始行動，陳匪部隊四萬餘人竟於三十日下午即由夾溝濰溪口間橫越津浦鐵路，向西急進，沿途對國軍攔截阻擊。

　　十二月一日，七十軍先頭部隊於下午四時到達陳官莊。即在魏老窰地祖廟胡莊一帶與匪遭遇，激戰二小時。匪即西去。是時行軍途中，七十軍的左側翼，隨時遭匪攻擊，其企圖顯係阻止我軍前進，二日，七十軍會同五軍四十五師將相

山廟之敵擊退，三四兩日匪抗阻力量越來越大，我軍漸陷於不利態勢。

五日邱司令官曾對吉人與笑三（第五軍軍長）說：「這樣拖延時間不是辦法，只有分散突圍，吉人兄七十軍伴同杜副總司令，我帶著笑三第五軍走。十二軍，七十二軍，七十四軍，亦以軍為單位，向當面突出去。」當晚杜副總司令召集軍長以上的將領開會，研討突圍的方法。此時十六兵團孫司令官未到會。研討良久，遂決定以軍為單位，向四方突出，指定在信陽集結，再圖反攻。這時杜副總司令接電話，孫司令官已率領兩軍向西北方向突走。在突圍方案剛決定時，七十四軍邱軍長維達起立質詢說：「我們有大軍二十萬，應該穩紮穩打，硬打出去，設若分散突圍，則國軍力量散失，誰能負此重責？」對於邱維達軍長這個反面意見，沒有人反駁，於是杜副總司令決心動搖，乃罷突圍之議。

這是一個大關鍵。這一停頓之後，一面匪軍圍攏越來越多，一面天時轉壞，接連寒風大雪二十多天，戰局遂陷於危急的狀態中。

## 共匪先發制人

六日重新部署，東西北三方堅守，南面展開攻擊。七日拂曉，甫要開始，七四軍劉寨被突破，七十軍，五軍雙方派兵為之恢復。九日十三兵團方面又被匪突破，七十軍派兵一師側應。待十三兵團穩定青龍集陣地，已是十一日。

十一日晚上十一時，七十軍開始攻擊，激戰終宵，攻克寶凹，九六師馬團長安瀾作戰機智，乘勝攻佔魯樓，復向李

樓攻擊前進，十二日拂曉又攻佔李樓，徐小凹二村，一三九師攻克穆樓，這三天中七十軍攻克了五個村莊，可是七十軍的兵力已消耗的不能再戰。

此時天候驟變，大雪紛飛，匪軍發動了十多萬民伕，協助匪軍挖掘壕溝，在這二十多天中，空投斷絕，糧彈耗盡，軍馬也殺吃光了。官兵也有凍餓死的。

直至三十八年一月二日天氣才放晴，待空投糧彈後，定在十日突圍。可是共匪先我而發動攻勢，一月四日便對一三九師正面施以攻擊，五日夜間匪於九十六師正面徹夜猛撲，六日拂曉吉人步行至地祖廟九六師陣地，正和鄧師長研究如何截斷匪的虹形長壕，如何築堡固守，突於吉人左方約廿公尺處落山砲彈一發，三塊破片，擊中吉人右大腿及胸腔，當被擊中時，只覺得像壓在倒屋之下一般的難過。登時自見衣服有破洞，胸前背後如水沖流一般，即告知鄧師長用吉甫車將吉人送到第二兵團司令部，邱司令官杜副總司令咸語吉人，勿生難過，軍人負傷是最光榮的事，已電請統帥部派飛機來接你。兩位同在旁安慰良久並曰：「你的軍長任務交由鄧軍林接替，你報升為第二兵團副司令官，即向國防部報備。」此後部隊的作戰情形吉人便無從知悉。

## 巨星的殞落

在大會戰的最後階段，邱司令官竟自戕殉國了。語曰：「千軍易得，良將難求。」這實在是國家的莫大損失！但在邱司令官，他一向不承認有所謂失敗，「不成功，便成仁」，到最後便獻出他的身軀熱血，為天地保持正氣，為民族召回靈

魂。他那崇高偉大的精神，千秋萬世將永為世人所頂禮膜拜。

　　邱司令官對吉人的教訓和啟示是太多了。兵營中的養兵練兵，戰場上的帶兵用兵，以及戰術的運用，戰機的把握，激動時的鼓勵，危急時的支援……他的好意，要把吉人培植成一個攻必克守必固的軍人，我想就是我的父兄也不會這樣深切關顧。思念及此，能不愴然！吉人惟有竭其駑鈍，服事反共抗俄大業，為邱司令官復仇！

## 附錄四：爲邱兵團不力援黃兵團辯誣

巨雲龍

在邱子靜著民族戰士邱清泉書首，讀到鄧文儀「革命英雄邱清泉」一文，末段有說：十九日總統急電劉峙總司令，要第二兵團集中全力救黃百韜，即使徐州有失，也在所不計。二十日晚上杜副總司令請示劉總司令「究竟守徐州要緊還是救黃百韜要緊？」劉總司令明快的說：「徐州都不守，救了黃百韜又有何用。」我同杜乘車至邱司令清泉大許家的指揮所。邱司令問杜副總司令，總司令對黃百韜與守徐州有何意見，杜說「總司令認為守徐州要緊。」就憑這句話，邱司令知道劉總司令看重守徐州，他的快速進攻的決心就猶疑了。本可在午前攻到碾莊，結果到下午才攻進碾莊，附近陣地已被匪佔，黃百韜在廿二日下午六時率領最後三團兵突圍，被匪阻止，黃司令官乃自殺殉國。這是說第二兵團打了十幾天的仗，為了馳援黃百韜，結果祇為了要守徐州一句話，坐視黃百韜犧牲。

我讀了這段話，心裡為二兵團，為邱先生大感不平。以我親身參與解救戰的人來說，這是天大冤枉！不但救，而是全軍拼命在救。高級指揮者決策如何，我們不敢妄斷，不過以邱公的英明忠烈，他不會受劉杜二人一句話的影響，而動搖他遵照先總統　蔣公全力解救黃百韜的決心。我是邱司令官的多年部屬，對其頂天立地的人格，肝膽相照的稟性了解很深，他決不會一面指揮部隊前進，一面又懷著不全力去救的敷衍心理，而讓部隊作平白犧牲。鄧文儀先生這種說法，既厚誣了邱先生，也冤屈了我二兵團官兵拼死的戰鬥意志。

　　下面把我親身經歷本單位的戰鬥狀況作概略敘述。我當時是第五軍第二百師六百團第一營的營長，因時隔四十年，正確時間和小地名已記憶不清。是三十七年十一月中旬，團長由師部開會回來說：七兵團在運河兩岸，本軍奉命為黃兵團解圍次日拂曉便出動，二、三營擔任第一線攻擊，我為預備隊。二營正面為兩山間的平地，進攻較易，三營為高地，進攻較難，三營進攻不下。二營受兩面側擊，也無法前進。三營由拂曉攻至黃昏，在火力掩護下攻至最近距離（百公尺內），匪軍大量增援，頑強抵抗，三營傷亡慘重，攻擊頓挫，。至天黑之際，我奉命率步兵兩連，繞到敵陣側後衝鋒，將匪軍擊退，佔領陣地，擊斃匪數十人，匪棄屍逃走。接著數天戰鬥，每次進攻匪第一道防線，必須堅苦戰鬥到最後，匪才後退。每次都遭到重大的傷亡。

　　匪軍以圍點打援的戰法，步步為營；凡屬高地、村莊，不論有無防守價值，一律設防堅守。在山與山間、村與村間的平地空隙，作魚鱗形的配備，以排為單位，到處設防，一道又一道層層防守。我軍每遇一道匪軍陣地，至少要戰鬥三、四小時才能克服。一天攻下兩三道，不過三兩公里。匪軍頑強抵抗遲延了我軍行動。各級長官唯恐不能按時達成任務，不時前來第一線督戰，見部隊官兵傷亡重大，元氣受損，心急如焚，部隊進展困難也無可奈何！我當時的心情，也憂急難受，直覺得生不如死！愈接近黃兵團，匪軍抵抗愈頑強，真是困難重重，非身臨其境者，不能體會那種滋味。假如第二兵團邱司令官坐視不救，故意遲延，何必如此猛攻猛打，遭此重大傷亡呢？由我們的苦戰證實，並非邱公不救，遇此強敵，部隊攻不動，指揮者力不從心也。

　　事隔四十年，當時的高級指揮者都已作古，以鄧先生當時的身分今天發表此文，扭曲事實，足以混淆聽聞，誣及邱司令官及第二兵團拼死戰鬥的官兵。筆者難安緘默，只有把親身參戰經過實情，敘述出來，供世人共察。

　　編者附註：徐州撤退後不久，即有邱清泉坐視不救黃百韜的流言，當時二兵團官兵聞之，雖覺氣忿，都認為是匪諜故意造謠，以相離間。鄧文儀先生今竟亦作此論調，以他個人憶側之辭，誣及邱先生及二兵團，實屬不該。二兵團同仁張建昌先生曾致函鄧先生予以辯正，並函告編者略謂：自十一月十三日起自徐西打到徐東，已與陳匪毅艱苦攻戰七天矣！十六日七十軍三十二師營長張建昌、徐駿先後重傷。營長朱英、劉劍虹戰後獲頒青天白日勳章。十七日二百師營長游楚材、朱經武等傷亡官兵日有數百名，十八日一三九師負傷營長五員，錢忠福、酒同貴兩營長陣亡，團長周中楳負傷，營長陳文煌重傷成殘。鼓山攻佔殲匪萬餘人。二八七團營長梁有洪攻佔鼓山後，失而再克，仍被團長馬安瀾予以槍決，只因他延誤了四十五師超越攻擊二小時而已。十九日至廿二日仍在劇戰，五軍七十軍傷亡官兵達五千人之多，住滿了徐州公私醫院及學校教室……張先生所說血戰事實經過，足以駁正鄧先生讕言，並錄於此。

　　又張先生函中問及邱子靜著民族戰士邱清泉書內何必載鄧文。邱子靜答謂民族戰士邱清泉係四十八年由拔提書局出版，原無鄧文，後拔提書局歇業。六十五年有華新出版公司擅自翻印，於書首插入鄧文出版，邱子靜為衛護著作權另委由黎明文化事業公司於七十七年出版，已無鄧文。為免讀者誤會，附此說明。

# 後 記

## 一

關於整理這本戰地中完成的陣中日記，其動機源起於四年多前，台北新文豐出版社，徵稿“紮根台灣 60 年”我報名應徵後，為了找尋材料，在破木箱中，翻出這本“1949 全記錄”幸好完整無缺，瀏覽後，覺得文字雖嫌潦草，但記載倒很詳實，對於幾次戰役之描寫，很詳盡，關於部隊之訓練，山地行軍、宿營、作戰等皆有詳細記載，倒是值得經歷者可以回味，憶起當年之種種；對於未經歷者，也可以當作故事來看，瞭解那一代青年們在做什麼？在想些什麼？六十年前他們的生活實況又是如何？

經與同學、好友討論後，皆認為六十多年的保密期限已過，應無洩漏軍機之顧慮，可以整理後公諸於世。

起先，我想用照相版把日記原稿拍攝下來，花去大半年時間，拍下五百張相片，但沖印後，效果不佳，漆黑一團，無法閱讀，乃改用影印，可是年代太久，影印後，仍不清楚，無法辯讀，最後，還是按原稿打字；花費六個月才完成打字，校對九次，用去一年多時間，前後兩年多才算完工，皆因年久字跡模糊難以辨認，中間真想放棄，後經中研院近代史研究所朱浤源教授之鼓勵，教我不要放棄，趕快做成電子檔，當一個歷史見證人。

　　日記，寫了七十年，只有在國內外受訓時，師大讀書時
中斷過，其餘時間都在寫，從未出示他人，這是第一次公開，
公事、私生活點點滴滴全部無保留，也不怕人見笑稚嫩的文
筆，俚俗的語言，只是原貌的呈現耳。

二

　　這本日記中，有補記十一篇，為何要有補記？祇因行軍、
作戰時，有時幾天未打開背包，日記在背包裏，未能取出來
寫，有題材需要寫作，無奈，只有隨處找紙頭或是草紙、衛
生紙，倉卒間寫成大綱，等到生活稍安定，有了床鋪或桌子
時，再來整理，因與日記本文時間相距稍久，只好寫成補記，
列在日記本文之後。

三

　　自民國卅七年冬，東北軍事失利，北京、天津戰況轉烈，
中原地區的徐蚌大戰，隱然成形，徐州剿總，不想陷入內線
作戰，乃主動撤出徐州，向西南方向轉進，不料在蕭永地區，
連續廿多天降下大雪、夾雜大雨、地面泥濘、人車運動困難、
共匪動用數十萬民伕，趁大雪中，挖出深溝，以阻擋國軍人
車運動，機械化部隊因而受困，加以補給不濟，部隊缺糧，
武器缺彈藥，車子缺油、部隊運動困難，戰力不能發揮，國
軍因而失去主動。

　　斯時、匪諜活動猖獗、幾乎是明目張膽，卅七年十一月，
本人在南京。就聽到傳言：說是國軍的作戰計畫，各種方案，
都先送毛澤東過目核准，然後才發到東北剿總、徐州剿總，

也就是說，國軍被共軍牽著走，由大匪諜劉裴中將（國防部作戰次長）做總導演，被犧牲的是國軍官兵，損失的是大好河山被染上赤色，說來痛心、頓足！

如果不是匪諜作祟，不是戰神們陸續殉國 —— 如張靈甫在孟良崮，黃百韜在碾莊，邱清泉在陳官莊，相繼壯烈成仁 —— 那麼，東北、華北，不會快速惡化，徐州戰役也不會迅速逆轉，使國軍最精銳之師，遭受如此困境，最後竟而崩解，令人椎心刺骨！

徐蚌大戰，對當時的局勢，影響重大，徐蚌之戰失利後，震動京師，各方指責紛至沓來，矛頭對準蔣中正總統，當時所謂民主人士推波助瀾下，軍政要員因而演出逼宮，最後導致蔣總統於一月廿一日宣布下野，由主和派的李宗仁代理總統職務。

接著，行政院長孫科辭職，外交部長；廣東省長也相繼辭職，主和派囂張跋扈，中樞政局陷入混亂，行政院長一再更換，最後由閻錫山接下爛攤子，可是總統已不在位，代總統又跑掉了，這個號稱戰鬥內閣的閻錫山，還真有擔當，可惜為時已晚，奈何？

## 四

可憐無定河邊骨
猶是深閨夢裏人

曾經並肩作戰的戰友，曾經同生死共患難的摯友，才是生命中永遠難忘的朋友。

向奮勇作戰的同學陶炳文、王光龍、梁廷芳、何志高、畢應業、吳昇平、黃湛恩、葉木志、鄧道明等致敬。

向在戰地大談人生、文學、哲學的龔節志、張建璋、錢華林、張子麟等同學致上永遠的懷念。